ライプニッツのモナド論とその射程

ライプニッツのモナド論とその射程

酒井　潔著

知泉書館

凡　例

一　ライプニッツからの引用文の訳において、〔　〕は著者による補足であり、（　）は原典テクストによる。
二　引用文の訳文中の傍点は、すべて著者による。
三　ライプニッツの原文を、本文や注の中でそのまま示す場合、そのフランス語やラテン語などの表記は、原則としてアカデミー版、あるいはゲルハルト版テクストのそれに従った。
これに対し、考察の参考のために、対応する原語を、（　）を付けて挿入するような場合には、現在一般に行われている表記に直してある。
四　注において、Vgl.（「参照せよ」）や「参照」という語句をそのつど記入することは略し、簡潔を期した。

略記法

Ⅰ　テクストに関するもの

A.= G.W.Leibniz.Sämtliche Schriften und Briefe, hrsg. von der Preußischen (jetzt deutschen) Akademie der Wissenschften, Berlin 1923-.

GP.= Die philosophischen Schriften von G.W.Leibniz, 7Bde., hrsg.v. C.I.Gerhardt, Berlin 1875-90. Nachdruck: Olms, Hildesheim 1978.

GM.= Leibnizens mathematische Schriften. 7Bde., hrsg.v. C.I.Gerhardt, Berlin 1849 -Halle1863. Nachdruck: Olms, Hildesheim 1971.

Dutens = G.W.Leibniz. Opera Omnia, éd. par Louis Dutens, 6 tomes. Genève 1768. Nachdruck: Olms, Hildesheim 1989.

Erdmann = G.W.Leibniz. Opera philosophica omnia, hrsg.v. J.E.Erdmann, Berlin 1840. Nachdruck: Scientia Aalen 1959.

Grua = G.W.Leibniz,.Textes inédits, éd.par G.Grua, Paris 1948. 2.ed. Puf., Paris 1998.

Stud. Leibn.= Studia Leibnitiana, Franz Steiner Verlag, Stuttgart 1966 -.

AT.= Oeuvres de Descartes, publ. par C.Adams et P.Tannery.

GA.= M.Heidegger Gesammtausgabe, Frankfurt a.M., 1975-.

EA.= M.Heidegger Einzelausgabe. (*Sein und Zeit*, *Wegmarken*, *Holzwege*, etc.).

Hua.= Husserliana. Edmund Husserl Gesammelte Werke. Nijhoff, Den Haag.

Phil.Biblio.= Philosophische Bibliothek, Felix Meiner Verlag, Leipzig, Hamburg.

II　著作名に関するもの

De doc. ign.＝Cusanus, *De docta ignorantia.*

DM.＝Leibniz, *Discours de métaphysique.*

Mo.＝Leibniz, *Monadologie.*

Med.＝Leibniz, *Meditationes de cognitione, veritate et ideis.*

NE.＝Leibniz, *Nouveaux essais sur l'entendement humain.*

Prin.＝Leibniz, *Principes de la nature et de la grâce, fondés en raison.*

Théod.＝Leibniz, *Essais de Théodicée sur la bonté de Dieu, la liberté et l'origine du mal.*

KrV.＝Kant, *Kritik der reinen Vernunft.*

KpV.＝Kant, *Kritik der praktischen Vernunft.*

KU.＝Kant, *Kritik der Urteilskraft.*

ST.＝Thomas Aquinas, *Summa theologiae.*

SuZ.＝Heidegger, *Sein und Zeit.*

『省察』＝ライプニッツ『認識、真理、観念についての省察』一六八四年

『叙説』＝ライプニッツ『形而上学叙説』一六八六年

『一般的研究』＝ライプニッツ『概念と真理との解析についての一般的研究』一六八六年

『新説』＝ライプニッツ『実体の本性および交通について、ならびに心身の結合についての新たな説』一六九五年

『新論』＝ライプニッツ『人間知性新論』一七〇四年

『原理』＝ライプニッツ『理性に基づく自然と恩寵の原理』一七一四年

目次

第Ⅲ部　ライプニッツと現代哲学

第Ⅳ部　比較思想とライプニッツ

第Ⅴ部　（補遺）世界のライプニッツ研究

細目次

ライプニッツのモナド論とその射程

第Ⅰ部　伝統とライプニッツ

第一章　中世哲学の総合者としてのライプニッツ[1]

——ratio と signum をめぐって——

序

ライプニッツはギリシアから中世、そして近世初期に至る哲学史の伝統を十分に意識していた[2]。彼は自分の思索が過去のそれぞれの哲学に対していかなる位置をとり、それらにどのように関わろうとするのかを常に問い、その態度表明を行なった。この点でライプニッツはスコラ哲学を拒絶したとも言えるデカルト[3]、あるいは過去の〔カント以前の〕哲学を根こそぎするかのようなフィヒテなどとは対照的である[4]。逆にヘーゲルやシェリング、あるいはハイデッガーなどにおける、西洋の哲学史全体との対決を基底に据えた思惟には、少なくともその限りでは、ライプニッツに通じる一面が存すると言えなくもないだろう[5]。

以前のライプニッツ研究では、ライプニッツはしばしばアリストテレス的、あるいはプラトン的と批評されもした[6]。しかしいずれかの鋳型に流し込むようにしてライプニッツの体系を整理するという処理は危険を伴う。なぜならライプニッツのテクストには、アリストテレスを示唆し、「個的実体」の概念を主題化する議論と同時に[7]、プラトンを名指し、「想起」や「生得観念」の説を肯定する議論も見出されるからである[8]。そもそも、ライプニッツの「実体・モナド」や「表出」などの概念が一個の閉じた／完結した体系をなすと前提できるのだろうか。

体系的解釈は十九世紀の観念論的な解釈や、（演繹的体系性にのみ価値を見出そうとするラッセルやクーテュラなど）二十世紀初頭の汎論理主義にも強く影響されてきた。しかし、近年著しい文献学的・歴史研究の成果に鑑みれば、整合的、固定的体系を自明視するような従来の解釈には疑問をもたざるをえない。

以下の本章では、ライプニッツが中世哲学の伝統にどのように関わろうとし、そのことが彼の哲学にどのような性格を与えているかを考えてみたい。その手引きとして、中世の存在論の二つのパラダイムであったトマスのratio論とアウグスティヌスのsignum論を概要提示する[9]（第一節）。そしてライプニッツのテクストには、その両者が見出されることを確認する（第二節、第三節）。その上で、このような理論枠の二重性に対して、ライプニッツがこれをどのように処理しようとしているかを考察する（第四節）。最後に、哲学史とのライプニッツのそのような対決の仕方が、どのような彼の「哲学」観とリンクし、また彼自身の哲学的思索のスタイルとも連関しているのかを展望したい。

一　中世哲学における ratio 論と signum 論の伝統

トマスの哲学がそこから出発する問題地平は「有るもの」（ens）ないし「もの」（res）である[10]。ensが、「が有る」（Daß-sein）という意味での存在から見られた概念であるのに対して、resは「で有る」（Was-sein）という意味での存在から見られた概念である。resは人間が生活のなかでさまざまな仕方で関わる、あれやこれやの存在する「もの」たちである[11]。この世界における一切の存在者は被造物（res creata）といわれる。resはアリストテレスの「プラグマ」（πρᾶγμα）のラテン語訳であることからもわかるように、人間の行為や制作など実践

（πράττειν）から見られた意味を元とする。[12] しかし広義では「ウーシア」（οὐσία）の意味でも使われていた[13]（デカルトの「思惟するもの」（res cogitans）もこの延長にあることは言うまでもない）。οὐσία が、「有る」（εἶναι）や「存在するもの」（τὸ ὄν）という観点から見られた概念であるのに対し、res は、有るものは必ず「何ものかとして」存在するという観点から見られた概念である。トマスによれば res の概念はいかなる類・種をも超越した「超越範疇」（transcendentalia）に属しており、「有るもの」（ens）、「或るもの」（aliquid）、「一」（unum）、「真」（verum）、「善」（bonum）と置換され得る。[14]

ではそれぞれの res のその「何であるか」（quid est）は何によるのか。それは res の ratio による、というのがトマスの立場である。神の無限なる知性のうちには個の ratio が思惟されており、この ratio に神が「有」（esse）を与えたものが現実の個である。では ratio とは何か。ratio は λόγος のラテン語訳であり、基本的に「理性・知性」に相関した意味群をもつ。ratio は、知性または理性によって把握された「概念」（conceptio rei）であるが、大事なことは、知性がそれによって思惟するというノエシス面と、知性がそれを対象として思惟するところのノエマ面とを区別することである。[15] 知性の思惟である以上、それは感覚ではなく、何らかの抽象・普遍性をもつ。ノエシス面の「それによって思惟するところの概念」（conceptio quo）は（経験的）心理学の対象であり、絶えず生成消滅するのに対し、「思惟される内容」（conceptus quod）こそ、res の「何であるか」の「根拠」（ratio）であり、意識の時間的継起を超越し得る。トマスが「もの」の形相を類（genus）や種（species）に、個体化の原理（principium individuationis）を質料（materia）に配当したのは周知の通りだが、類・種は（ratio）の内容であって、類・種が「自存」（subsistere）する訳ではない。この ratio の内容は、知性が個を観る「観点」（ratio）に応じて異なった学の主題、すなわち「真理」をなす。例えば「人間」は神学、哲学だけでなく、生物学、経済学、法学……の対象でもある。人間はこのratioに「名」(nomen)を付与する。nomenもまたὄνομαのラテン語訳だ。つまりアリストテレスの〈πρᾶγμα–λόγος–ὄνομα〉という存在論の枠組をトマスの〈res–ratio–nomen〉は継承している。ただし、アリストテレスの主眼はὄνομα(ὄνομαがπρᾶγμαに間違いなく付けられているか)にあったのに対し、トマスの力点はresにある。すなわちそれは、resをresたらしめている原理は、resの現実存在にも、知性の心理的時間的活動にも依存しないところの、客観的な思惟内容であるとの主張にある。このようなトマスのratio概念は十分に注意されねばならない。

さて、故山田晶教授の労大著『トマス・アクィナスの《レス》研究』(創文社、一九八六年)によれば、中世哲学においては、以上のトマスの〈res–ratio–nomen〉の理論枠の伝統に対して、もう一つの伝統が、すなわちアウグスティヌスに始まりロムバルドゥスさらにはボナヴェントゥラに至る「もの」と「記号」、〈res–signum〉という理論枠が対峙したとされる。基本はここでもresなのだが、存在する一切のものがそれによって存在するところの最高の存在者「神」こそresと言われるに相応しい。このいわば大文字のRESと、残余の被造物signumとの関係がアウグスティヌスの主題である[16]。そしてRESとsignumは、トマスのように、ratioによって媒介されるのではなく、直接に向かい合う。つまりアウグスティヌスでは[17]、すべての可感的存在者(res sensibilis)は——人間であれ、物体であれ、個であれ、普遍であれ——唯一のRES=神を異なった仕方で「表示」(significare)する「記号」signum(図、像、文字、言葉……)とされるのである。全存在者は、それゆえ、唯一のRESたる神res significataと、神を何らかの仕方で表示するsignumたる被造物と、そして神を表示しつつ、自らは被造物によって表示される「キリスト」からなる[18]。この世界に存在する事物について、それぞれのratioはもはや問われないで、それらが現実に(感覚に対して)現れているがままで、それらが神を表示している記号だというのである。個について（アリストテレスやトマスが区別した）普遍―特殊、実体―偶有の差異は不要とされ消え去る。可感的事物は、そのままで神の記号なのであって、可感的世界は神の内容を、媒介なしに、直接表示するのである。別の言い方をすれば、個の内容としては、実体―偶有、主語―述語の区別なしにそれにかかわる一切の述語（「内的規定」（denominatio intrinseca）＋「外的規定」（denominatio extrinseca））が含まれるのであり、[19] そうした無限の内容を含む個（「個は無限性を含む」）としての個が、神の「記号」であるとされる。そしてそのような「表示する記号」と「表示される神」との関係を認識することは、われわれの知性が神の光、「聖霊」（Spriritus Sanctus）によって照明されてこそ可能になる。ここに RES－signum－Spritus Sanctus の三一構造が成り立つ。かくて神と、地上における一切の存在者すなわち signum は、神学の内容となる。

以上に見たトマス的な〈res–ratio–nomen〉とアウグスティヌス的な〈res–signum〉という中世哲学の二つの伝統に対して、ライプニッツはどのように関わるのであろうか。

二　ライプニッツにおける〈res–signum〉

ライプニッツの哲学的著作の中に、上記の二つの伝統のうちの、アウグスティヌス的な〈res–signum〉の性格を見出すことはさほど難しいことではない。

まず、ライプニッツの個体論である。ライプニッツが普遍論争に関して、「個」だけが自存し、「類」や「種」は自存しないとする点で nominalism に近い立場にあるとはつとに指摘されてきた。[20] しかしライプニッツ自身は、普遍はそのまま実体として有るのではないものの、しかし「一般的本質」が単なる感性的記号（音、文字等）ではないとも注意している。つまり、記号の示す、対象との類似性または対応のうちにライプニッツは対象の実在の可能性を認めているのである。[21] 異なった時期のテクストを四点挙げて確認しておこう。

（i） *Disputatio metaphysica de principio individui*（個体の原理についての形而上学的論議）1663（A. VI, 1, 9-19/ GP. IV, 15-26） ここでライプニッツは、直接にはスアレスの影響を受け、「個体はその存在する内容の全部によって個体化される」（Omne individuum sua tota entitate individuatur）（GP. IV, 18）と言明する。つまり「個体化の原理」はもちろん、ドゥンス・スコトゥスの説いた「このもの性」（haecceitas）にも反対する。個は現実的であり、すべての内容を含む。

（ii） *Quid sit idea*（観念とは何か）1678（A. VI, 4, 1370f./ GP. VII, 263f.） ここは、「観念」（idea）が「思惟の能力」（facultas cogitandi）であり、これが「ものへ導く」（ad rem ducere）だけでなく、「ものを表出する」（rem exprimere）と定義される。一方が他方を表出するとは、「表出されるものの諸条件に対応する諸条件をもつこと」[22] と定義される。さらにライプニッツは、「表出には多様なものがある」と述べ、その例として以下のものを列挙する。「機械の模型と機械そのもの」[23]、「平面図と立体」、「演説と思考」、「記号と数」、「代数方程式と円（または他の図形）」。そして次のように言明する。「これらの表出〔関係〕に共通なことは、表出する側の諸条件をよく考察しさえすれば、それに対応する表出されるべき res の諸特質の認識にわれわれは至ることができる」。つまり記号たる可感的諸事物を知ることにより、われわれは「表出された res」たる神を知ることができる。さらに、ライプニッツの次の言は注目に値する。「したがって、表出するものが表出されるものに似ている必要は明らかになく、〔ただ〕何らかの analogia が保たれていれば、それで〔表出関係の成立には〕十分なのである」（GP. VII, 263f.）。表示・表出する signum たる res は、表示・表出される res に似たものでなくともよい。両者の間に「類似」（similitudo）でなく、「対応」（correspondentia）があればよい。逆にいえば、この世界の可感的事物はどれもそれぞれの仕方で（縮小、投影、表現、記号、関数などにより）、多を、世界を、そして神を exprimere する、つまり significare する。

ただし、より精確には、ライプニッツのいう記号システムは、たんなる記号と言語に大別される。前者には絵、模様、象形文字などが含まれ、そこではむしろ表示対象との同形性が顕著である。言語は人工言語と自然言語に分けられる。自然言語の場合、語の意味は実在的であって、対象との関係は何らかの同形性に基づく場合もあるが（例えば漢字、擬音語）、多くの場合は、語を読んだり聞いたりするだけでは語の意味はわからない。これに対し人工言語は、対象への適合（adaequatio）を意識して選ばれている（普遍記号法の基礎を会得すれば、語の意味は語そのものにおいて認識され得る）[24]。したがって、上記の『観念とは何か』で「似ている必要はない」と強調されているのは、ライプニッツが、十七世紀の記号論では優勢であったといわれる同形性の要素を批判し、世界構造への適合を、シンタックスに基づき、記号そのものによって認識できるような新しい記号論を目指していた、と見ることができるであろう。つまり signum と res の対応を認識し得るために「恩寵の光」を要したアウグスティヌスとは異なり、ライプニッツは「理性の道具」としての「普遍記号法」を建設しようとするのである。

さて、exprimere の多様性は、十年後のアルノー宛書簡（一六八七年九月）でも言明されているが、ただし、ライプニッツでは、そういう表出関係、signum – res significata の関係が、恣意的偶然的なものではなく、「恒久的で法則的な関係」（rapport constant et réglé）であることが強調されている点をわれわれは看過すべきでない（GP. II, 112）。

（iii）*Discours de métaphysique*（形而上学叙説）1686（A. VI, 4B, 1529-88/ GP. IV, 427-63）ここで「個体概

念」説が提示される。とくに第一三節「各人の個体概念はその人にいつか起きるであろう一切のことをあらかじめ含んでいる」について、それが人間の自由と、神の創造の自由を否定する議論だと非難したアルノーとのあいだに論争が生じた経緯も周知のとおりである。ライプニッツが、アルノーの嫌疑を晴らそうと繰り出す多彩な論点のうち、ここでは次の点のみを想起しておこう。すなわちそれは、類・種の概念が「不完足的な概念」であるのに対し、「個体概念」は「完足的概念」（notion complète）であるという点である。「完足的概念」とは、「内的規定」のみならず「外的規定」もすべて遺漏なく含むような、それゆえ無限の内包をもつ概念である。そしてそういう内包は全世界を、そして神を「表出」（exprimer）しているのだとされる。(25)

（.iv）*Monadologie*（モナドロジー）1714（GP. VI, 607-23）　ライプニッツの哲学的遺著とも呼ばれる『モナドロジー』でも、「表出」概念は signum 対 res significata という関係を含意する。「実体」は、その単純性が強調され、さらに「モナド」と呼ばれるにいたり、実体と偶有の区別から解き放たれて、すべての内容を含む、換言すれば、世界の一切そして神をそのまま significare する。『モナドロジー』は monade の形式的定義から始まり、その「表出」機能、そして世界との表出関係に説き進む。モナドは異なった仕方で（同一の）世界を表出する。モナドの数だけ世界も倍加される。あるいはモナドは同一の都市の異なった「パースペクティヴ」（perspective）に比せられる（*Mo.* §57）。各モナドはその内容のすべてとともに世界の記号であり、それゆえ知られるに値する。ただし、アウグスティヌスと違って、signum から res significata の認識に進むためには、自然的理性で十分であり、「恩寵」が必要とはされていない。

以上の考察を要約すれば、ライプニッツの個体モナドは世界そして神の signum としての性格をたしかにもつ。exprimere はアウグスティヌスの signifcare に相当する。ただし、expressio における記号（signum, character）とそれによって表示されるものとの関係を認識するために「恩寵」は必要ではない。そして記号と表示されるものとの関係自身の性格も偶然的でなく、規則的法則的なものであり、数学の関数も含まれる。そしてそのような意味で、表出の関係は、もうすこし精確にいえば、世界や神を表示するいずれの記号も（理性推理の真理、事実の真理を問わず）理性の「学」（scientia）の対象たりえるのである。

signumとは感性的記号の総称として、神たるRESの存在論的な表出・表示というだけでなく、ライプニッツはその道具的役割にも注意している。すなわち、第一に、理性は推論したり抽象的観念や一般観念を認識するためには、それらに対応するところの記号＝一般的可感的形象（自然物、予言、言葉……）を想像力により使用しなければならない。もし言葉をもたない人間なら別の一般的記号を使うはずだろう（GP. IV, 541/ V, 130）。第二に、言葉は自分のための印（例えば、数や代数の記号）であり、かつ他人に向けた記号でもある。記号としての言葉の使用は、一般的表象を生活または個物に適用するようなとき（実践的使用）や、自分が一般的表象を探したり検証するときにも生じる（哲学的使用）（GP. V, 315）。

三　ライプニッツにおける〈res–ratio–nomen〉

ライプニッツにおけるratioといえば、従来その多くは「（充足）理由律」principium rationis（sufficientis reddendae）の問題として論じられてきた。しかし「理由律」は文字通り「ratio の原理」なのであり、可感的諸事物（res sensibiles）のratioは、個のロゴス＝ratio として、[26]まさに現実の個がかくかくであってむしろ別ではないことの「理由」（ratio）として機能する。神の無限知性のうちには、無数の異なった可能的個が世界とのセットとして思惟されていて、その最善のものを神は自由な意志で選択しこれに現実存在を与えた。つまり個が何であるか（quid est）のその内容は神のうちに「ものの概念」（conceptio rei）として先在する。「概念」は人間がこれを意識しているいないにかかわらず、概念として変らず客観的に存在するノエマである。そして個の名前とは conceptio としての ratio に対して付けられる（ライプニッツの名前論については後に述べる）。

（i）まず『二四の命題』（GP. VII, 289-291）に触れねばならない。第一命題「何故、なにものも現実存在しないのではなく、むしろ或るものが現実存在するのか、というその理由が自然のうちにはある」[27]で始まるこの短篇はハイデッガーがこれに再三言及したことでも知られる。ハイデッガーは「何ものも理由なしには生じない」（Nihil fiat sine ratione）という理由律を、理由を事物に与え返す近世的主観の意志・欲求的性格を告げるものとして解釈しようとするが[28]、われわれは（ハイデッガーのそういう読み方の可否は別として）、「理由」がライプニッツにおいて ratio という中世哲学の伝統語で表現されていることに注目すべきであろう。

続く第二命題では、「そうしたラチオは何らかの実在的な存在者、もしくは原因のうちにあるのでなければならない」（Ea ratio debet esse in aliquo Ente Reali seu causa）と言われている。これも重要である。つまり、ratio は単に想像上の存在物 ens rationis ではなく、res において有る。つまり ratio は res なしに、res から切り離されて有るわけではない。われわれが「原因」（causa）と呼ぶものは、そういう「実在的なラチオ」（ratio realis）にほかならない。この世界に現実存在するいかなる res も、それにおいて、その現実存在には依存せずに存在する ratio によって、それぞれのものとして有る。

ところで、『二四の命題』で主題化されている ratio は、「が有る」（Dass-sein）のそれであるというふうにしばしば解されてきたが、しかしテクストを丁寧にみるならば、ものがかくかくのものとして有ることの ratio と言っている。つまり、何ものでもないのではなく、かならず何ものかとして有るような ens、すなわち res の、その ratio なのである。（したがって ratio を「根拠」と訳すのは、少なくともこの文脈では、正しくないと思う。それはハイデッガーなどに引き摺られた読み方であって[29]、ここはやはり「理由」と訳されるべきではないだろうか）。ここでも〈res – ratio〉というトマス的な理論枠が見出されるのである。そして ratio は感覚や想像力ではなく知性・理性に見出される可知的（intelligibilis）なものであって、その限りで一種の「普遍」的性格をもつ。では ratio は「名」（ὄνομα）とどう関わるのか。

（ii） *Nouveaux essais sur l'entendement humain*（人間知性新論）第三巻（De mots（語について））も重要である。個が何であるか（quidditas, Was-sein）を規定するものは、ライプニッツでも、やはり「res の ratio」なのである。では ratio は ὄνομα とどう関係するのか。『人間知性新論』第三巻に、名前とそれが何を表示するかについての議論が見られる。ロックの経験論的ノミナリズムに対して、ライプニッツの多彩な論点のうち、（いまわれわれの関心からすれば）、①「語」の意味は、そのすべてが恣意的名目的ではない。とくに自然言語においては「語」の意味は実在的である場合が少なくない。②「名」は最初固有名であったのではなく、普通名詞であったはずだ、という二点が特筆されるべきだろう。

まず①であるが、ライプニッツはホッブズの言う「名目的定義」（definitio nominalis）を批判し、事物の定義は「実在的定義」（definitio realis）でなければならず、また実在的定義が可能だと主張する[30]。「名目的定義」は或る事物を他の事物と区別し指示するのに役立つが、そのような事物が現実に存在しうるかどうかを教えはしない。これに対し「実在的定義」とは事物が不可能ではなく、それが現実に存在することが可能であることを示す定義だとされる。すなわち「実在的定義」とはトマスのいう ratio に他ならない。この ratio を音声化記号化により形象化し、可感的にしたものがὄνομαであり、事物（res）の「名」（nomen）である。「名」は、ライプニッツによれば、名づけという主観的心理的作用に回収されるのではなく、むしろ客観性を有する。或るresの「概念」が、それの内に矛盾を含まぬことが認識（直観）されれば、そのようなresは単に観念的のみならず、存在することが出来る。次に②であるが、resの「名」がそのように単に（他と区別して）そのresを指すだけであるとすれば、名は意味を持つ必要はなく、どんな音や印でもよいことになる。それゆえ「名」の起こりには、そのつど人によって異なる名が付けられるだろう。その不便を除去するために、人は後に共同体において一定の名を制定する。こうして固有名さらには普通名詞が形成されていくというのがロックの経験主義的な名前論である。これに対してライプニッツは、resに付与される最初の名は普通名詞だと主張する。つまり人はres（例えば或る特定の人間）を指示するときに、単に指示するだけでは間に合わないからこそ命名するのだが、その意味、つまりその人が他の人と違ってまさにかくかくであるということを理解しなければ命名できない、例えば或る人が町中で一番長い髭の持ち主であれば、その人はまず何よりも「髭」と命名されるに違いない（このほか、音声自体のもつ意味、模写・擬態語、単声音、間投詞などを基礎単位とするὄνομα το ποίησιςの議論もまた、語の意味の非恣意性＝実在性を擁護するものとして使われているが、ここでは割愛する）。

以上をまとめると、ライプニッツには、トマス的な〈res–ratio–nomen〉という理論枠も見出されると言える。ただし「ratio」といわれるものが類や種に限らず個体の（「外的規定」も含め）すべての述語・規定に及ぶものであると共に（この限りライプニッツの存在論をノミナリズムと呼ぶことは誤りではない）、他方で、命名を行なう場合に関して「名」の始まりを普通名詞に認めるという議論においては、ratioが可知的なものであって、或る普遍的性格を有すること、そして種の限界は人為的ではなく自然的に制定されていることを前提しているのである。

つまり最初に客観的な ratio ありきであって、「名」はこの ratio に対して付されるのである。われわれは、ライプニッツの個的実体（モナド）の唯名論が、同時にトマス的な ratio 論を伴うという事実に十分に注意する必要があるだろう。(31)

四　ライプニッツにおける signum 論と ratio 論の共存をどう考えるか

それではライプニッツに認められるアウグスティヌス的な signum 論と、トマス的な ratio 論とはどのように関係しあうのだろうか。この関係についてライプニッツははっきりしたことを述べていない。しかし、以上に確認したように、ライプニッツのテクストには、中世哲学を二分するパラダイムが共に見出されるのである。（もちろんライプニッツに新しい要素がないわけではない。signum については「表出」関係の恒久的規則性――恩寵ではなく、自然的理性の相関者として――という論点が、また ratio については、類や種の ratio の否認という論点が追加されている）。

ライプニッツにおいて、signum と ratio には、一方を他方に整合させたり、あるいは両者の対立を止揚した第三者を立てるという操作は加えられていない。むしろ、それぞれの論点はそのものとして承認され、提示されているように思われる。

ライプニッツでは、signum 論は、「表出」概念の提起と、「記号」概念の拡充――同形性あるいは象徴、寓喩、隠喩から、構造性あるいは対応への拡充――に従って、自然理性によって把握され得る学知・科学的な知の主題となり得る。この世界・自然におけるすべての可感的事物は、神を多様な仕方で、しかし一定の法則性によって、表示する記号の体系として解釈され得る。ここに自然の学は、数学の記号と規則性によって一義的に規定され得る数学的、精密科学として再組織される。この方向を強調すれば、カッシーラーのように、ライプニッツにおいて伝統的な「実体」概念が解体され、世界における諸事物は（神または全体者の）「関数」の如きものに転じたという解釈が出てくる。[32] その解釈の一面性はさておき、signum 論によってもう一つの傾向が前面に出てくる。それは、可感的諸事物が普遍への言及なしに、そのままで神の記号＝言葉として承認されるという傾向である。ここに現実の可感的世界そのものが学の探究すべき対象となったのである。

たしかにライプニッツには「関数」概念が見出される、しかしそれと引き換えに「実体」（substantia）の概念が放棄されたとはわれわれは考えない。ライプニッツには同時に ratio 論が存するからである。つまり〈res–ratio–nomen〉によって、第一に、res つまり「実体」の概念が堅持される。「実体」概念を通してライプニッツが見ているのは、res cogitans つまり精神（mens）であり、モナド的個的精神の自存性なのである。第二に、この ratio は「理性」（ratio）によって読み取られるべきノエマとしての「概念」（conceptus）であることによって、心理主義に解消され得ぬ客観性及び合理性を得る、そして「学」の主題となり得る。

signum と ratio の共存は、異質な要素の放置ではなく、ライプニッツの哲学的立場にとってむしろ積極的な意義をもつように思われる。ケーラーのように機能主義と実体論の「方法的分裂」というよりは、[33] むしろロムバッハのように「実体」概念と「体系」・「構造」概念の二元性と解するのが妥当であろう。[34]「実体」（res）概念の堅持は、個的精神の自由、独立性、永遠性というライプニッツの形而上学・倫理学・神学にとって、不可欠の前提を提供している。これに対し、現象的な「物体」については、ライプニッツでも、近代の「ノミナリズム」、あるいは「機能主義」（Funktionalismus）という別のパラダイムが徹底して適用されるのである。

しかし signum 論と ratio 論との並行の意味を、より内在的方向に問い進めるなら、それはライプニッツの

signum 概念そのものが二重の性格を有することによると思われる。すなわちライプニッツは、「記号」、「語」、「名」は人間が抽象的な事柄を思考し、かつ他人に自分の思考を伝達するために不可欠な「乗り物」であって、「貨幣」に比べられると言明している。それは signum を「手段」と見なすプラグマティックな視点ともいえよう。実際ライプニッツは、「賢い人間」は signum を必要とせず、それは「賢くない人間」にとって価値があるに過ぎないと言う。「貨幣」という比喩はしかし同時に別の側面への示唆も含み得る。つまり貨幣は少なからぬ人間にとって、単に手段であるだけでなく、それ自体が目的であり得るのだ、と。ライプニッツは、signum は対象たる res に「適合」さえすれば、それ自体は何でもよいとは考えなかった。彼が前期の人工言語や普遍記号法〈それは対象への適合性〈だけ〉を意図する〉の構想のみで事足れりとはせず、中期・後期の自然言語及びその語源の研究に意欲をもち続けた事実が示しているのは、彼が言葉の意味の名目性ではない実在性（realitas）を自然言語については積極的に肯定している、ということであろう。語の意味と語とのあいだには恣意や偶然以上の要素がある。それは何らかの直接的または間接的な類似性であることも、また何らかの象徴性である場合も考えられよう。いずれにせよ、語は単なる音や文字以上のもの、すなわち、個々の事物のその〈自存性ではない〉ratio への指示のはたらきを有する vox siginificativa なのである。

以上のように見るなら、われわれは、signum と ratio を共に肯定するライプニッツの立場を〈res–ratio–signum〉と表わすことができるだろう。

ライプニッツが少年時より亡父の書庫での読書を通じ、古代ギリシア、ローマ、中世、近世の著作家に親しんでいたこと、ライプツィヒ大学で師事したJ・トマジウスの発展史的な哲学史観に影響を受け、保守的なアリストテレス主義の立場を採ったことは知られている。冒頭でも述べたように、ライプニッツは先行哲学に対する自らの思索の関わり方を常に意識し、それを公式に表明してもいた。

異なる複数の哲学史的伝統に対するライプニッツの態度は、一言でいえば、「総合」であり「折衷」である。しかし「折衷」といっても、それは、通常含意するような、相違を曖昧にするという謂いではなく、むしろ相違を相違のままに承認するという謂いである。ライプニッツの哲学について、その「折衷」的な性格が悪く言われることがある。(35) しかし、過去の教説を固定的に捉え、デカルトやスピノザが採ったようにこれを一撃のもとに否定し、それによって自説を際立たせるという仕方の論法をライプニッツは採らない。(36)

一九九一年晩秋のハノーファーで急逝された故ハイネカムプ教授は論文「ライプニッツにおける哲学史の役割」(37)のなかで、ライプニッツは(真理の永遠性と共に)「哲学」の進歩を信じていたが、そのメルクマールは優れて「総合性」・「折衷性」に存すると考えていたという、きわめて興味深い指摘をされている。もしそうだとすれば、ライプニッツがなぜデカルトの「思惟実体」を黙認しながら、他方「延長実体」あるいは意志のノミナリズムをあれだけ批判し続けたのか、また彼がスピノザ、マルブランシュ、アルノー、ロックをはじめ同時代の哲学者の学説を知ろうと努め、それぞれについて問題点を指摘し、その唯一の解決として自説を位置づけようとしたのか、という事実も理解可能となろう。

そのことはまた、「哲学」そのものに何を要求するかということと表裏をなす。ライプニッツにとって、哲学とは、たんなる体系のための体系ではなく、学者・学界のための学問でもなく、まして人生訓でもない。さらに言えば、「すべての学問の土台を発見するため[38]」でも、「それさえあれば幸福であるためには他の何も要らないようなものを得るため[39]」でもないだろう。ライプニッツにとって哲学とは何よりも「人間の幸福、社会の利益、神の名誉」（Glück des Menschen, Nutzen der Gesellschaft, Ehre Gottes）に奉仕するためのものであった。そうだとすれば、ライプニッツが、十七世紀の人々の精神生活、価値観、宗教観に影響を及ぼしかねない焦眉の諸問題に無関心ではあり得ず、何らかの解を示そうと試みたこと、そして「新思想」の流行や近代科学の隆盛とともに人々が直面した新しい世界観に、伝統的な精神生活を否定せずに、しかし現状を改善しながら、いかに対処すべきなのかを示そうと常に努めたことも、これまた「十分な理由」を伴っていたのである。

注

（1）この拙き論稿を二〇〇八年二月二九日逝去された山田晶先生の御霊前に捧げることをお許し願いたい。本論稿の原形は第三回慶應義塾大学ライプニッツ研究会（二〇〇九年三月二一日於・神戸大学）において「ライプニッツの〈res–ratio–signum〉」と題して行った口頭発表の原稿の一部である。

（2）ただし、ギリシア哲学のその内容は、その本質的な部分ではさらにオリエントから引き継がれているとライプニッツは考えていた。A. Foucher de Careil (éd.), *Nouvelles lettres et opuscules inédits de Leibniz*, Paris 1857, reprint: Olms 1971, p. 326.

（3）René Descartes, *Discours de la méthode*, I (AT. VI, 8).

（4）Johann Gottlieb Fichte, *Erste Einleitung in die Wissenschaftslehre*, 1797, “Vorerinnerung”, Sämtliche Werke Bd. I, 419ff.

（5）このうち後期ハイデッガーの「存在史」（Seinsgeschichte）的思惟におけるライプニッツ受容の問題については、本書第Ⅲ

部第七章を参照されたい。

（6）例えば Fernand Brunner, *Études sur la signification historique de la philosophie de Leibniz*, Paris 1950, chap. 1.

（7）例えば *Discours de métaphysique*, §8 (A. VI, 4B, 1540) において、「個的実体」について "Actiones sunt suppositorum" という伝統的実体論の命題が採用されている。

（8）同じテクスト *Discours de métaphysique*, §26(GP. IV, 451/ A. VI, 4B, 1571) には "C'est ce que Platon a excellemment bien considéré, quand il a mis en avant sa reminiscence, qui a beaucoup de solidité,.." とも述べられている。

（9）中世哲学／神学の伝統としてライプニッツが取り上げているのは、他にも「普遍論争」がある。本章では論じられないが、筆者の見通しでは、ライプニッツはここでも、「実在論」と「唯名論」の両面をもつ。すなわち「実体」（モナド）は存在論においては「個体的実体」であると共に、自然言語論においては「語」の意味が実在的であることが主張されるのである（*NE*. III）。

（10）Thomas Aquinas, *De veritate*, q. 1, a. 1, c.

（11）Thomas Aquinas, *Summa theologiae*, I, q. 8, a. 1 (Utrum Deus sit in omnibus rebus); *De ente et essentia*, c. 1, n. 3; 山田晶『トマス・アクィナスの《レス》研究』（創文社、一九八六年）、三六九―四二七頁。

（12）Aristoteles, *De arte poetica*; 山田、四―一〇頁。

（13）Aristoteres, *Metaphysica*, IV, c. 2, 1003b 16-19; 山田、三八七―四〇二頁。

（14）Thomas, *De veritate*, q. 1, a. 1, c.

（15）概念の「それによって思惟するところの」と、「思惟されたところの」という、こうした二つの意味の区別が、近世に入り失われたこと。デカルトの『省察』において、res cogitans の実在論証において res の意味が不当に混同され、それはまた「真理は認識の対象との一致において成り立つ」というスコラの見解に対するカントの批判においても混同されていること。res と ratio が混同されたこと。フッサールが（ブレンターノに示唆を受け）『論理学研究』（I-14, V-20）で、意識における「作用」と「内容」を区別するにいたって、伝統的なノエシス―ノエマの区別の再発見に至ったこと。この一連の哲学史的経緯を解明された山田晶教授の研究に深甚の敬意を表する。山田晶、前掲書、七一七―三八頁。

（16）アウグスティヌスは signum のうち、自然的なものを退け、規約的なもの、すなわち言葉 verbum を主題とする。前者はギリシア・ローマの異教世界で流行した占い、医術などであり、後者は聖書、教父の書である。アスグスティヌスの論理学は

signum（聖書）の解釈のためのいろいろな技術を開発することを趣旨とし、signum から RES たる「教義の諸真理」（veritates dogmaticae）（神の存在、三位一体、受肉、復活、昇天）を転義的に直接解釈しようとする。これが中世論理学の主流になる。Augustinus, *De doctrina Christiana*, II, III.

（17）Augustinus, *De magistro*, c. 1, n. 2. COL. 29, 159; 山田、七五四—七六〇頁。

（18）res であると同時に signum である存在者としての「キリスト」については、Augustinus, *Confessiones*, XIII, 15-18; 山田、七八〇—八一頁。

（19）GP. II, 56 (an Arnauld, Juli 1686), GP. V, 268 (*NE*. III, chap.3: Des termes generaux). なお、酒井潔『世界と自我——ライプニッツ形而上学論攷』創文社、一九八七年、一四〇頁を参照。

（20）例えば、Benson Mates, *The Philosophy of Leibniz*, Oxford 1986, p. 170-173.

（21）*NE*. III, chap. 6, §32 (GP. V, 303):"Et personne n'a pretendu, je pense, pas même les plus grands Realistes d'autres fois, qu'il y ait autant de Substances qui se bornassent au generique, qu'il y a de genres.Mais il ne s'ensuit pas que si les essences genarales ne sont pas cela, elles sont purement des signes; car je vous ay fait remarquer plusieurs fois que ce sont des possibilités dans les ressemblances".

（22）GP. VII, 263: "Exprimere aliquam rem dicitur illud, in quo habentur habitudines, quae habitudinibus rei exprimendae respondent. Sed eae expressiones variae sunt…".

（23）列挙されている例のうち、これだけは「ものと記号」の同形性を排除しない。しかし「機械の模型」（modulus machinae）の諸条件の認識から、実物のそれの認識に導かれるということは言い得るだろう。

（24）Albert Heinekamp, *Natürliche Sprache und allgemeine Charakteristik bei Leibniz*, in: Albert Heinekamp, Franz Schupp (Hg), *Leibniz' Logik und Metaphysik*, Darmstadt 1988, S. 385ff..

（25）GP. II, 56 (an Arnauld, Juli1686). 個体概念の完足性がすべての内的規定と外的規定を含むという点について、酒井、前掲書、二五三—六八頁が詳説している。

（26）周知の如く、ハイデッガーは、ギリシア人が λέγειν, λόγος に含めていた「見えるようにさせる」（sehen lassen）という語義が、それがローマ人によって ratio と訳されることによって失われたと見る（Martin Heidegger, *Sein und Zeit*, §7-2, EA. 32-34; *Der Ursprung des Kunstwerks*, GA. 5 (*Holzwege*), 36-44)。しかし、仮にそうだとしても、アリストテレスの λόγος とトマスの

ratio において、理性によって認識され得る可知的内容（ノエマ）としての概念の存在を承認する限り、そこに〈res–ratio–nomen〉というモチーフの継承が見出されることの重要性に変わりはない。

（27） GP. VII, 289: “ (1) Ratio est in Natura, cur aliquid potius existat quam nihil. Id consequens est magni illius principii, quod nihil fiat sine ratione, quemadmodum etiam cur hoc potius existat quam aliud rationem esse oportet”.

（28） Heidegger, *Nietzsche*, II, 3. Aufl., Pfullingen 1961, S. 436-454.

（29） 『二四の命題』を解釈するハイデッガーもまた、山田教授の言を借りれば、デカルトやカントと同様に、ratio を res と混同していると言えるのかもしれない。注12参照。

（30） 「名目的定義」に対する批判は、一六八四年に『学報』に発表された体系的論文 *Meditationes de cognitione, veritate et ideis* でも明示されている。A. IV, 4A, 587f.; GP. IV, 424f.

（31） ライプニッツによれば、記号または名は、それ自体、賢者にとって価値はない、もし価値があるとすれば賢者ではない人に対してである、とされるが、これもライプニッツのノミナリズムが彼の ratio 論と相即であることと符牒する。Marcello Dascal, *Foundations of Semiotics. Language, Signs and Thought*, Amsterdam/Philadelphia 1987, p. 12.

（32） E.Cassirer, *Leibniz' System in seinen wissenschaftlichen Grundlagen,* Marburg 1902.

（33） Klaus E. Kaehler, *Leibniz. Der methodische Zwiespalt der Metaphysik der Substanz*, Hamburg 1979.

（34） Heinrich Rombach, *Substanz System Struktur,* Freiburg/München 1966, Bd. II, Kap. 8, Abschn. 1.

（35） この種の物言いの典型はラッセルである。Bertrand Russell, *A Critical Exposition of the Philosophy of Leibniz*, London 1900; New Ed. 1937, p. 202.

（36） もしライプニッツに例外があるとすれば、デカルト主義に対する彼の攻撃であろう。

（37） Albert Heinekamp, *Die Rolle der Philosophiegeschichte in Leibniz' Denken*, Stud. Leibn. Sond. 10, S. 114-141.

（38） Descartes, *Meditationes de prima philosophia*, I (AT. VII, 17).

（39） Baruch de Spinoza, *Tractatus de emendatione intellectus,* 1662 (G. II, 357).

第二章　クザーヌスとライプニッツ

――機能主義・関係・世界――

序

十七世紀の哲学者G・W・ライプニッツ（一六四六―一七一六年）が、同じドイツ人の大先輩でもあるニコラウス・クザーヌス（一四〇一―六四年）について実際に知識を有していたかについては、ひとは長い間「当然そのはずだろう」と推定するに留まっていた。ライプニッツは哲学史の伝統を重視し、古典的著作に通暁していたからである。クザーヌスの数学の業績にかんして、故清水富雄教授はライプニッツは一六九〇年以降クザーヌスの作品に触れたであろうというナーゲル（Fritz Nagel）の考証を報告されている。(1) しかし、いま哲学も含めた場面で、ライプニッツが「クザーヌス」にしかも直接言及している証拠はあるのだろうか。ハノーファーにあるニーダーザクセン州立図書館（G・W・ライプニッツ図書館）蔵のライプニッツの未公刊手稿のなかに、はたして、小さな紙片に肉筆で次のようにしたためられたものが発見されている。

Nicolaus Cusanus egregie: id est creare primae Mentis, quod numerare est nostrae（「傑出したニコラウス・クザーヌス――創造することは第一の精神に属し、そのように創造されたものを数えることはわれわれの精神に属する」LH XXXV, vol.XIII, 2c BL.43）

日付は確かではないが、一六七六年以降のものと推定される(2)しかしながら、クザーヌスとライプニッツのあいだの思想的関係は、もとよりそこからのみ説明され得るものではない。むしろ、クザーヌスとライプニッツというこの二人の思想家の場合にはとくに、問題史的にみても、そしてまた彼らの思惟をいま sachlich に検証してみても、「比較」、ver-gleichen、com-parer が十分に可能である。二つの思惟を「突き合わせ」、「対決させる」ことは、恣意的ではなく、有意義であると思われる。

本章ではしかし、単に図式的に事務的に一致点と相違点を列挙することよりは、むしろ、クザーヌスからライプニッツへ連続する太い問題モチーフを摘出することに主眼が置かれる。その場合、クザーヌスのテクストとしては『知ある無知』(*De docta ignorantia*, 1437) に拠りながら、「機能主義」、「関係」、「世界」という三つの鍵語を提示し、これにそって考察を進めたい。そのことを通じて、われわれは自ずと近世哲学をも超え、現代哲学のトピックスの前に連れ出されるであろう。

ちなみに、クザーヌスがそういう近代理性の本質を表現する者として解釈されるようになったのは、シュライエルマッハーの弟子の哲学史家H・リッター(一七九一—一八六九年)あたりからだといわれている。そして近代科学の哲学的根拠への関心からクザーヌスの神学的・形而上学的意義に目を向けはじめたのは、コーヘンら新カント派からのことである。

一　機能主義(Funktionalismus)——ロムバッハの解釈を手引きとして

八巻和彦氏によれば、故ハインリッヒ・ロムバッハ(一九二二—二〇〇四年)教授のクザーヌス解釈は、故ハウプスト教授、バイアーヴァルテス教授のそれと並んで、現在ドイツにおける三つのクザーヌス研究の方向の、その一つの代表である、と位置づけられる。(3) ロムバッハといえば、ドイツ現象学会の元会長であり、フッサールとハイデッガーに始まる「フライブルク学派」のその正統を自任し、「存在の体制」(Seinsverfassung) を「構造」(Struktur) とよみかえることにより、現存在と非現存在との区別を克服し、ハイデッガー以後の現象学に新局面を拓こうとした。わが国でも、その多くの著書によって、また来日講義(一九八〇年)を通じて、とくに現象学等現代ドイツ哲学を専攻する人々のあいだに知られている。しかし、彼の一番の主著というべき『実体・体系・構造』(*Substanz System Struktur*, 2Bde. Freiburg/München 1965/66; 2.unveränderte Aufl. 1981) の、その全部で一〇〇〇頁を超える論述に示されているものは、「構造存在論」(Strukturontologie) という彼独自のコンセプトを導き手としながら、西洋の全思惟を「実体」から「体系」へ、さらには現代の「構造」へ至る運動としてとらえ、古代・中世・近世(アリストテレスからカントまで)の哲学史を、豊富な文献資料の引用を交えながら再構成しようと試みる、雄大、かつソリッドな歴史研究でもある。

さらに、いまわれわれの注意を惹くのは、伝統的な「実体」概念が近世初頭に「体系」のそれに移行する際、両者のあいだに短期間だけ(いわば現代の先駆けとして)「構造」の概念が現れたが、それこそクザーヌスの思惟にほかならぬ、とロムバッハが結論していることである。「体系」も「構造」も共に構造存在論に属す。しかし「体系」においては各要素は相互に対等で、並立しており、その関係は固定的(その雛型はコペルニクスの遊星軌道論)であるのに対し、「構造」においては各要素は有機的で生き生きしており、各部分は全体との連関のうちにある。(4)「構造」こそ、今日の思惟を支配している概念であり、機械論も精密科学も構造への途上に位置する。

かくして『実体・体系・構造』の第一巻第二章「機能というひとつの自立した存在論の発展」のうち、その第二節「ニコラウス・クザーヌスと新しい世界概念の発展」（S.150-178）、第四節「ニコラウス・クザーヌスの機能的存在論」（S.206-228）がクザーヌス解釈であり、さらに次の第三章「成立期における近代科学の機能主義」でも、「クザーヌスの諸影響」、「コペルニクスとクザーヌス」、「クザーヌスの誤認」という三項目にわたり計二〇頁近くが充てられる。それらを合計すると、実に七〇頁余りにわたってロムバッハはクザーヌス解釈を展開しているのである。[5]

先ずロムバッハは、十四世紀のノミナリズム（とくに Nicolaus von Autrecourt）によって提出された諸問題に解決を与えようとしたのがクザーヌスである、と位置づける。クザーヌスのテクストとしてはロムバッハは主に『知ある無知』（*De docta ignorantia*）第二巻に依拠している。ロムバッハは、クザーヌスのうちにハイデッガーの言う「存在論的差異」を先取りする面を見、Seiendes に対して Sein を区別する（S. 154）。そして被造物の特徴を、他の物の性質でなく、他の物の存在（または Seiendheit）に関係づけられて有ること（bezogensein auf）のうちに認める。「存在は被造物においては、いつもなにかへの関わりに、すなわちより大きい、より重い、より重要であるということにおける存在を意味する」（S. 155）。被造的存在を規定できるのは比量（comparatio）のみというわけである。つぎに、「限界」――世界は何処かに限界をもつのか否かという意味において――に関連して、世界は内世界的な被造物とは異なることが示される。この見解はオイゲン・フィンクの唱える「宇宙論的差異」（kosmologische Differenz）を連想させる。ここに存在者の「実体的性格」に終止符が打たれ、「世界の存在論」、すなわち「機能主義」が自立する（S. 162）。「或るものが、ただ別のものから説明され、別のもののほうから規定される仕方で解されるなら、それが機能（Funktion）である。機能とは、事物が、それが別のもののうちで作用するものにおいて登場することを意味し、他者における存在である」（S. 163）。

ロムバッハは続いて『知ある無知』第二巻第四章「ただ縮限された最大としての宇宙が絶対の類似であるのはいかにしてか」（Quomodo universum, maximum contractum tantum, est similitudo absoluti）から長文を引用する（115, Z. 13-116, Z. 21）。その際――太陽においては太陽であり、月においては月であるような、「縮限された宇宙」における――「縮限」を定義した文“Contractio dicit ad aliquid, ut ad essendum hoc vel illud”（II, Cap. IV, 116, Z. 19）を、ロムバッハは〝本性的制限〟とか〝制約〟ではなく、“Zusammenziehung bedeutet Hinordnung auf ein Etwas, das heißt darauf, dies oder jenes zu sein”（縮限とはひとつの或るものへ、すなわちあれやこれやのもので有ることへ向けて秩序づけることを意味する）と訳し、別のものへ関係づけられていることだと解釈するのである（S. 164f.）。こうして、見かけの個別現象にとらわれず、世界の全体的連関を見ることが、Wissenschaft の内実となる。従来の自然的知＝実体論的知は破壊されねばならない。知はまさにかかる意味で「無‐知」（Nicht-wissen, ignorantia）である。それはただの空虚でなく、それ自身のうちに、「探究」領域の射程を所有するような営為、すなわち docta igonorantia である（S.166）。このようにロムバッハは「縮限」概念や、「何でもが何でものうちに」（qodlibet in quolibet）という「世界」（「宇宙」）概念のその本質を、いわば「何かへの」志向的な関係として解する。そしてかかる「縮限」概念により、宇宙における全対象を統一的に捉える「科学」的な見方が可能になったのだと結論する。世界とは、物が遺漏なく関係づけられる、すなわち機能的に規定されるように為すところのものだ、ということになる。クザーヌスは、個をもはや実体論的には思惟せずに、統一の領域、すなわち世界という領域において一と多を媒介せしめる（S. 207）。すべての物は「機能」にすぎないから、世界もまた機能の連関にすぎぬ。世界における個々の事象は、全体のそれぞれの契機となる。あるいは個別は「縮限」により、それぞれの「何であるか」の規定（Was-bestimmung）において世界全体ですらある（S. 208）。

かくて、物を自体的にしかみない実体論は破壊される。無すらも、これを〈複数性と統一性〉という連関で「機能主義的に」解釈するクザーヌスの功績は大きく、「近世の科学的思考方法の元祖」である（S. 211）。その結果、事象の事象性とは、外面的な関係的規定であり、それはすなわち比例、量規定となる。「科学は、有るものをそれの機能性と関係性において理解することとしてそれゆえ本質的に比例科学であり、数学的科学である」（S. 213）。

以上が、ロムバッハのクザーヌス解釈の要点である。それまで看過されがちであったクザーヌス哲学に主題的に取り組んだこと自体が既に功績である。彼自身述べているように、クザーヌス哲学はブルーノ以後は忘れ去られた。ハーマンもシェリングもゲーテもヘーゲルも、ブルーノしか知らなかった。クザーヌスを名指ししたのは、B・クレメンスであった（S. 150）。ちなみに、ライプニッツにあれほど注目し続け、またエックハルトにまで言及したハイデッガーも、クザーヌスには僅かしか触れていない。これに対しロムバッハは、ノミナリズムによる「実体」概念の解消という問題史的脈絡において、「縮限」や「無知」等の概念を解釈し、そこに「機能主義」の存在論を見出し、哲学的主張としての近世の精密科学への連続を指摘した。(6) ロムバッハは「クザーヌスを近世的思惟のアリストテレスとひとが呼んでも、誤りではないであろう」（S. 150 Anm.）と言うのである。

しかし、ロムバッハのクザーヌス解釈の功績を多としながらも、他面、不満の残ることも事実である。それは、いまわれわれの主題からみて、二点に集約されよう。すなわち、第一に、ロムバッハが、有るもの（Seiendes）の「機能」のその実質として挙げているものは、専ら数学的な関係である、という点である、「事象性はいまや関係諸規定の外面性に存する。外的な関係とは、比例、量規定、比較関係であり、そこではこの量規定がどんなに異なった範疇にも所属することができる」と表明されている。しかしクザーヌスが『知ある無知』などで意図しているのは、何もそのような数学的、量的関係だけではないであろう。例えば、すでに、proportio 概念ですら数学以外にも多様な意味で用いられている。数学的比喩が用いられるのは、周知のように「無限」とか「反対の一致」を合理的に説明するための方法的戦略ともいうべきであり、クザーヌスの数学的業績は別にしても、そこからただちに「機能」を数学的「関数」のそれに切り下げることはできない。Funktion とは、むしろ「はたらき」であり、個において全を縮限する活動であろう。こうしてこそ、ライプニッツの「宇宙の生ける鏡」とも連携しよう。「機能」は精密科学に奉仕する面で尽きるのではなく、ひろく「関係」としてそれ自体が主題化されるべきではないのか。「関係」概念は、ライプニッツでは明らかに単なる数学的概念ではないが、既にクザーヌスでも、慎重にテクストを読むならば、哲学的、存在論的、認識論的な性格を帯び——『知ある無知』第一巻の冒頭に、われわれには、事物そのものの何であるかは知られず、物が別の物とどういう関係にあるかを知りうるのみである、と言明されている——、さらには倫理、宗教、政治（教会政治）にまで及ぶ多層的概念であるように思われる。例えば「普遍的和合」(concordantia catholica) の概念なども、まさにこの「機能」（＝「関係」）概念の、歴史的現実における表現である、と考えられる。

第二は、ロムバッハが、クザーヌスの言う contractio を "zusammenziehen" と訳している点に関してである。それ自体はたしかに妥当であろう。contractio は、たとえば「制限」(Einschränkung) などとも訳されているが、単なる数量的な意味での「短縮」とか「圧縮」に限らず、「異なった多様を、多として活かしながら、一点に纏めこむ」というような意味だからである、しかしそこから直ちに、ロムバッハのように、"Hinordnung auf ein Etwas" とのみ解釈するのはいささか性急に過ぎないだろうか。contractio (con ＋ trahere) の語源である trahere という動詞は、元来「引く」(ziehen) とか「引きずる」(schleppen) とかいったかなり強い意味を示す。つまり多くのものを共に（con-）一つの点に引き寄せる、という意味あいになる。ここに、個と世界の関係は、一のなかに多がたんに含まれてあるというだけの静的 statisch なものではなく、むしろ一が自らのうちに多を収縮し、凝縮する、そういう力動的 dynamisch な性格のもとにみられる。ここに、もはや単なる「自然」natura ではないところの「世界」（クザーヌスでもライプニッツでも「世界」と「宇宙」は相互に同義で置換可能な概念である）が哲学的に、つまり「個体」との連関において問題にされてこよう。このようにみたとき、ロムバッハの場合、世界と個は、先に「関係」概念のとり方でも見られた点と連動して、ただ関数と変項との関係に比べられている。それは、同質的な次元のなかで、量的関係へ引き付けて解釈されており、したがってそこには「世界」が、「自然」とは異なるまさに「世界」として、つまり「個体」との関係としては殆ど見られていない。だがそれではクザーヌスを単に精密科学の開拓者として狭めることになりかねない(7)。

そこで、以下の第二、第三節においては、「関係」、そして「世界」という視点を補いつつ、とくにクザーヌスからライプニッツへ連続してゆくモチーフを考察する。

二　「関係」——「関係」概念からみたクザーヌスとライプニッツ

『知ある無知』第二巻をみると、relatio ではなくて、proportio という語が用いられているが、その使われ方を追うと、それが——いわゆる厳密性が求められるところでは、数学的な aequalitas を示唆しつつも——本来は単なる数的な比例に限られていないことがみてとれる。たとえば第十三章「世界と諸元素との創造における神の賞嘆すべき術について」（De admirabili arte divina in mundi et elementorum creatione）（175, Z. 12）では、rerum proportio は代数学、幾何学、音楽、および天文学によって探究されるような、或る質的な面をも含んだものである。また第一章には「調和的対比」(proportiones harmonicae) という言い方がみえるが (93, Z. 3)、「調和」という概念はもはやたんに量的とはいえず、価値とか目的を志向した質的な概念であろう。さらにまた、「等しさにおける対比」(proportio in aequalitate) が「最大の完全な調和」(praecisissima maxima harmonia) ではあるが、このような完全な調和を、人間は肉においては経験できないとして、「比」には各種のものがあることが暗示されている (93, Z. 13)。proportio は、クザーヌスでも、既にライプニッツを先取りし、「一致」とか「対応」(Entsprechung) という普遍的で可知的な意味をもつ (例えば、"praecisa proportio" (93, Z. 9) といった言い方もこのことを証示しているのではないか)。

さらにこれに関連して、見逃せないのは、同じ第二巻における ordo 概念の用法である。とくにその第五章「何でもが何でもの内に」("Quodlibet in quolibet") において、ordo naturae が「最完全なるもの」として先行する (117, Z. 10)、と述べられている所である。このときの ordo naturae は自然のシステムと呼べよう。さらに、第六章「包摂と、宇宙の縮限の度合いについて」(De complicatioe et gradibus contractionis universi) (125, Z. 5f.) においては、ただ個別のみが現実には存在し、普遍は縮限されたしかたでそれであるにもかかわらず、同時にまた「普遍は、自然の秩序にしたがって、個別によって縮限されうるような或る普遍的な存在をもつ」ともいわれる。そしてクザーヌスは、縮限された普遍というものの例として、点、線、面が物体においてのみ現実的であることを挙げている、このとき、「個別によって縮限されうるような或る普遍的な存在」(quoddam esse universale contrahibile) というふうに、「或る」(quoddam) という形容詞が使われていること自体、この「秩序づけ」による普遍の存在なるものが単に自然科学だけの概念でなく、存在論的な概念でもあることを示している。

ライプニッツでは、クザーヌスのモチーフを引き継ぎながらも、多様なる対応・一致としての「関係」概念は、はるかに周到に考えられ、洗練されてくる。ロムバッハも認めているように、「何かへ関係づけられていること」としての「縮限」、ないし個における全の縮限は、「因果性」などではなく、「表出」(expressio) または「代表」(repraesentatio) という概念によって考えられている。ライプニッツ三一歳のときの論文に、スピノザ説を批判し、観念の能動的性格を主張した『観念とは何か』(*Quid sit idea*, 1677, A. VI, 4B, 1369-71/GP. VII, 263-4) がある。このなかで先ず、「或るものを表出するとは、〔表出する側のものが〕、表出されるべき事物の諸条件に対応する諸条件を持つことである」(GP. VII, 263) と定義される。その際大事なことは、「表出するものが表出されたものに似ている (similis) 必要は明らかになく、〔ただ〕何らかのアナロギア (quaedam analogia) が保たれていれば、それで〔表出関係の成立には〕十分だ」とされている点である (ibid.)。「表出」の関係は、「アナロギア」のそれなのである。

ライプニッツの言う「アナロギア」とは、通常訳されるような「類比」または「類似」、すなわち、「類」や「種」において似るということを意味しない。「似ている」というより、むしろ、そのギリシア語源 (ἀνά + λόγος) どおり、条件やシステムのあいだの「対比」(proportio) を意味する。ただし、その「対比」は恣意的ではなく、表出する側と表出される側とのあいだに「恒久的法則的関係」(rapport constant et réglé) が存する場合をいう (GP. II, 112)。このように定義される「表出」の関係には、しかし多様なものがある ("Sed eae expressiones variae sunt" (GP. VII, 263))。ライプニッツはその実例として、機械の模型と機械そのもの、平面図と立体、演説と思考、記号と数、そして代数方程式と円 (または他の図形) というケースを挙げている。いずれの場合にも、われわれは、一方の諸条件の考察から他方の特質の認識を得ることができるのである。このように、

「類似」とは呼べぬほど異なるもののあいだにも、なお何らかの「対応」や「対比」を見出すという態度は、「関係」なるものに無限の多様性があると主張することである。

また、モナド世界の構造という点からすれば、すべての事物がその類や種をどんなに異にしていても何らかの仕方で対応しあい、このことによってひとつの統一的全体、すなわち世界が可能になってくるように思われる。このとき、たしかにクザーヌスとライプニッツのあいだには、「対比」または「表出」としての〈関係の多様性〉と、これによる〈世界の統一〉という共通したモチーフが看取される。

なお、両者の説く「世界」関係は同時に「秩序」でもある。このことはそうした「関係」や「対比」が価値あるものであり、そこに或る目的論がこめられ、またそれゆえに「関係」概念が実践にも繋がってくる所以を示唆しよう。したがってわれわれは、「秩序」は物を前提するから、機能主義とともに「秩序」もまた「体系」にとってかわられるのだ、というロムバッハの説には同意できない。（System とは、先ず物が esse して、然るのち agere する、というものではないが、これに対し Ordnung といったときには、既に諸物は存在した後である、というのがロムバッハの前提である。op. cit., Bd, I, 229f.）

また、「実体」なき「関係」概念は、ノミナリズムによる実体概念の解消以後の認識論にもかかわりをもつ。『知ある無知』第一巻において、物が何であるかは絶対的にはわれわれには知られ得ず（Cap. III: "Quod praecisa veritas sit incomprehensibilis"）、測るものと測られるものとのあいだの差異は漸進的に減少しようとも、常に差異は残るとされる（ibid.）。「探究者はすべて、不確実なことを、前もって措定された確かなことと比較し、対比的（proportionabiliter）に判断する」として、探究はすべて「比較的な探究」（inquisitio proportionis）であるとか、「比較的な比」を遂行することだ、と結論される（*De doc. ign.* I, Cap. I: "Quomodo scire est ignorare"（2, Z.

17))。このように、度合い的な見方をいれる発想は、ライプニッツの論理学（それは命題の主語における述語の内在を強調し、また事実真理においては無限に及ぶ分析を近似値的に処理しようとする特徴をもつ）や微分・積分の解決法などにもよくうかがえる。さらに第四章「最小がそれと一致するところの絶対的最大は、把握され得ぬしかたで知性認識される」（"Maximum absolutum incomprehensibiliter intelligitur, cum quo minimum coincidit"）では、「感覚、理性、あるいは知性によって把握されるものは何であれ、全て、相互のあいだで、また相互に相対して異なっているため、それらのあいだには何ら厳密な相等性が存しないほどである。それゆえ、どんなものに対しても、他のものでも、また異なったものでもないような最大な相等性は、あらゆる知解を超え出ている」（11, Z. 9-13）と言われる。だが、このことの射程は、はたしてロムバッハのいうような精密科学の哲学としての機能主義に止まるであろうか。

三 「世界」——新しい存在論への道

九鬼周造は『西洋近世哲学史稿』（一九四四年）において、クザーヌスをかなり立ち入って紹介しているが、そのなかで絶対者と世界との関係についてこう教えている。「従来の神中心の興味が、クザーヌスでは世界の現実性のほうに移った。世界を見るのに、神的なるものから遠ざかっている距離や反対という点において見るよりも、むしろ神の全能の直接的な証拠として世界を見る(8)」。

さて、クザーヌスでも、ライプニッツと同様 mundus と universum は同義である。実体論的表象におけるように、先ず物があり、然る後に物の関係・秩序・集合が生じるとか、物の場所（偶有）として mundus があるとはもはや考えられていない。たしかに物なくしては宇宙もないし、宇宙は物と別物でもないが、宇宙と物とは同時的に存在するのである。ライプニッツでも、神がすべてのモナドとその関係を一挙に創造したと説くのは、この点にかかわる。それどころかクザーヌスの場合、箇所によっては、宇宙こそ万物の現実存在に先行し、「何でもが何でものうちに」、または「世界の内に有る」という、そのことを可能にしている制約として、或る超越論的性格をもつかのようにすら書かれているのである"Universum enim quasi ordine naturae ut perfectissimum praecessit omnia"（*De doc. ign.*, II, Cap. V,（117, Z. 9)）。

さらに、世界が決して「物」または「実体」の単なる全体と同じではなく、そのつど縮限として、個物に「現前し、また現前していないような不可分の全体」であるという思想のなかに、すでに「構造」概念への隠された道が準備されている、とも言われ得るだろう。[9]

神がその「本性」（natura）により直接的に事物の「本性」つまり「自然」に作用するという伝統的な汎神論、あるいは自然科学で解する「自然」（natura）にかわって——そこでは多の統一としての「世界」＝「宇宙」は問題になり得なかった——、クザーヌスの特徴は、神と個（＝万物）の関係を直接的とせず、そのあいだに「宇宙」を「媒介」せしめていることである。神の絶対的な何性や一性は、直接的な仕方で有限的事物のうちに縮限されることはできない。『知ある無知』第二巻の第四章「ただ縮限された最大である宇宙が絶対者の類似であるのは、いかなるしかたでか」（Quomodo universum, maximum contractum tantum, est similitudo absoluti）の最終部分から同巻第五章「何でもが何でものうちに」（Quodlibet in quolibet）の冒頭部にかけて、僅か一〇行ほどのあいだに「（いわば）（一なる）宇宙を媒介として」（quasi）（uno）mediante universo という言い方が三回も見える。「神は、いわば宇宙を媒介として、万物のうちに存在する」（deum quasi mediante universo esse in omnibus）。そしてさらにまた「事物の多性は、一なる宇宙を媒介として、神のうちに存する」（et pluralitas rerum mediante uno universo in deo）のである。ただし、「宇宙」の「一性」は、「縮限された一性」であり、事物の pluralitas を区別なしに含む。また「宇宙」の「無限性」は「欠如的無限性」、「有限な無限性」と呼ばれ、神の「絶対的」なそれとは慎重に区別されている。このように「宇宙」は、神と個を媒介する重要な役割を与えられる。

ところで、「世界」という事態が問題となりうるためには、存在するすべての事物が相互の多様な関係を通じて一つの統一的全体にもたらされている、ということがなければならない。デカルトにとって、「世界」とは、第一義的には、物体の共存や運動法則のシステムとしての「自然」（natura）にほかならない。彼の『世界論』は因果性概念に立脚した自然学の体系であった。また、神即唯一実体であり、これの様態の他には何もないとするスピノザでも、「世界」はその固有な意義を有し得ず、そこにはただ「自然」があるのみである。すなわち、事物が神に依存するという面だけが強調され、事物相互の関係や秩序が主題になっていないのである。スピノザは、「神の本性の必然性から、無限に多くのものが、無限に多くの仕方で帰結せねばならぬ」（Ex necessitate divinae naturae, infinita infinitis modis sequi debent, *Ethica*, I. prop. 16）というテーゼで事足れりとした。以上のようなデカルトの res extensa や、スピノザの唯一実体説に反対して、個体的実体＝モナドを提案するとき、ライプニッツがクザーヌスと立場を共有していることは既に明らかであろう。

ふたたびクザーヌスに戻ろう。〈個が宇宙の縮限である〉とは具体的にどのような意味であろうか。クザーヌスは端的に次のように述べている。「どの被造物においても、宇宙（全）はその被造物そのもの（ipsa creatura）なのである。つまりどんな事物も、それにおいては宇宙は縮限された仕方で（contracte）その事物そのものであるという具合に、万物を受け入れている」（*De doc ign*. II, Cap.V（117））。「宇宙」とは「個」と（既述のごとく）

別物でもなく、その後でもない。だから「宇宙は太陽でも月でもないが、太陽においては太陽であり、月においては月である」（Unde universum, licet non sit nec sol nec luna, est tamen in sole sol et in luna luna, *De doc. ign.* II, Cap. V（115））。あるいは「宇宙は普遍性（universalitas）、すなわち多くのものの統一（unitas plurium）をこそ意味するものである、人間性はソクラテスでもなくプラトンでもないが、ソクラテスにおいてはソクラテスであり、プラトンにおいてはプラトンであるという、ちょうどそのような関係を宇宙は万物に対してもっているのである」（ibid.）。

ここで、「宇宙」と「個」の縮限関係（縮限的一と事物の多との関係）を、sachlich に考えてみよう。すると、一つの同じ世界構造がいかにしてそのつど異なった世界であることができるか（これがつまり「包含」たる神の「展開」である）、いいかえれば、「何性」（すなわち、「何でないか」という「差異」）をともなう世界が、われわれにそのようなものとして「与えられ」、「現出」するのはなにゆえか、という現象学の「現出論」Erscheinungslehre に、クザーヌスの「縮限」概念はこたえようとしている、ともいえよう。[10] ロムバッハは縮限を変様と解し、自由変更理論との関連を示唆している（Rombach, *Substanz System Strukutur*, Bd1, S. 208）。[11]

さて、クザーヌスの、そういう現象の世界、縮限された何性および一性としての世界は「個」との密接な連関に立っている。多の統一としての「世界」というとき、物は既に「個」である。universum の縮限されたもの、これが individuum にほかならない。現実的に存在するのはただ「個」のみである。「一切は縮限されているのだから、それはただ類においてのみ、そして類はただ種において見出される。しかし現実に存在するのは、一切がそこに縮限されている諸々の個である」（Et quoniam universum est contractum, tunc non reperitur nisi in generibus explicatum, et genera non reperiuntur nisi in speciebus. Individua vero sunt actu, in quibus sunt contracte universa）（*De doc ign.* II, Cap. VI（124, Z. 17））。宇宙は、縮限された仕方でしか諸事物のうちに存在しない。現実に存在するどの事物も、「宇宙内の万物」（universa）を縮限して、これらの宇宙内の万物が現実に「その事物であるところのもの」（id quod est）であるようにしている。このとき「個」は、スピノザなどのように唯一実体の「様態」などではなく、まさにそのどれもが唯一宇宙の縮限、すなわち自己限定として、かけがえのない積極的な意義を獲得する。「そういうわけで、宇宙には、他のいかなるもののうちにも見出されないような或る特殊性（singularitas）を楽しまないようなものは、何ひとつとして存在しない」（*De doc. ign.* III, Cap. I（188, Z. 9））。厳密な相等性はなく、絶対的に他を凌駕しうるものもない。徹底した「関係性」と「機能」のノミナリズムは、同時に「個」の意義を強調するのである。(12)

ただし、「個」は、どこまでも「縮限」としてのみ、つまり神が宇宙に縮限され、宇宙は個に縮限されるという仕方で存在する。すなわち、個は差異においてあれこれの物として存在するように限定され制限され、普遍や一性の〈自己限定〉という面をもつ。

西田幾多郎は、本邦哲学界でいちはやくクザーヌスに注目したという功績があるが、彼は、絶対者の自己否定としての現実＝「絶対矛盾的自己同一」という自らの立場から、クザーヌスの「縮限」が「否定」としては不徹底であると批判する。「クザヌスの考は、キリスト教的に尚主体的である。否定と云つても、尚主語的論理の立場を脱してゐない。……真の絶対否定に於いては、否定すべきものすらもないのである。従って彼の哲学は神秘的色調を脱し得ない。彼の論理は真の現実の論理ではない」（『西田幾多郎全集』〔新版〕第一〇巻一一〇頁、論文「予定調和を手引きとして宗教哲学へ」昭和一九年）。しかし、クザーヌスにしてみれば、「個」を一者の否定とみるよりも、一と多の「媒介」としてみるほうが主である。そして、そういう「中間的本性」（natura media）

こそ人間の本性なのである。かくして、人間は「宇宙の万物」（universa）を包んでおり、「ミクロコスモス」（microcosmos）といわれる（*De doc. ign.* III, Cap. III（198, Z. 4））。クザーヌスの存在観は、切り落とすことでなく、含むこと（包括）なのである。さらに、クザーヌスの「世界の個々の部分」、つまり「部分世界」（partes particulares mundiales）という思想にも注意しなければならない。『知ある無知』第二巻第一二章では、星のある数だけの「部分世界」があるという言い方がされている。「無数の星があるのと、いわば同じだけ、唯一宇宙の個々の部分世界がある」（quasi tot sint partes particulares mundiales unius universi, quot sunt stellae, quarum non est numerus）（*De doc. ign.* II, Cap. XII（172, Z. 4））。これはフッサールの「（外部）地平」概念にも通じる考えかたであるように思われる。ライプニッツの『形而上学叙説』第九節では、簡潔に、宇宙は「単純実体」（モナド）のある数だけ、「倍加」（multiplier）される、と記されている。ではいかにして、同一の世界が、個のある数だけ倍加され得るのだろうか。その仕方を説明する鍵概念こそ「パースペクティヴ」（perspective）なのである[13]。

結語——ノミナリズム（唯名論）と実践

一九八〇年、ドイツの大衆週刊誌『シュテルン』から、『ドイツよ、汝の思想家たち——私たちの世界を動かす哲学者たちと諸理念との歴史』（*Deutschland Deine Denker. Geschichte von Philosophen und Ideen, die unsere Welt bewegen*, 2. Aufl. Hamburg）という書物が出た。同誌の編集者でもあるケスター（Paul-Heinz Koester）というジャーナリストであり、自らも認めるように、哲学者としては素人である。多くの写真や図版をまじえて、世界を動かしたドイツの偉大な思想家一〇人を、一般にもわかりやすい仕方で説明しようと試みている。その一〇人とは、最初が「クザーヌス――コスモスの無限を思惟した最初の人として」、次に「ライプニッツ――彼の論理学によってコンピュータ技術を可能にした人として」、そしてカント、ヘーゲル、マルクス、ショーペンハウアー、ニーチェ、ハイデッガー、ヤスパース、ブロッホと続くのである。『ドイツよ、汝の思想家たち』の筆頭にクザーヌスが置かれ、二番手としてライプニッツが続いている点が示唆的である。

クザーヌスにあてられた同書第一章では、彼の生涯、彼の思想――無限、反対の一致、教会政治との関わりなど――が平明に述べられ、一般向きの好個の案内となっているが、目をひくのは、「ノミナリズム」との関連について三頁あまりにもわたって詳述されていることである（Koester, a. a. O, S. 19ff）。とくに、一五歳のクザーヌスが入学したハイデルベルク大学が、当時三〇年を既に経た「普遍論争」における進歩派の拠点だったこと、この論争こそ、われわれの現代に測り知れぬ影響をおよぼし、例えば、キリスト教とマルクス主義との争いにおいても支配的であったこと、ノミナリズムはしかし同時に「敬虔な精神」から出たこと、これにより「良心」や「責任」という概念が深い意義を獲得し、ルターの人間観にも通じること等が指摘されているのである。

次にライプニッツにあてられた第二章でも、彼が一五歳のときのローゼンタールを逍遥し、アリストテレスの実体形相を捨て、機械論の方向に決意した後、入学したアルトドルフ大学が、当時ソッツィーニ派の拠点であったこと、隣接のエルフルト大学がドイツにおける、ノミナリズムおよび「近代の敬虔」（devotio moderna）の牙城であったこと、そのライプニッツがしかし神学や道徳の懸案事項では実在論に近い立場をとったこと等の重要な言及がなされている。

クザーヌスとライプニッツに共通する点でさらに見逃せないのは、両者ともに、ディレッタントであるどころか、逆に現実の真只中に身を置き、政治・宗教・社会・文化の諸問題とその動向が身近に意識され続けていたことである。「縮限」や「世界」や「反対の一致」は、ロムバッハのいうようなただ精密科学に奉仕するだけのものではなく、まさに現実の世界と実践にその表現をいつでも見出していた。ライプニッツにおいては、「調和」や「アナロギア」が、いつでも彼の実際的活動（①ヨーロッパの政治的平和、②新旧教会の再統一、③アカデミーの設立、を目指した努力）をとおして展開されようとしていた。また「何でもが何でものうちに」は、「普遍的和合」をめぐる教会政治家、実務家として、全欧州を駆け、休む間も無くはたらきつづけた枢機卿クザーヌスに体現されていたのである、クザーヌスは一四五三年トルコによるコンスタンティノープル陥落の報に接したが、ライプニッツもまた一六八三年トルコ軍によるウィーン包囲の報に接する。キリスト教ヨーロッパが陥ったパニックを前に、われわれの両哲学者がいかに心を砕いたか、いうまでもない。

さて、最後にふたたび哲学史的な観点から、クザーヌスとライプニッツの位置と意義を展望しておこう。H・ベーダー教授は、その主著『形而上学のトポロギー』（*Topologie der Metaphysik*, Freiburg/München 1980）で次のように論じている。[14] すなわち、クザーヌスにおいて、有限と無限とのあいだには、いかなる proportio も、いかなる媒介もないが、無限は自己を媒介し、示す。しかしそれは自然的理性（natürliche Vernunft）に対してなのである。こうして、狭い意味で比量的でしかない悟性（Verstand）は、自然的理性から分離する。ただし悟性的思惟のほうから理性を否定するのではなく、神学のほうから悟性を遠ざける。かくて理性は「聖なる無知」（sacra ignorantia）として信仰に結びつけられるが、まさにここにオッカムの影響がみられる、と。たしかに自然的（natürlich）な理性認識は、もはやトマスのように普遍的でなく、個的な存在者の概念把握のなかに、その確実性を求めるようになる。そうだとすれば自然的理性は信仰へ向かい、残された悟性的思惟が狭い意味での哲学を担当することになろう。そのとき、哲学の主題は meta-physica のその「自然」ではなく、「歴史」や「言語」

をも含んだ「世界」の問題性になるであろう。さらにベーダー教授は、meta-physicaとしての形而上学はヘーゲルをもって閉じ、以降現代哲学は、世界・歴史・言語をめぐって展開され、フッサール、ディルタイ、ヴィットゲンシュタイン等もそうした文脈で理解できる、と言う。[15]

そうだとすれば、クザーヌスとライプニッツこそその先駆の一人だったと見られなくもない。このようにみたとき、いまクザーヌスのcontractio、あるいはindividuum-universumをめぐる議論の射程は、ライプニッツの「モナド」論と共に世界・歴史・言語の問題性を通じて、現代哲学にも及んでいる、といえるのではないだろうか。[16]

けれどもまたクザーヌスとライプニッツとでは、置かれていた状況が異なることにも留意する必要があろう。先に挙げたH・ケスターは、クザーヌスの形而上学が、その独創性にもかかわらず、かれの時代に対して、いわば「無時代的」であったこと、そしてそれゆえに、カントやヘーゲル等の場合と異なり、「学派」を作ることがなかった、と述べている。[17]ロムバッハの解釈でもまた、クザーヌスの「構造」理論は近世に先駆けて暗示されたのち、ふたたび忘却され、「体系」の登場を待たねばならなかった。これに対して、ライプニッツの場合、枢機卿にまで登りつめたクザーヌスと違って、公的には不遇ともいえる晩年であったが、彼の数学と哲学は、続くクリスティアン・ヴォルフ（一六七九―一七五四年）によって（その独創性を減じられながらも）継承され、広められ、所謂「ライプニッツ‐ヴォルフ学派」学派を形成するに至った。一七二〇年にはケーラーによる『モナドロジー』のドイツ語訳が出版され、一七六五年には『人間知性新論』がR・E・ラスペによって公刊された。一七六八年にはジュネーブでL・デュタンの編纂で『ライプニッツ全集』（G. W. Leibniz, Opera. omnia）全六巻が出版され、一七八九年には早くも第二版が出た。カントが批判哲学を確立したのちも、まだドイツの大半の大学の哲学講座は「ライプニッツ–ヴォルフ学派」で占められていた。そしてなによりもライプニッツの哲学のコンセプト自体、カントに受けとめられ、さらにドイツ観念論（とくにシェリングとヘーゲル）の中に脈打ってゆくのである。

［付記］クザーヌスのテクストは以下のものを使用した。

Cusanus, *De docta ignorantia* (Abk: *De doc. ign.*), Phil. Biblio. 3Bde. Felix Meiner Hamburg（なお、訳文については岩崎允胤・大出哲訳『知ある無知』（創文社、一九六六年）を参照させていただいた）。その他の著作についてはレオ・ガブリエルのテクストを用いた：Leo Gabriel (Hrsg.), Nikolaus von Kues. *Philosophisch-Theologische Schriften*, 3Bde., Wien 1964-67.

ロムバッハのテクストの頁には、S. を冠し、クザーヌスのテクスト（Phil. Bibl. 版）の頁付については数字のみとし、かつ行数を Z. を冠して示す。

注

（1）清水富雄「宗教意識の展開に関する一考察――クザーヌスとライプニッツをめぐって」（日本クザーヌス学会編『クザーヌス研究序説』国文社、一九八六年、所収）、二五六頁。

（2）Helga-Beate Teltscher, *Verwandte Strukturen im Systemdenken von Cusanus und Leibniz*, in: Stud. Leibn. Suppl., XII, 1973, S. 160f.

（3）八巻和彦「西ドイツにおけるクザーヌス研究の動向」（京都ヘーゲル読書會編『ヘーゲル學報』創刊号、一九九〇年、所収）、二六五頁。

（4）このことは、筆者がロムバッハ教授から直接伺ったことでもある（一九八八年一一月ヴュルツブルクの同教授宅にて）。

（5）その後、このクザーヌス論を含む同書の第一章から第三章までの邦訳が刊行された。ハインリッヒ・ロムバッハ／酒井潔訳

『実体・体系・構造――機能主義の有論と近代科学の哲学的背景』（ミネルヴァ書房、一九九九年）。
（6）だが私見では、オトゥルクールのニコラウスだけでなく、オッカムとの連関に、神学問題にも言及しながら触れる必要があったのではないか、と思われる。
（7）新田義弘「主観性とその根拠について――クザーヌスと現代」（『東洋大学大学院紀要』第一一集、一九七四年）、四五頁下段。
（8）九鬼周造『西洋近世哲学史稿』（岩波書店、一九四四年）上巻、一七頁以下。
（9）新田、前掲論文、四三頁。
（10）小川侃『現象のロゴス』勁草書房、一九八六年、九三―九四頁。
（11）限界はあるが必然的なものでない、つまり無際限な欠如的無限としての宇宙には、さらにこれに対応して宇宙認識の未完結性という事態には、現象学でいう世界の「地平性」という性格が看取される。*De doc. ign.* III, Cap. I によれば、或る類に属する最上の種は、すぐ上位の類のその最下位種と一致するという具合に combinationis ordo が現存し、こうして一つの連続した宇宙が存在しよう。ただしどの結合も段階的であり、われわれは最大なる結合に到達することはできない。これを、フッサールの言い方でいえば、地平の無限であり、世界はそういう諸地平の地平（Horizont von Horizonten）である。
（12）新田、前掲論文、五二頁。
（13）ライプニッツは、同一世界が「倍加」されるその仕方について、『形而上学叙説』（一六八六年）でも『モナドロジー』（一七一四年）でも、「同一都市の比喩」を用いて、宇宙の同一と差異を perspective の差異と複数性に依拠して説明しようとしている。各モナドにとって、世界はただ相対的ではなく、全モナドが共属する同じ一つの世界である。「実体は全宇宙を各自固有な仕方で表出する。それはちょうど同一の都市が、これを見る者の相違なる位置に従って、様々に表象される（diversement representée）ような事態である」（GP. IV, 434, DM. §9）。諸モナドが同一の世界に属するということが、空間に含まれることでなく、世界を表出すること、しかも「視る者」の立場を中心とすることにより可能にされる。

しかしこのことは同時に、表出がかならず或る一定の point de vue, perspective に従わねばならぬという制約でもある。神なら世界をあらゆる角度や仕方で表出できようが、「身体」をもつ有限な人間の場合、どれか或るひとつの perspective に基づかねばならない。そうした「位置」こそ、有限存在の制限でもあり、また実に個性や多様性の可能性なのである。また他方、「パースペクティヴ」には、全体世界を、合理的に対象化し、映像化し、もって主観の支配下に収めるという近代的主観性の性格が含まれることが看過されてはならない。クザーヌスでも、perspective に思想的に相当する議論は萌芽的に存すると思われる。例えば、「すべてのものが、すべてのもののうちに存し、何でもが何でものうちに存する」（*De doc. ign.* II, Cap. V, 117）といわれるとき、そこには或る意味で「中心—周辺的なもの」という思想が既に登場している。そして実質として、主観による対象の所有的支配、およびどの視点も絶対的でないという perspective の複数性の主張が認められよう（新田義弘「世界のパースペクティヴと知の最終審——現象学と近代思想」（岩波講座 現代思想第一巻『思想としての二十世紀』一九九三年、二六頁）。

しかもライプニッツにおいては、ニーチェの遠近法主義などの場合と異なり、そういう perspective というものがかならず「死角」つまり「欠如」あるいは「不完全性」を伴うということが意識されている（Vgl. GP. VI, 122）。すなわち、『弁神論』に出てくる「欠如」（privation）としての「形而上学的悪」（le mal métaphysique）の概念がそれである。己れの視点（被造者が「居続ける」（demeurer）「場所」）の「制限」、すなわち相対性を自覚するパースペクティヴのみが「調和」を求め、アナーキーを克服することができる。（酒井潔『世界と自我——ライプニッツ形而上学論攷』創文社、一九八七年、二〇七—〇八頁、二三四頁以下）。別の言い方をすれば、一なる世界の現出が多なる視点に拘束されている、または、一性は多性においてのみ自己を表現するのである。

（14）Heribert Boeder, *Topologie der Metaphysik*, Freiburg/ München 1980, S. 325-44.

（15）このことは、筆者が直接ベーダー教授から伺ったことである（一九八八年一一月ブラウンシュヴァイクの同教授宅にて）。

（16）ライプニッツの著作のうちで、生前刊行された唯一の哲学単行本『弁神論』、そして彼の哲学的遺著ともいわれる『モナドロジー』に共通するのは、美学、言語論、道徳、政治・社会論、医学などの主題が総合されている点である。この点に着目したA・モーデルは、カント『判断力批判』もこの傾向に属していると指摘する。Vgl. Anselm Model, *Metaphysik und reflektierende Urteilskraft bei Kant. Untersuchungen zur Transformierung des leibnizschen Monadenbegriffs in der Kritik der Urteilskraft*", Frankfurt a M., 1987.

（17）Paul-Heinz Koester, a. a. O., S. 33.

第Ⅱ部　ライプニッツの個体論

第三章　個体と超越

一　個体への問い――その形成と展開

周知のように、「個体」は individuum の訳語であり、individuum (in + dividere) は原子論者デモクリトスの言う「不可分なるもの」（τὸ ἄτομον）をキケロがラテン語訳したもので、「分割されざるもの」を意味する。すなわち、それ以上分かたれない一つ一つの存在者、個々にあるもの、個物（Einzelding, das Einzelne, res particularis）を指す。それは残余の多くの複合を形成し、それこそは最も有るといわれるものである。単純体は合成体に先行する。或るものは、それがもしさらに分割され得るならば、そのものではなくなる可能性を含む[1]。ものは他のものと区別される。ものはまず類に、そして種に属し、限定を受けるが、同じ種類のものでも、この、とか、あのとして区別され同定されるものが個体である。個体は「この・もの」として指示されるようなものである。個体はポルピュリオスにおいても言われていたように、それだけにしか属さない固有性から成立するような、「かけがえのないもの」でもあるのだ[2]。

個体論の古典と称されるアリストテレス『形而上学』第七巻では、実体、ウーシア、有る限りの有るもの（τὸ ὂν ᾗ ὄν）を個的実体たらしめるものとしてまず離在性、独立性（τὸ χωριστόν）ということがいわれる。実体とは、他のものとは別の「ここにあるこのもの」（τὸ τόδε τι）である。アリストテレスは、ウーシアはそもそもウーシアたりうるために、（1）ヒュポケイメノンになること（第一実体、個的実体）、（2）ものの「何であるか」（τὸ τί ἦν εἶναι）（第二実体、普遍）という二つの性格をもつと言う。つまり、有るものは、必ず何々として（人として、鯨として、机として……）有るものであらねばならない。（1）のヒュポケイメノンは主語として述語を支える基体であり、第一実体たる個的存在である。しかし（2）は個的な本質ではあるが、それはあくまで個を類や種よりは近いところで限定するのであり、その意味では依然普遍であるといえよう。それゆえそれは第二実体として位置づけられる。（1）は有ること Daß-sein（現実存在の様態）、（2）は何であるか Was-sein（有るための様態）から見られた性格なのだ。ちなみにハイデッガーは、すでにこのような常立性、現前性（παρουσία, Anwesenheit）のうちに（現存在の）時間性への関連を見ている。[3]

いかなる個物も、端的には、他とのいかなる比較も同一化も拒否しており、「〔いまここにある〕このこれ」というようにしか指示できない。そこに既に有り、これからも常立し続ける。しかしさりとて「この・もの」を認識可能となすべく、いかなる規定を加え重ねても、それらの諸規定の一々は普遍的なものであり、また当該の個体にのみ属しているものではない。つまり、離在するこのものは端的にいまここに有るのだが（ontisch）、これを規定・認識しようとすると述語・普遍を入れねばならない（ontologisch）。個物は、この二重の規定、あるいは相分裂した規定を既にアリストテレスの段階から孕んでいたのである。

トマス・アクィナスは、アリストテレスの個的実体を「エイドス」、「実体形相」として、第二実体を「本質」（essentia）、「形相」（forma）、「何性」（quidditas）、「それによってものが《何である》ことを有するもの」（quod quid erat esse）と呼び受容した。[4] 個的実体とはしたがってエイドスに過ぎず、現実世界の個物であろうとすれば、時空における質料性を要する（つまり何処、何時によって個別化されねばならない）。それゆえトマスは質料を「個体化の原理」（principium individuationis）としたのである。少なくとも物体にあっては、形相は普遍的というのがトマスの解釈である。それに対して、ドゥンス・スコトゥスが「このもの性」（haecceitas）を個物の個体性の徴表としたことも周知のとおりである。だがそれはともかく、アリストテレス及びその中世における展開では、個と普遍、規定されるものと規定というような見地から、個はどのように「個物」として（論理的、存在論的に）定義できるかという仕方でとらえられていた。したがってそこには個が「世界‐内‐存在するもの」として、それ自身の内に世界を表出するという面や、或いはそういう普遍的規定を個がどのように受け止め、これに関わろうとするかという面（自我）はまだきわめて希薄だったと言えよう。

近世に入り、個が神に対峙し、あるいは世界全体、宇宙全体をまさに「体する」個体として（有機体、動植物等も含めて）見られるようになるには、アリストテレスからの連続線の他に、別の発展線も作用していた。すなわちキリスト教において（ギリシアでは一と多の関係が普遍と個の問いに重ねられていたのに対して）、むしろ個は霊肉とともに丸ごとが神に対向するのだとする見方がある。

個物のなかのどの部分、どの本質が個性的であるかと問うのではない。個はその全部が個なのである。個を（実在的）普遍との関わりによって規定するのではないというこの考え方は中世以降の唯名論にも通じる。しかし同時にキリスト教において、個は絶対者神に対して無力であるという面が強調されていたことは否定できない。

クザーヌスは個を、世界を介しつつ（mediante universo）、神＝全体者＝一を展開する者（complicatio-explicatio）とした。個はそれ全体がまさに individuum として多を内に統一し、世界を縮限するという積極的な役割を得るようになる。(5)

ライプニッツは一六六三年の学士論文『個体の原理についての形而上学的論議』*Disputatio metaphysica de principio individui*（A. VI, 1, 9-19/ GP. IV, 15-26）において、スアレスの影響を受けたアリストテレス解釈を師ヤコプ・トマジウスから受け取りつつ、既に後のモナド論への発展の基礎となる個体論を示している。(6) それによれば、物質界では質料が個体化の原理であるのに対して、非物質界（天上界）は純粋に形相のみから、したがって種のみから成るとされ、トマスの天使論が評価されている。質料性から自由なモナドの世界では、すべての個体モナドはそれゆえ個であると同時に種（「最低種」species infima）である。(7) 種（普遍）といわれる以上は、個体モナドは各自の内容（realitas）をもつ。個物は何らかの徴表のゆえに個的なのではなく、それ全体ではじめて個でありうると主張される。普遍（類・種）や個体化の原理を認めない点ではライプニッツはノミナリズム的であるが、しかし種が単独で存在するというモデルを示唆する点では、リアリズム的な立場をとるのである。

同時にしかし特筆すべきことに、ライプニッツでも、そしてデカルトでも個体は、神から人間、生物、物体に至る「一般形而上学」の枠組内で問われるに止まらず、自我として問い進められている、つまり私がいかなる他人（他・我）でもなく自分だけの唯一の私（自・我）として存在することの明証的な認識が問われる。デカルトでは自我の自我たる可能性は単にそのように定義できるというだけでなく、認識面からもそう考察される。デカルトでは自我は絶対に明証的な「我の観念」であり、ライプニッツでも「私」の完足的概念である。

個体が、個と普遍（個別者と一般者）の関係についての形而上学的問いから考察されるのは、名称や位相を変えながらも、カント、フィヒテ、シェリング、ヘーゲルでも同様である。例えばカントのいう善意志による定言命法などもそれである。しかしヘーゲル以降、個体・自我は人間の自己の現実的、実存的経験のなかで何として、どのように認識されるか、という見地が出てくる。自己（Selbst）が（とくにキルケゴールから）主題となる。個体は外から概念規定により単に形式的にのみ決められるものではなく、そこに自由という面が見られねばならないというのである。自己はしかしそれに応じて常に意識化、対自化される。その分自我の観念は内容を減じ、かえって名目化される危険を伴っている（ハイデッガーもその例外ではない。彼の説く「現存在」（Dasein）にしても、それは自らの存在への係わり合いということを、すなわち自らの存在、存在一般を理解すること（Seinsverständnis）を「形式的」に指摘するだけであって、各自的な現存在のその各内容＝個性については言われていない[8]）。

二　「超越」問題の所在とその必然性——個体はそれを超越するものによってのみ存在し得、認識され得る

「超越」もまた「個体」に劣らず、西洋哲学史の根本概念である。本来 transcendere, transcendens とは、trans-（超えて）＋ scendo（登る）の意である。その際に、「何が、何から、何を超越するか」が枢要であり、それに従って様々な文脈で異なった意味をもつ。

既に非キリスト教古代でも、「超越」といわれるものに対応する概念が思惟されていた。すなわち超越なる事態はプラトンにおいて、変遷する存在者を超越する「善のイデア」に関して摑まれていたともいえよう。ハイデッガーは、現存在の世界への跳躍をめぐる基礎存在論的思惟において、「ウーシアの向こう側に」（ἐπέκεινα τῆς οὐσίας）という表現に注目し、善のイデアを「何のために」（οὗ ἕνεκα, das Umwillen）として解釈する[9]。またプロティノスでいう ἀναχθῆναι, ἀναβαίνειν のラテン語訳としてアウグスティヌスも transcendere を採用している[10]。ちなみに、総じて「超越」といっても、より精確には、全存在者を超えて絶対者へ超登する場合と、

存在論的に下位から上位へ存在者を順次超登する場合とを含んでいた。

もうひとつ特筆すべきは、有るものの世界全体からの超越は、プロティノスでは、まさにそのことによって自らの内へ帰還し内的観入を実現するという点である。個人における、その内への超越が示唆されている。このような世間的世界から本来的自己への帰還は後にキルケゴール、ニーチェ、ハイデッガーでも問われるのである。キリスト教神学では被造世界からの神の「超絶」が強調される。

しかし本考察においてどうしても看過できないのは、中世哲学、とくにトマスの「超越的なるもの」(transcendentalia)である。トマスは、すべての類種を超えて妥当する最も上位の規定として次の六つの超越を挙げる。「有るもの」(ens)、「一」(unum)、「真」(verum)、「善」(bonum)、「もの」(res)、「或るもの」(aliquid)。[11] つまり、この世界のすべての存在者、個物、個人は、類や種をさらに超えた超越的なものによってあらかじめ規定されていなければならない。有るものは必ず何ものかとしてある、つまり「事物」(res)であるということ自体が既に「超越〔的なるもの〕」によって実現しているのである。ただ、トマスではこうした超越という事態そのものもまた創造者＝神を一方で前提している。

近世に入り、個物が、内から働くもの、或いは世界を表出するもの(expressio)、一なる宇宙の多様な展開(explicatio)として、そのような意味で個体(individuum)として一層前面に出てくるに伴い、超越も、必ずしも外や上に超える意ではなく、異なった仕方で設定され問われる。たとえばライプニッツでは個体の概念は、類種の概念と異なり、それに内的外的に関わる無限の内容を含む、つまり内容の無限という事態にひきよせて個体性が見られている。この無限性こそライプニッツでは超越を意味しよう。カントの『純粋理性批判』において人間的認識の最高原理である統覚は超越論的統覚であるが、それは認識が「対象へ超えてゆくこと」をアプリオりに可能ならしめる制約としてもそのつど作用する。またカントは、経験的な自我とは区別され、この諸連関にいわば垂直に関わるようなもうひとつの叡智的で純粋な自我を超越として指示する。道徳的意志の「定言命法」、あるいは『判断力批判』における「天才」（Genie）の概念等がそれにあたるであろう。シェリングあるいはショーペンハウアーの示唆するような根源的な「意志」（Wille）も、自己への、世界内部への超越という面を持つ。またニーチェであれば「超人」（Übermensch）概念が超越を指示する。ただニーチェでは、力への意志をルサンティマンの道徳や時間の過去から切り離すという超越は、人間の「自己超克」（Selbst-überwindung）をも意味しているのである。

フッサールでは超越は、知覚における主観の客観への志向性を言う。これに対し、ハイデッガーは、超越を志向性に先行し、かつその根底にあるとし、世界へ現有があらかじめ超越している、とする。そしてそういう世界への超越において現存在は代替不可能な個体＝自我＝自己となるという。いずれの場合でも個や自我が超越をその必要条件としている。しかしカントの場合は二つの自我の超越（論的）関係そのものが生起するときのわれわれの経験については不明だが、ハイデッガーは「気分」（Stimmung）という概念を介在させて現存在における超越の経験可能性を表現しようとする。「存在と時間」とはそれゆえ（基礎的存在論の内部という留保を付した上でなら）「個体と超越」ともいいかえられるだろう。現存在（世界-内-存在）は有の理解において世界に超越する。その世界は有るものの集合ではなくて、「のために」そのもの（das Umwillen）である。世界は有るものの有がそこへと向けて理解される、その「其処へ向けて」である。善のイデアの「ウーシアの向こう側に」という事態もハイデッガーによればそのような仕方で解釈される。超越は、およそ有るものの理解や認識を可能ならしめる「制約」(12)である。そして何よりも、現存在は超越において、有るものに取り巻かれた日常性から己れを切り離し、最も固有な自己であることが出来るのである。ハイデッガーもまた個体・自我の固有性の、その存在根拠および認識根拠として超越を見据えているといえるだろう。しかし彼の場合一層特筆すべきことに、世界への超越といっても、日常世間からの切り離し、離反が強く示唆されている。超越とは平均的な日常から自己を切り離して本来の自己を取り戻すことなのである。

以上のように概観するなら、個体の個体性（個体を個体として存在するようにするもの）は、かえって個体を超越することによってのみ可能であるという逆説が、西洋哲学の歴史的展開を通じて、問いの位相を転じながらも、繰り返し問われてきたといえよう（類種概念を超える超越、個体概念の内容を超える超越、経験的自我の偶然性に先験的規則を付与する純粋意識の超越など）。キリスト教神学でも、被造物を超越（超絶）した神の「無からの創造」によって個物が創造される。しかし十九世紀中盤以降、個体が自我（das Ich）へ、自我が自己（das Selbst）へ尖鋭化されるのに伴い、超越も聖への、無限への、上への超越よりも、世界への超越となる。そしてそのような超越ということが人間存在の現実の諸相において超越の経験として問われるようになる。ハイデッガーの言う現存在の超越はそれである（死への先駆的覚悟性）。もし超越を否定するならば、自我の固有性（代替不可能性）もまた否定されてしまう。このことを人間の自己の経験的諸現実に視点を置きながら、それぞれのケースについて「超越」の生起を確認する作業が今後個体論において一層求められるであろう。

三　個体と超越——ライプニッツの場合

個体がそのようなものとして成立し、認識され得ることを可能ならしめる制約で超越はある、と言いうるにしても、個体「と」そこからの超越は実際どのように媒介され得るのであろうか。ただ単に「……ではない、有限ではない」という否定の語り方ではなく、肯定的にどのように個体とそれの超越とを相関させうるか。もちろん超越という事態を単に形式的・論理的にリジッドにとれば、それは（現実の有限で、因果性に従った、時間空間における）個体とはいかなる接点も類似もない。しかしそのような断絶を言うだけでは近世以降の個体論・自我論は到底満足できない。ライプニッツの独自の個体論はその要求にも答えようとするものである。

先に本章第一節で見た『個体の原理の形而上学的論議』において、ライプニッツはスコラの称える「個体化の原理」（principium individuationis）を批判する。形而上学的には個体（個体的実体、モナド）は質料性をもたない。つまり類や種そのものには個を形成する契機はない。また普遍に何か〔差異化する現実の要素〕を加えることによって個的になるのでもない。個はその内容全体によってはじめて個であると言う（Omne individuum sua tota entitate individuatur）（A. VI, 1, 11/ GP. IV 18）。この言い方はスアレスに酷似している。[13] さらに類＋種差という実在的定義を認めぬ点でライプニッツは唯名論的であるといえよう。[14] しかし類種を全く認めぬのではなく、天使のような非質料的存在者については、種即ち個という実在論的モデルを考えている。つまり少なくとも種は声や名ではなく、実在的規定なのだ。しかし個を相互に区別させる徴表は個の内容全部でなければならない。ライプニッツは、したがってドゥンス・スコトゥスの「このもの性」（haecceitas）にも反対であって、「このもの」という指示だけでは形式的に過ぎ、個体を他のいかなる個体とも区別してそう呼ばせるには不十分だと考える。[15] 類種の普遍概念と異なり、個体の概念には、その個体の「内的規定」（denominatio intrinseca）だけでなく、その個体に関わる一切の「外的規定」（denominatio extrinseca）も含まれる。外的規定は過去に起きた出来事、そして将来起きるであろう出来事、しかも偶然的とみなされる出来事もすべて含むのである。現実に存在する個物を論じているライプニッツは、すべてのentitasによってのみ、個体の個体性は成り立つと説くわけだが、この立場もスアレスに近い。個体の真理は、現実存在する限りでの個体の真理、すなわち「事実真理」なのである。ライプニッツは学士論文の二三年後の一六八六年に始まるアルノーとの論争のなかでも、神の無限知性には類種概念のみならず、個体の規定を一切遺漏なく内包する「完足的概念」(la notion complète)が思惟され、含まれていると主張する。(16) かくて「個体性は無限を含む」という中世の命題がライプニッツの文脈で復活するのである。(17)

「真理の本性」は「述語が主語に内在する」(Praedicatum inest subjecto)ことであるという命題で知られるライプニッツの真理観に即していえば、個体を真に規定するとは、或る個体について真なる言表をすることであり、その場合にすべての述語は主語にあらかじめ含まれている。個体についてわれわれは本来はその概念(主語)を分解して述語を発見することができるはず、とされる。個体について言い得ることは(カントの術語でいえば)分析判断であるというわけだ。だから神であればもちろん、「アダム」や「シーザー」についてその子々孫々の堕落も、ルビコンの渡河も予見することができる。問題は、われわれ人間の自然的知性にとって、個体概念・主語概念のそうした無限の内容を見て分解し、当該の内容を発見できるのか、求める述語概念を発見できるのか、同一命題(A est A)に還元できるのか、換言すれば、人間は個体にかんする言表を「真なる」判断として認識し得るのか、あるいは事実(偶然)真理は「証明」されることができるのか、という問いである。

ライプニッツは、『形而上学叙説』ならびにアルノーとの往復書簡と同時期に属する『概念と真理の解析についての一般研究』(*Generales inquisitions de analysi notionum et veritatum*, 1686)において、概念・名辞のアプリオリな無限分解可能性に加えて、(18) アポステリオリな観点を、すなわち経験的、程度的有用的な、もしくは感覚に依拠するような見方を三通り導入する。(19) 第一の方法は〈規則性からの推定〉ともいうべきものであって、分解の進行に何らかの規則性を見出すことにより、矛盾の有無を推定する。第二の方法は〈差異の無限小への漸減〉を用いる方法である。これは、たとえ主語と述語との完全な一致（A＝A）を見出すことができなくとも、分解の規則的な進行の中で、当初の差異が減少し、結局一致すべきものの間の差異が、どの与えられた差異よりも小さいというその点まで問題が導かれたのなら、その命題の真が証明されたと見なしてよい、というものである。つまりA＝BをA＝A（またはB＝B）の形にもたらすことは、無限の小差を積み重ねることとして解されるであろう。第三の方法は、〈感覚的知覚の直接的経験〉を用いるもの。ライプニッツによれば現実に存在（existere）するものはすべて「可能」（「無矛盾」）であり、ゆえにわれわれは或る個体が現実に存在することを経験すれば、われわれはそれの名辞（または概念）の真を確信してよい、というものである。或る個体Aに、Bなる偶然的事実的述語が正当に付くのか否かの判定は、Aの現実存在（存在する、存在した）が感覚、史料、証言等により確かであるなら、われわれの経験に委ねてもよい。言い換えれば述語が経験的偶然的なものであっても、経験がそう教える以上、その述語は主語に属しているのである。真なる名辞に含まれる要素は「可能」だからである。

個体の概念は類種の概念と異なり、「完足的」（complet）で、無数の内容を含み、その全体によってのみ規定されうる。(20) さりとて個体＝主語概念のなかに述語を発見するためには、それが事実的偶然的なものである場合には無限に続く分析を必要とする。しかしこれは有限な人間知性の為し能わぬところである。しかし今見たように、A＝Aに還元するための三つの代替法によってわれわれ人間も、個体を個体として認識できるというのである。主語述語間の超えられぬ深淵を、超えうるというのである。全ての内容を含む個体を真に認識するためには超越を要する。実際ライプニッツのテクストには、各個体の完足的本性は全ての出来事と、各個体に関係する全ての存在者とを「或る超越的意味（un certain sens transcendent）にしたがって包含する」、という言い方も見出される（GP. IV, 582）。主語から述語への超越、跳躍こそ「個体を知る」ということなのである。アプリオリな無限分析にかわる三つの代替方法のうち、規則性からの推定、差異の無限小への漸減はそれぞれ無限級数、不定的近似値にも比べられ、理性的・合理的な方法と呼ぶこともできよう。対して第三の、感覚の直接経験では、例えば「シーザー」なる人物の実在は史料（文書、記録、証言等）研究によって確かに知りうる。ライプニッツは史料批判に基づく実証的な近代史学の理念を先取りした人でもあった。

さらに「超越」をライプニッツは不可知的な断絶や飛躍として放置せずに、彼の合理主義的体系に取り込み、共通に「理解可能なもの」としようとした。少なくとも初期中期の「普遍学」構想ではそうだった。個体と超越を神ならぬ人間も、したがって概念の無限の分析を為し能わぬ人間も、認識し、結合し、個体を個体として（すなわち他のいかなる個体とも違う唯一の個体として）確実に認識できるとしたのだ。超越を、未来を、偶然を予測し計算可能と見なし、あるいは史料調査によって推定しようとした。ライプニッツ独自の寄与として知られる計算機械の考案や、保険や年金のアイディアはその結果の一部である。保険、年金は、未来の不幸を予測し、現在の相互扶助を進めるという確実化の思惟（sicherstellendes Denken）の典型ともいえよう。しかし他方でそのような可知化、あるいは確実化が「超越」自体を内在化、有限化してしまうという批判も招きかねないであろう。

ライプニッツがこのように超越をあえて可知化、経験化、有限化してまでこだわったものは、個や特殊は不可知でなく、可知的たりうるという要請でもある。無限級数、不定近似値、あるいは歴史学などもそのための手段なのであった。生前刊行し好評をはくした史料集 *Accensiones historicae*（1698-1700）の第一巻序文においてライプニッツは、特殊の認識から感得できる喜びが、歴史研究から得られる第一のものだと記している[21]。

四　「個体と超越」問題の現在――今日の精神的状況における自我と超越

　ライプニッツ最晩年の通称『モナドロジー』ではしかし実体＝個体＝モナドと、物体＝現象とが峻別される。実体は知覚と欲求を属性とする活動体で、心、精神という実質を含む。モナドは「宇宙の生きた永続的な鏡」[22]と定義されるのであるが、各モナドが鏡映している内容の全部を人間が「適合的に」現前的に認識できるかは不明といわねばならない。精神的モナド＝個体の領域と、物体＝連続の領域が対立しているように見える。ライプニッツは個体を「一における多」としてのモナドと見て、その無限内容を含む絶対的統一の方向へ際立たせる。ロムバッハも指摘するように、そのようなものとしての個体への超越は形而上学的にのみかろうじて可能なのである。（これに対して「構造」に向かう自然科学は、現象の領域、対象の認識のみを扱う[23]）。『モナドロジー』の巻末ではモナドは道徳的な神の国の臣下として強調される。ここにモナド対物体、個体対連続という対立ないし分裂はさらに先鋭化される。それはカントの物自体と現象、道徳の国と対象認識の国の分裂を先取りしている。

　個体は、唯名論的に、その内容全体によって個とされ、その個はさらに自我として問題化されるのだが、その可知的内容そのものは反対に希薄化してゆく。個体はそもそも内容的に識別されたり認識されうるものではない、と見なされてゆくのであろうか。

　ライプニッツはモナドのなかでも、意識や反省をもつ人間の場合には、自由そして道徳（的行為）の主体という面を堅持する。個は自我の内面、行為、自由として見られる。例えば悪については、形而上学的悪に対して、身体的悪（苦痛）、精神的悪（罪）を区別し、後者の悪の起源を個に固有な属性に関連させるが、精神的悪の場合には当然自己意識や自由が前提されていよう。ただライプニッツでは、個が「一における多」としてこの現実世界を内容として含むという面がやはり強く、個は世界を内容としつつ、かえって世界から疎外されるという面はまだ少ない。ライプニッツの時代には世界や社会の秩序・伝統への信頼がまだかろうじて存していたのである。

個は個を超えたものによってのみ、つまり超越によってのみ個として規定されうる、というモチーフは、カント—フィヒテ—ヘーゲルにも見出されはする。個は自由な自我ではあるが、そこでは一般的普遍的な自我が経験的傾向的な自我を規定するとして、普遍我のほうに優位が存する。カントでは本来的な純粋意志がいかにして身体的経験的自我と結びつきうるかという点に困難があった。フィヒテでも当初は啓蒙の立場から普遍的理性というものを見ていた[24]（ただし一八〇〇年以後フィヒテは自我の個別性に重きを置き、「個別的行為」という議論をする。自我は自分の状況下で為すべきことを為すべきだという。つまり経験的偶然的な自我の諸相は消極的にしかみられなかったのが改められる）。ヘーゲルにおいても要するに個は常に全体との相関でみられ、全体＝普遍を体現し実現する手段に過ぎない、という面がある。

その後のキルケゴールやニーチェに始まる試みは、それゆえ「個体と超越」を一般存在論によるのではなく、自我から見て、自己にとっての、しかもアプリオリではなくそのつどの経験的現実において考察しようとするものであろう。ハイデッガーでは、一方で「第一の始元の思惟」から「別の始元の思惟」へ至る存在の歴史を、西洋のギリシアから近現代へ至る歴史に重ねながらも、他方そこでの「存在者の思惟」から自らを切断すべく決意することが強く示唆される。すなわち、現実の歴史的世界からの、本来的自己に対し開示されてくるような世界への超越である。ハイデッガーに頻出する「切断」（schneiden）というような語句は、人間生活の、現実世界からの疎外が進行していることもうかがわせる。

個体が自我、それも自由と行為主体であるかぎりの自我として、非形而上学、すなわち実存主義の哲学や実存主義文学において問われ、人間を取り巻く現実が（聖も、誕生も、死も、エロティシズムも）徹底的に世俗化された今日の状況下では、超越は、俗から聖へ、有限から無限へ、死から生へのそれではなく、ただ「歴史からの超越」あるいは「超歴史としての超越」としてのみ問いうる、と私は考える。[25]

そこで歴史からの超越ということについて最後に考察する。まず「歴史」といわれるものの意味を考えるなら、歴史は社会的作用をもつ行為の連関である。或る共同体が慣習や制度を有し、国家に相当するような統一と意図をもつとき歴史が成立する、と私は三宅剛一博士に従って考える。[26] したがって国家の始まりが歴史の始まりであるともいえよう。歴史とは認識されうる客観的な作用連関であり、だからこそ過去に制限され、そのことにより学としての要求をもつ「歴史学」の対象なのである。もし「物語り論」（narrative theory）のように歴史（historia）を人間の物語る行為（ἱστορεῖν）に基づけるのであれば、[27] それでは未来についての物語はどうなのか。たとえば預言者の「物語り」をわれわれはなぜ歴史とは呼ばないのか。物語り論ではわれわれが形成し物語る現実全部、たとえば道徳も、芸術も、宗教も歴史だということになるはずであろう。こうした「歴史の不当な全体化」は西田幾多郎の後期哲学にも見えると三宅は批判する。[28] すなわちもし「絶対矛盾的自己同一」のように、個は相互の（否定的）限定によってのみ個となるとし、その限定の場としての現実世界を即歴史的世界と見なすならば、人間の生活全部が歴史だということになろう。だがそれは一方的な独断ではないのか。またヘーゲルやマルクスのように人間的活動、文化、思惟の全体をギリシア・ローマから近代へ至る西洋史に重ね合わせようとするのも形而上学的独断ではないのか。

人間にとって、超越によって現実の自我性が真に成立するのだとすれば、歴史の領域が現実を覆い尽くすことはない。逆にもし歴史が現実の全領域を含むとすれば、歴史からの超越はないことになろう。そこでは自我も個体も文化も芸術も、その内容に関して、結局は世界の共通的内容の（しかもいかに多岐でも有限個の）組み合わせに還元され解消されるであろう。

現代哲学における「歴史」概念の混乱は、じつは、今日の社会の精神的状況における自我の衰弱・弱化・劣化とも密接に連動しているように思えてならない。もはや個々の具体現象に言及する余裕は残されていないが、メンタルケアや癒しブームは自らの重圧に喘ぐ自我を映す鏡であるかのようだ。主体性とか個性が叫ばれても、所詮ライフスタイル絡みの標語や、衣服や食事等の好みの域を出ないのではないか。しかも日本人の場合、さらに複雑なことに、元々は西洋から自我概念を輸入したに過ぎず(29)、その生来の気質や感じ方の底にははたしていかなる「自我」の理解が伏在しているか俄には見定めがたい。

「歴史」の実質的解消は、現代の人間にとって唯一の超越可能性である、「そこから」としての歴史が解消されることであり、したがってそれは即「超越」の解消、したがって自我の消滅を伴うのであろうか。しかし自我の概念の消滅後も人間は生き続ける。情報や経済に端を発するグローバル化は、政治的な面でみても、テロによる国家への挑戦や、あるいは各種非政府団体の登場等ともあいまって、国家の役割・個性を今後一層希薄にしてゆくものと推測される。国家なき無機質的な空間に点在する人間集団、それはニーチェのいう「畜群の普遍的な緑の牧場の幸福」（das allgemeine grüne Weide-Grück der Herde）の再現なのであろうか(30)。自我もなく、国家もなく、歴史ももはやないような、先史時代ならぬ〝後史時代〟というものが到来しつつあるのだろうか。そのときわれわれは再び自然的生活を営むのか。もっともそれは文明化された自然生活とでもいうべきものではあるだろう。われわれは文明の利便に最大限浴しつつ、しかし本来はそれと気付かずに、もはや「個体」も「超越」も忘却し見失うのであろうか。

おわりに――個体の問われる場

個体は超越を必要とする。超越なき個体、超越なき自我は取りも直さず歴史を欠いた擬似自我であり、仮面の自我であろう。個体論は古代より西洋哲学の主題の一つであり続けてきた。そのモチーフの最大のものは、「他の何れでもない唯一ということ」がいかにして定義されうるかという問いであるが、そのような問いの場は形而上学（meta-physica）なのである。ライプニッツも「個体概念」の無限の内容や「完足性」などといった議論が「通俗的」（populaire）な語り口とは異なるものであると言明している。[31] われわれは個体の「かけがえのなさ」ということを一般にはもう少し緩やかな意味で使っているわけである。自然、道具、生物、人間等を「かけがえのないもの」と見なすと言う場合、それは唯一無比の個体に対してだけではないであろう。例えば動植物保護という動機もあろう。[32] また大量生産される日用品や衣料に対してもそれらを生活の中で大事にし、愛着さえ覚えることもないとはいえない。あるいは見知らぬ他人にも「やさしく」ふるまうこともある。だから日常生活において個体を、われわれが生命体や生態系に対して抱くそのような優しさの情感というような、あるいは倫理的なレヴェルでとらえるならば、何を唯一無比な「個体」と見なすかは、結局のところわれわれの世界への関わり方に依存することになるだろう。

しかしライプニッツが「個体概念」の精密な定義という点にこだわるのは、形而上学的に個体をどのように精確に規定できるかという視点においてなのであって、われわれが「やさしさ」や「あわれみ」を感じ取りながらそれらを慈しむといったこととは必ずしも関係しない。ライプニッツは、もしわれわれが個体の精密な概念を持たないならほんの些細な類似でも容易にわれわれは間違えると述べ、十六世紀西南フランスで起きた偽マルタン・ゲール事件に言及する（GP. V, 269）。当時の世を騒がせたこの事件について、現代の歴史家の研究によれば、九年ぶりに帰郷した男を妻は当然最初から偽亭主と気づいてはいたが、彼を「やさしく愛しみ」、二人は発覚するまでの数年間幸福な生活を送ったという。(33) この事件は個体観の、あるいは個の同一性に対する価値観の変遷についてもきわめて示唆に富む。

「個体」の正確な個体性同一性は、近世哲学における個体の称揚にもかかわらず、今日では必ずしも無条件に善きものを意味し得ないし、われわれに心地よいものとも限らないように思われる。ライプニッツでは特殊の認識は喜びであった。カントでは超越には美と崇高の感情が絡みついていた。（カントにおいても個体という事態は「美」や「調和」といった価値を付して見られている、換言すれば、個体そして超越はいまだ世界との人間の一体的繋がりの中で捉えられていたのである）。しかし現代では事情は一変する。すなわち、「個体」の「かけがえのなさ」は、私が他の誰でもないこの私であることと同じであり、私が無に単独でさしかけられているという経験の帯びる極度の緊張感ないしは暗さを指摘したのが、ハイデッガー『存在と時間』における「不安の気分」という概念に他ならない。同様の暗さは、キルケゴールの、自己を定立した他者（神）に関わる関係としての自己論や、カフカの実存主義文学（『変身』）などでも示されていよう。

しかしいずれにしても或るものを「個体」として経験するのは、そのように「喜び」であれ「不安」であれ、それらを伴った特異な経験である。通常とは異なる感情、あるいは感動を与えるものをわれわれは個体と認めるのだ。それ自体は優しくもない「個体」の「唯一性」や「代替不可能性」のもつ測り知れない重さ、不安のようなものを担う覚悟をわれわれははたして保持し続けられるのか、個体性の重圧に耐えられるのか、ポスト近代のわれわれは改めて自らに問わねばならない。もしそのことに耐える用意を持たない場合には、われわれは好むと好まざるとにかかわらずやはり自我を放棄し、歴史を喪失しなければならないのかもしれない。

注

（1）「個体」が、一個、二個、……という個数ないし単位を常に想起させる語である限り、明治期に決定されたこの訳語はかならずしも原語の意味内容に最適とはいえないであろう。柳父章『翻訳語成立事情』岩波書店、一九八二年、二五頁以下。

（2）Porphyrios, *Isagoge*, 7, 21-23.

（3）M.Heidegger. *Metaphysische Anfangsgründe der Logik im Ausgang von Leibniz*, GA. 26, 198.

（4）山田晶『トマス・アクィナスの《レス》研究』創文社、一九八六年、四〇五頁以下。

（5）Cusanus, *De docta ignorantia*,II.

（6）Aiton, E. J., *Leibniz. A Biograqhy*, Bristol 1985.

（7）Couturat, 498.

（8）Heidegger, *Sein und Zeit*, I. Abschn., 1. Kap. §9.

（9）GA. 26, 237f.

（10）*Historisches Wörterbuch der Philosophie*, hrsg. v. J.Ritter u. K. Gründer, Bd. 10, Basel 1998.

（11）*De veritate*, q. 1, a. 1, c.

（12）現存在＝自己の「超越」（Transzendenz）についてハイデッガーが語る場合に、（有るもののそのつどの有り方の）「可能性の制約」（die Bedingung der Möglichkeit）という表現を多用していること、そしてこの同じ「可能性の制約」はカントが「超越論的」ということに込めた言い方でもあることが注目される。たとえばHeidegger, GA. 24, 418ff.。

（13）Suarez, *Disputatio metaphysica*: "...omnem substantiam singularem, neque alio indigere individuationis principio praeter suam entitatem, vel praeter principia intrinseca quibus ejus entitas constat"(V: De unitate individuali eiusque principio, sec.VI, 1.) (Phil.

Biblio., Hamburg 1976, S. 206).

（14） この学士論文『個体の原理についての形而上学的論議』をライプニッツは、一六六一年に入学したライプツィヒ大学においてヤコプ・トマジウスの指導のもとで執筆した。トマジウスはスアレスの唯名論的なアリストテレス解釈を採っており、この時期のライプニッツに「モナド」という語を示したという（Aiton, op. cit.）。また一六六六年ライプニッツが移ったアルトドルフ大学も当時ドイツにおける唯名論の拠点校の一つであった。

（15） ライプニッツは『個体の原理についての形而上学的論議』のなかで、スコトゥスこそ類種（普遍）と個を区別していて実在論的だと批判している（GP. IV, 23）。「このもの性」が個体の規定には不充分だという指摘は『形而上学叙説』でもくりかえされる（GP. IV, 433）。Vgl. L. B. McCullough, *Leibniz on Individuals and Individuation,* Dordrecht/Boston/London 1996, chap. 2, 3.

（16） 例えば、GP. II 39, 52. ちなみにトマスは、神は個についてもイデアを持つと主張している。*Summa Theoloiae,* I, q. 15, a. 3.

（17） “Ce qu'il y a de plus considerable en cela, est que l'individualité enveloppe l'infini, et il n'y a que celuy qui est capable de le comprendre qui puisse avoir la connoissance du principe d'individuation d'une telle ou telle chose…”(*Nouveaux essais*, III, chap. 3, GP. V, 268)

（18） H・ブルクハルトによれば、無限な概念分析の実行可能性をめぐるライプニッツの立場には変遷があるという。すなわち、ライプニッツは一六七八年まではそれが可能だとして、第一次概念の数が限られていることを確信していたが、一六八六年にはそうした分析の可能か不可能かは決定できないとされ、最後には、完全な概念分析も第一次的な概念の認識も、人間には不可能とされる。Vgl. H. Burkhardt, *Logik und Semiotik in der Philosophie von Leibniz,* München 1980, S. 220.

（19） この点の詳細については拙著『世界と自我――ライプニッツ形而上学論攷』創文社、一九八七年、二九四頁以下。

（20） 例えばGP. II, 54.

（21） “Tria sunt quae expetimus in Historia: primum voluptatem noscendi res singulares” (Dutens IV, 2, 53).

（22） 一六八六年六月付アルノー宛書簡にもこう述べられている：“…chaque substance individuelle exprimant tout l'univers, dont elle est partie selon un certain rapport” (GP. II, 51).

（23） H. Rombach, *Substanz System Struktur,* Bd.II, Freiburg/München 1966, Kap. 6.

（24） Fichte, *Die Grundzüge der gegenwärtigen Zeitalters*, 1800 (Phil. Biblio., Hamburg 1978).

（25）Ａ・Ｃ・ダント、河本英夫訳『物語としての歴史――歴史の分析哲学』国文社、一九八九年。
（26）三宅剛一『人間存在論』勁草書房、一九六六年、第二章「歴史」。
（27）物語り論を批判しても、過去を素朴に実体化するのではない。歴史は実体ではない。しかし主観の志向的経験（ノエシス―ノエマ）を通じてわれわれの現実を決定する。こうしたノエマとしての歴史と、フィクション（物語）との区別は、次の論考にも残念ながら見られていない。鹿島徹「物語論的歴史理解の可能性のために」（『思想』九五四号、二〇〇三年）。
（28）三宅、前掲書、第二章一「歴史の領域」、第四章「西田哲学」三「回顧」。
（29）例えば夏目漱石「私の個人主義」（大正三年、学習院輔仁会講演）。
（30）Nietzsche *Jenseits von Gut und Böse*, §44, Nietzsche Werke in drei Bänden, hrsg v. K. Schlechta, Bd. II, S. 606.
（31）GP. IV, 582 他。
（32）カントは『実践理性批判』で、ライプニッツが昆虫を観察した後、有機体の合目的性を発見した喜びから、葉に帰したと述べている。この場合も「慈しみ」は必ずしも個体の唯一無比性と関係してはいない。KpV, Methodenlehre, 285.
（33）ナタリー・Ｚ・デーヴィス、成瀬駒男訳『帰ってきたマルタン・ゲール――一六世紀フランスのにせ亭主騒動』（平凡社、一九九三年）。

第四章　自我と自己

――ライプニッツの形而上学／心理学――

序

「自我」とは「あなた」や「彼女・彼」ではない「私」のことであり、認識・意志・行為の主体であって、I (self), Ich, moi などと記される。それは主体的、連続的、同一的である存在者として、また行為の責任がそれに帰せられる人格（person, Person）として理解されている。もちろんそれは、他者からみれば、対-立する対象であり客体でもある。さらに、自我には、他の誰とも異なる、世界にたった一人しか存在しない「個体」(individuum）としての性格が付与されている。「私」といったとき、それは他人（他我）との区別を同時に含意するのであり、さもなければ、「私」という語自体そもそも無意味であるだろう。

このような「自我」概念、すなわち「自我」を主観・主体として、連続的、同一的な性格のもとに理解し、かつ他の誰とも異なる個性人・独立者と意識するという考え方は、西洋近世の十七―十八世紀の哲学において形成され、それ以後の西洋市民社会における人間存在の基本形式として承認され前提されてきたものである。われわれ日本人は明治の近代化のなかでこの「自我」概念をそのまま「輸入」したのであり、それゆえそれは元々身の丈に合わないお仕着せの「洋」服だったのではないか。そのズレこそ、現代日本社会に蔓延する〈自我崩壊〉ともいえそうな一種の閉塞感、あるいは凶悪犯罪などとして露出している不安・不満のその真相であるだろう。しかしその問題について筆者は他で論じたので今は立ち入らない。(1)

これに対して、「自己」(Selbst)といったときに示唆されるのは、「私」が他に対して独立であるとか主体であるとかいうのではなく、「私が私を」あるいは「私が私に」という再帰的関係である。このうち最も言及されてきたのが「自己意識」(Selbstbewusstsein)だろう。意識する私が、意識される私をかくかくのものとして思惟する。例えば「自己嫌悪」とは、私が私を嫌なヤツとして思惟し嫌うという事態である。自己意識は、より形式的には、「私は私が何かを思惟することを思惟する」(Ego cogito me cogitare cogitatum)という関係であり、これは反復・遡行しうる。仏教などでは、自我を実体として捉えることを分別や執着として排除し、心の中に映ったそのつどの自分ということを指示するが、これも私によって知られた限りでの私であるから「自己」というべきである(それゆえ仏教では、多くの場合、西洋哲学の主体・主観としての「自我」を排撃する)。

ところで西洋哲学ではキルケゴール(S. A. Kierkegaard 1813–55)になると、そういう意識内部での自己ではなく、いわば意識関係そのものを成り立たせているような「私の私への関係」が言われてくる。これが「自己」(Selbst)であり、実存主義哲学の発祥といわれる。サルトルの「対自」(pour soi)も単に自分に気づくというようなことではなく、そもそも私ということがそういう関係たる出来事として起きているということだ。これも筆者は他で論じたので、そちらを参照いただければ幸いである。(2)

以下の小論で考察したいのは、そういう「自我」と「自己」の区別を明確にしたうえで、しかしどちらも同じこの「私」に属する以上、そこには自我と自己が単に別々のものではなくて、相互に関係しあい、何らかの統一を形成している、というその事態である(西洋近世の自我の哲学も、十九世紀以降の実存主義哲学も、あるいは仏教思想も、それらが相手としている「私」そのものは違わない。しかしだからといって、それらの相違は単なる視点の違いというような簡単な話に還元されることもできない）。「自我」と「自己」、この二つの異なる「私」はしかしいったいどのように関わりあっているのであろうか。この問題を、「理性」（ratio）に依拠し、「モナド」の概念によって、独自の「自我」概念を構築したライプニッツの形而上学／心理学を手引きとして考えてみたい。[3] ライプニッツは第一に、主体、連続、同一という近世的自我に典型的な性格、さらにはその個体的性格を演繹した人として以後のカント、ドイツ観念論に強い影響を与えたからである。そして第二に、ライプニッツはモナド的自我の活動に程度・度合を入れて考え、「意識のともなわない知覚（表象）」というものを「極微知覚（微小表象）」と呼んで積極的に認め、これにより無意識の心理学に多大な貢献をしたと評されるからである（ラッセル）。[4]

したがって以下の本章では、まずライプニッツの自我概念を概観し、その主体的、連続的、統一的性格を確認する（第一節）、次に、ライプニッツが導入した「統覚」（「意識」）概念の内実について、その多義性に留意しながら、とくに「自我」を「自己」として意識する作用に注目する（第二節）。続いて「自己意識」について、ライプニッツに先行するデカルトの「コギト」概念の基本構造を見て、デカルトの設問・立場が「コギト・エルゴ・スム」にもかかわらず、「自我」と「自己」のあいだに或る分裂を招いていることを示す（第三節）、そして最後に、ライプニッツでは「極微知覚」（petite perception）[5] により、自己意識がそれとして成立する（すなわち私に意識されている）場合にあらかじめ既に自我＝〈意識の自己活動〉がそれと気づかれずに既に働いていなければならないとされるのであって、この点を考察する。つまり自我＝主体モナドは単に論理的形而上学的にそう定義されるというだけでなく、統覚に至って顕在化するはずの無意識のはたらきとして心理学の対象でもありうるのである（ここには、モナドの形而上学と、気付き（経験的統覚）に至る心理学との結合がみられる）（第四節）。

一　ライプニッツの形而上学における「自我」の概念

ライプニッツは、存在するものを存在たらしめている属性は何か、すなわち実体の実体性への問いという伝統的な形而上学の問題設定から出発する。そして「力」（vis, force, Kraft）がそれであるとする。力は単なる可能ではなくて、純粋活動態であり、それは多様を先取りしつつそれ自身の活動において結合し統一する。この遂行において実体は一なのであって、その点、古代的な〈不可分であるがゆえの一〉には尽きない内容を既にもつ。実体は自発的、自己活動的であり、ゆえに単純実体である。これをライプニッツは一六九五年頃からギリシア語μονάς（一なるもの）から採られた「モナド」（monade）なる術語で呼ぶ。「モナド」はそれ自身のうちに多様を結合統一することに依拠して、既に主観という実質をもつ。すなわちライプニッツは自発的モナドの「一における多の表出」（expressio multorum in uno）の活動を「知覚」（perception）[6]、そして或る知覚から別の知覚への推移を「欲求」（appétition）と呼ぶ。モナドが心、主観として着想されたというよりも、モナドの働きのその一部が主観と呼ばれるものに相当するというべきなのである。

　モナドの知覚はしかし、そのつど或る限定された仕方で遂行される。一つには明晰・判明さの「度合い」に関してである。デカルトのように「明晰か、不明晰か」の二分法ではなくて、そこに無限の段階を認める見方は、（後で述べる自我と自己の問題に関しても）重要である。[7] もう一つは、「視点」（point de vue）、または「パースペクティヴ」（perspective）の差異による限定であって、『モナドロジー』第五七節における「同一都市の比喩」で知られる。それ自体は同一であるはずの世界が、しかしその現れにおいては必ず差異を伴うこと、すなわち各モナド主観において受け取られる世界の知覚はいずれも異なるということが重要である。

しかも各モナドはそれの独立性のゆえに、因果性による外からの作用を受けない（「無窓のモナド」（*Mo.* §7））がために、上記の差異はそのままモナドの個体的性格でもある。モナドは世界をそれぞれの仕方で表出 exprimer する（たんなる経験主義的な意味ではなく、逆に内なる内容を外に押し出す活動である）。そこには（モナドの本質としての）内的規定のみならず、（偶然的と呼ばれる）「外的規定」、すなわちモナドが関わるすべての出来事や関係が含まれる。つまり各モナドは「個体」であり、他の誰とも異なる「自我」なのである。

モナドの個体性は、しかしスコラ哲学とも経験論とも異なって、それの現実全部を使って規定される。Omne individuum sua tota entitate individuatur（GP. IV, 18）。モナドが個体であり、自我であることをいかにして哲学的に論証しうるかが、一六歳で提出した学位論文[8]以来ライプニッツ終生のテーマでもあった。個体はスコラのように、普遍的な本質に、この時空の秩序において「個体化の原理」（principium individuationis）が加わることで初めて成立するというのではなくて、はじめから既に個体なのである。[9] そのことの哲学的表現こそ、彼が『形而上学叙説』で提示した「個体概念」（notion individuelle）であった。個体にかかわる過去・現在・将来の一切の出来事を含んだそれ自体アプリオリな概念が神の知性において既に思惟されているという議論（「私についての完足的概念」（la notion complète de moi））は、当初ジャンセニストのアルノーの反発を招きもした。それ以降ライプニッツはこの「個体概念」について表立っては言わなくなるが、しかし新たな装いのもとに提示したのがモナド概念なのである。このようにライプニッツにおいて「私」とは最初から（生まれる前から）個性的なのであって、そこには（経験的偶然的変化を貫いて）連続的同一性が強く保証されようとしているのである。

二　ライプニッツの「統覚」(apperception) 概念

ライプニッツの議論はしかし「反省的認識」によって「私」を「モナド」や「個体」として考えねばならない、という形而上学的要請だけではない。彼は同時に、われわれは自分自身を考えることによって「存在者」、「実体」、「単純体」、「複合体」などを思惟するのだとも言う（*Mo.* §30）。つまり、私は私自身を意識しており、そこから実体モナドとしての「私（自我）」の観念を抱くとも述べるのである。これは一見矛盾しているようだが、デカルトの Cogito の立場がライプニッツにも一部残っているためと、同時にまた、より積極的には、ライプニッツには形而上学的議論と並行して、同時に心理学的ともいえる「自己」あるいは「自己意識」についての考察が存するためである。経験的意識といえば、『モナドロジー』第一四節における「統覚」の概念が知られている（GP. VI, 606）。すなわち、思惟はかならず「我思惟する」という意識を伴うとしたデカルト（cogito = cogito me cogitare cogitatum に対して、ライプニッツは、「統覚の伴わない知覚」(perception sans apperception) を認める。

ライプニッツの挙げるケースは二種に大別される。第一は、知覚内容が微弱、または混雑（confusus）した場合で、例は、海岸で波音が聴こえるという場合、実際には無数の波音が聴こえているはずだが、それらはそれとしては気付かれないというものである。第二は、「夢もみないほど深い睡眠」、「気絶」であり、それらは意識が何も活動していないことではなく、「一における多の表出」（知覚作用）は行なわれているのだという。知覚作用（表象作用）のこの段階をライプニッツは「極微知覚」(petite perception) ないし「裸の知覚」(perception nue) と呼ぶ。これに統覚が付け加わることにより、知覚作用がそのつど意識されるだけでなく、知覚（像）そのものもより判明になり、さらに「反省」によって必然的諸真理を認識するとされる（この中には、実体、存在、単純体、神そして自我の概念も含まれる）。apperception は、ad- ＋ perceptio なる語源の示すように、「知覚へ」付け加わる働きを意味し、ライプニッツはこれを「意識」（con-science）と同義に用いる。この統覚概念をカントは、「超越論的統覚」（transzendentale Apperzeption）と読みかえ、われわれがそのつど意識しようと意識しまいとにかかわらず、そもそも概念による直観の多様の総合統一そのものを可能ならしめるアプリオリな制約だという。[10] これに対してライプニッツの統覚は「経験的統覚」と呼ぶことができる。[11] ただし、ライプニッツの統覚概念は、右に見たように、異なった三つの段階にまたがっており、はるかに複雑な性格を有する。[12] では、「自己」を知るという経験はその三つの段階のそれぞれに関わっているのであろうか。

前述の三段階、すなわち、気付き、[13] 判明な表象、必然真理の認識は、知覚が無意識的なものから意識的なものへ連続的に進行するその度合いの差として見られている。ちょうど照明を次第に明るくしてゆく場合のように。第一の気付きにおいて、例えば、何かに聞き入っていることに気付くというだけであれば、そこに「自己」という固有の、再帰的な事態が経験されているとは考えにくい。「私」というノエマと、それを思惟するノエシスとの志向的関係は少なくともまだ顕在的ではない。しかし「自己」がまったくないかといえば、それは既に意識されない仕方で志向性は機能しているとライプニッツは見ている。第二の判明な知覚において、対象については、別の対象との区別にとどまらず、区別せしめる徴表が認識されるのだとライプニッツは言う。[14] 判明とはただ他のものと区別できる場合であるというデカルト的定義は主観的にすぎず、この徴表の枚挙が重要視される。しかし枚挙には、主観の同一性と能動性（つまり私が動かされず同一であって、数えることが出来るという事態）を要する。ここには「記憶」が働き、「自己」が顕かに経験されている。ライプニッツはここに「道徳」の成立する段階を見ている。第三の段階、すなわち「反省」(ré-flexion) においては、そういう「自己」について表象されたもの(対象) について、通覧、比較、抽象という一連の作用 (discurrere) が行なわれ、概念が形成される (diskursiv)。これが「自我」の概念 (「私の概念」) である。ただし、以上はわれわれの意識の経験過程の記述であって、「私の概念」そのものは、私がその判明な概念を持たずとも、神によって思惟されているのである。

三 『人間知性新論』における「欲求」、「意志」、「情念」

『人間知性新論』(*Nouveaux essais sur l'entendement humain*, 1704) ではライプニッツは、無意識の「極微知覚」とも対比させ、関連させつつ、自我と自己の差異と連関について、より立ち入った考察を展開する。従来のライプニッツ研究では『人間知性新論』における意識論、あるいは情念論に注目されることはほとんどなかった。しかし、そこでの「欲求」、「意志」、「情念」を、ロックの感覚与件主義的立場を批判しながら精緻に考察しているライプニッツの議論は、いま自我と自己の関係を考えるうえできわめて示唆に富む。

第二巻 (「観念について」Des idées) 第二〇章 (「快苦の様態について」Des modes du plaisir et de la douleur) を見よう。まず「喜び」、「悲しみ」の「情念」(passion) を、現在の善悪に対する愛や憎しみにのみ関係づけるロック説に対し、ライプニッツは、この二つの情念は現在の「善」「悪」だけでなく将来の「善」「悪」にも関わると定義し直す。この点は重要であって、現在の意識が将来、つまり目的を己の原因とすること、つまり自我は現在の「点」だけに向かうのではなく、将来へ伸びて連続していることを示唆する。

ライプニッツは精神としての自我を「力能」(puissance) と定義する。自我のもつ様々な「傾向」はこの力能と結びついている。傾向はそれが意識されるに十分な強度をもたないうちは「極微知覚」として活動しているに過ぎない。自我は傾向づけられて、それ自身を将来へ向けて企投する用意をもつ、あるいはそのように出来る、と意識するようになる。

　私が現実にいだくいかなる知覚も無記的（indifferent）ではなく、（芸術直観などの場合を別にすれば）私にとって快か苦であり、[15] その快苦は私だけに固有であるが、それは何故か（快であれ苦であれその感情が他人と同じである保証はどこにもない）。それは私がそのつどの対象を表象していることを意識するからである。しかしその意識（自己意識）には強度や明度の差がある。それは無意識の知覚（微小表象）を認めることである。しかし無意識の知覚もまた自我に属するのであって、何か他人ましてや神や宇宙霊などに属するのではないはずだ。その源泉にして貯蔵庫こそモナド的自我なのである。「モナド」は形而上学的概念であるが、しかしそうしたモナドの形而上学とは別に、私の遂行する知覚が、現にこの私に属するという意識をもつことができる（と感じる）のは情念（快・不快）つまり自己意識においてであるとライプニッツは述べているわけである。

　ところでそういう自己意識を梃子に意識の現実存在ばかりか、意識の実体性までをも結論したのがデカルトであった（『省察』二）。デカルトは一切の知識・学問の確実な基礎を探究すべく「方法的懐疑」を遂行し、「私」の抱く一切の観念を、それらがはたして対象とする事物（世界）に対応しているかを徹底的に吟味しようとした。（西田幾多郎なども批判したように、その懐疑はじつはコギトそのものにまで徹底されてはいないのであるが）[16]。しかし「私」のことだけは存在しないものとしては思惟され得ない、ゆえに私の観念には私の現実存在も含まれる、私が思惟する以上、私は現実存在する。以上がデカルトの論証である。そのとき思惟は、無意識の思惟ではなく、自分が何かを思惟することを思惟するような自己意識を伴う知であった。しかし、例えば、私が机上の花瓶を見ているという場合、たしかに、私は自分が今自分は机上の花瓶を見ているのだと意識することはできる。その意識は精確には単に「意識」（conscience）や「気付き」（apperception）と呼ばれうるであろう。しかしそれをとくに「自己-意識」と呼べるのであろうか。その場合に「自己」という現象が、ましてや「自我」という実体もしくは主体がわれわれのなかで経験されているとは、必ずしも言えないのではないだろうか。

実際、デカルトも、「第一省察」における「方法的懐疑」を総括して、「第二省察」の冒頭で、「我あり、現実存在する」（我の観念には現実存在ということが必然的に属するという謂い）と論定した後、続いて、ではそのように存在する「我」とは何であるかと問うのである。そしてその答えが、「我とは精神（mens）である」というものである。ここでデカルトは「我とは何であるか」（Quid sum）と問い、「誰で有るか」とは問わない。つまり我の本性（一般的な本性）が問題であって、そういう我が他の誰とも異なる個性的存在、個体であるという視点はデカルトの少なくともここの議論にはほとんどみとめられない。

自我を「思惟実体」（res cogitans）と定義するということと、私が私の抱く観念を内省し、それを疑い、あるいはそれが精神の外なる物質的事物に対応することを私自身に説得するというときに起きている事態、すなわち「自己」の心理学的事実とのあいだには、ある種の断絶・乖離が存するといえよう。

四　「極微知覚」（微小表象）の意義を改めて問う

本節で考えたいことをあらかじめ示しておこう。通常「極微知覚」の意義といえば、（デカルトなどに対抗して）「無意識の知覚」の存在を承認したことであって、それによりライプニッツは二〇世紀のフロイトなどの無意識の心理学の先駆となった、というようにも言われる。たしかに気絶や睡眠、いやそれどころか日常生活の「四分の三」はわれわれは混雑した知覚しかもたず、いちいち反省を伴わない対象知覚（とそれへの感覚の衝動、あるいは反応）で満足しているとライプニッツは言う。(17) 対象の現状、あるいは将来の所有にかんしてはっきりした喜びまたは悲しみを抱くのはむしろまれであって、さきほどの『人間知性新論』の分析でも、なんとなく、漠とした快不快に傾けられながら表象を形成する（意識する）のが実際だと示唆されている。

しかし、もしそれで「極微知覚」の意義が尽きるのだとすれば、たんに「気付き」と「見落とし・不注意」との間の差異を後から〔経験的に〕説明し、合理化したものに過ぎなくなろう。だが「極微知覚」は、じつは「自己」が単にそのつどの匿名的「気付き」に終始する自動機能なのではなく、既に「自我」を予想する気付きであるとともに、潜在的な自我がいわば「原自我」として先‐存在し、顕在化しうるために待機すること（アイドリング）を可能ならしめる。要言すれば、「極微知覚」は、自我（形而上学的自我）と自己（心理学的経験的自我）とを相互に媒介し繋ぐ役割をもつのではないであろうか。

気付きが実際に行なわれ、知覚像がある程度まで判明になったとしよう。このとき私にとって、私は私が何々するのを思惟する、という反射反響が強められて、「私が私を」という自己意識が顕在化してこよう。つまりこのときはじめて私は現実に「自己」という事態を直観し、経験するのである。しかし、「自己」という事態（「私」が「私」を）は単なる形式的な内容空虚なA対Aに尽きるものではないだろう。仮にそうだとしたら自己の経験は霞か幽霊のそれと何ら変わることがないであろう。そうではなくて、自己の経験は「自我」概念を予想しており、「自我」概念をそのつどの濃淡の違いはあれ、自己意識の上にいわば重ね書きしてはじめて意味をもつであろう。つまり自己を自己として経験するとき、そこにわれわれはやはり既に何らかの連続的、同一的自我を、少なくともその影を読み込んではいないか。例えば、気付きはそれが強められるにともない、また過去の記憶の再現をも招くであろうが、記憶の再現とは何であろうか。自我が過去から現在まで続いており、もし私の思想や気持ちが変化するにしても、それは変わらざる何かを基体として前提にしたうえでのことである、と想定してはいまいか。過去から現在まで続く私はまた将来にも続いて行くと理解され、その過去現在将来の連続は他の誰でもないこの私だけのものであると理解されている(18)。要するに、まったく自我概念を下絵として含まないような自己経験は、そもそも「自己」の経験としては意味をなさないのである。「私」にとってより大事な問いは、デカルトのいうような「私とは何か」であるよりは、むしろ「私は誰なのか」であるだろう。おそらく記憶喪失の人は、自分が「誰であるか」を知らないのであって、自分が「何であるか」——少なくともネコやイモ虫ではなく、人間であり、精神である——ということはわかっているのである。

　実際ライプニッツも『人間知性新論』第二巻第二七章「同一または差異とは何かということ」(Ce que c'est qu'identité ou diversité)において、「自己」の同一性の意識は「自我」の実在的な同一性を前提とする、と明確に主張している。すなわちライプニッツはそこで、人格的な同一が「意識」によるとしたロックにある程度賛同しつつ、しかし「自我(le soi)」についていえば、自我を、自我の現れ(l'apparence de soi)や〔自我を〕意識しているということ(la conscienciosité)と区別するのがよいだろう」(GP. V, 219)と言明する。「記憶」(souvenir)が過去の自我からの連続的同一性を私に確信させることはその通りだが、記憶の中断や喪失によって自我そのものまでもが切断されるわけではない。例えば他人に証言してもらえば同一性を結論できる。ライプニッツはロックの唯名論的な自我論を批判し、自我を「自我」と私にいわせる基礎は、たんなる自我の現れや気付かれた自己の観念または像に回収されずに、むしろアプリオリに存するという実在的な自我論を採るのである。

それではそのような（あらゆる有意味な「自己」経験に、その下絵として機能している）「自我」という概念をわれわれはどこからどのようにして得るのであろうか。もちろんモナド論の形而上学においては、われわれが理性に従って形而上学的認識を遂行し、実体として同一であるという個人の同一性、個人としての私の完足的概念を定義し、（人間に可能な限りで）認識することによるのであり、また自己をもこのような必然諸真理（実体、単一性、神など）の一つとして概念把握することができるとされる。[19]

しかしライプニッツは、形而上学として「実体」概念をただ前提するだけで、自我は実体である、ゆえに自我は自己を基礎づけるのだと断定するような議論には満足しない。それとは別に、経験的心理学的な仕方においても、ライプニッツはその答えを用意している。そこにはロックの『人間知性論』の影響もなしとはしないであろう。[20] そして、その鍵こそ、『人間知性新論』において示されるように、「極微知覚」であった。つまり「自我」の概念もまた、無意識の深層にいわばアイドリング状態で実際に保存されている。極微知覚の議論をよく見ると、それは色や音などの可感的性質に限られない。それどころか生得観念も、気付かれない潜在的な状態では「極微知覚」として扱われている。無意識の表象が私に属するとそもそもなぜいえるか。それは、現実に表象されてはまだいない表象がまさに極微知覚として貯蔵されていたのであり、また忘れた後も再び極微知覚として存在し続けるからである。この「あらかじめ貯蔵され、また意識されなくなった後も消滅せず残存し続ける」ことこそ、モナドと呼ばれる連続的、同一的主観に相当する。

このように、自我の基礎が、心理学的位相においては、自己の連続的同一性として位置づけられ、後者は知覚の継起・連続によって認知されるという場合に、重要な役割を担わされるのが「記憶」のはたらきである。気付きも、既に得られた知覚（極微知覚も含む）に対する気付きであるから、結局過去を想起することに他ならない。[21]

そういう想起・記憶を通じてそれと認められるような連続とは、現在から過去に、もしくは過去から現在に向かって伸びている連続であり、端的にいえば過去なのである。行為の道徳的主体として記憶の意義を強調することは、同時に自己として認知されているものが過去であることとリンクしているのである。

しかしまた、だからこそライプニッツは、ひるがえって、心理学的な「気付き」や「想起」だけに自我論をゆだねきることもしなかったのである。[22] そして自我の存在論的身分を実体、単純実体、モナドとして（しかもモナドは世界と同時に創造され、世界と同時に消滅するしかない）確保しようとする。しかしその実体は「表出」する「力」であって、それ自身のうちに或る限定された仕方で世界全体を表出している。「単純実体の現在の状態はすべてそれの先行する状態の帰結であり、同様に、現在は将来を孕んでいる」（*Mo.* §22）。そしてこの全宇宙の表出という実体の構造に基づいて、「各人の個体概念は自分に起きるであろう一切を一度に含んでいる」（*DM.* §13）という個体概念説も主張されるのである。

結語

自我と自己が、「極微知覚」の概念を使って、現実に存在し働くモナドの内在的ダイナミクスとして考えられるということは、単に心理学的メカニズムの解明という理論的意義にとどまらない。それは「意志」から「行為」へという位相において実践哲学的な射程をもつ。そしてそれが『人間知性新論』においてこのことが情念論によせて論じられている理由でもあるだろう。

先に挙げた『人間知性新論』第二巻第二〇章の続く部分では、「情念」はわれわれを動かして或る決定へといたらしめるのだとされる。「情念」は、単なる観念や臆見ではなく、或る意味ではもっと自我に固有なものであって、傾向またはその変容であるとライプニッツはみる。ライプニッツは「情念」の例として「不安」をドイツ語の Unruhe を用いて、われわれを動かして或る決定へ至らしめるということがそこで意識されると述べている。つまり「不安」はまだそれがはっきりと意識されないうちからわれわれを動かし続けている。極微知覚として気付かれないようなかすかな情念からはっきりした情念に至るまでがそこでは見られている。つまり私が今それに襲われている情念は突如ゼロから生起するのではなく、既に半・情念としてわれわれを微弱ながら動かしていたのである。はっきりした情念においてこそ「自我」あるいは「自分」ということが意識される。そして「自我」を何らかの決定へ向けて動かすのである。過去から現在そして（決定がそれへと企投されるところの）将来へ至る連続的自我、それが意識される経験がはっきりした「情念」であるだろう。意志の決定への移行と、身体のその行動への移行とはパラレルであり、どちらも極微知覚が集まって顕在化することによって実現する。

このように「情念」はわれわれが（気付かれぬ）自我から（顕在化した）自己への移行を直接に経験する場面であるといえよう。逆に、現在の情念から遡及して自我を経験するのだともいえよう。この「情念」とか「感情」といわれるものは個別的である、すなわち身体に関わっている。しかし身体によってわれわれが個別化されているということを言うだけでなく、また自我と自己を論理的、概念的に区別するだけにとどまらず、われわれの現実のそのつどの心理においても、自我と自己の区別は行なわれていること、そして自己の意識も、それがまさに「自己の」それでありうるためには「自我」の理解をそこに重ね書きしている、そのことをライプニッツは示しているように思われる。

注

（1）酒井潔『自我の哲学史』講談社、二〇〇五年、第Ⅱ部第五章。

（2）前掲書、第Ⅰ部第四章。

（3）ライプニッツは自らが伝統的形而上学（metaphysica）の課題を引き受けることを十分に自覚している。しかし、「自我」を主体あるいは個体として存在論的に定義するだけで事足れりともしない。自我はその現実においては、「自己」として複雑な内在的諸相を呈するのであって、そのことの経験的な分析・記述としての心理学的考察にもライプニッツは関心をもつ。ライプニッツは形而上学と心理学を混淆することなく、しかし自我と自己をめぐる考察にあたって両者を必要とするという態度をとる。そのような理由から、本章の副題においてライプニッツの立場を「形而上学／心理学」と表記する。

ライプニッツ哲学の後継者を自任し、それを体系化した（反面また通俗化した）と評されるヴォルフ（Christian Wolff, 1679–1754）は、諸学を分類し、諸学の体系化を試みたことでも知られる。その分類によれば、学としての哲学はまず「純粋哲学」（形而上学）と「応用哲学」に大別される。次いで前者は、「一般形而上学」（存在論）と「特殊形而上学」に二分され、「特殊形而上学」はさらに「宇宙論」、「合理的心理学」、「自然神学」に三分され、それぞれに「自然学」、「経験的心理学」、「実定的神学」が対置せられた。十八世紀ドイツの大学の理念と制度において、心理学（psychologia）は形而上学（metaphysica）とは別の学科として後者の外部にあるのではなく、むしろ後者に内属する一部門として位置づけられていたのである。九鬼周造『西洋近世哲学史稿（上）』（『九鬼周造全集』第六巻）岩波書店、一九八一年、三二三頁。

ライプニッツは一六八〇—一六八六年頃の未公刊草稿の一つにおいて、「思惟」、「意志」、「喜び」、「悲しみ」などを定義し、また「感覚」、「想像」など下級の認識能力から、「判断」、「知性認識」に至るまでを、あるいは「衝動」、「情欲」、さらには最終的な思惟としての「意志」などを定義している。G. Grua (ed.), G. W. Leibniz, Textes inédits, 2 ed., Paris, 1998, p. 542ff.

（4）B. Russell, *A Critical Exposition of the Philosophy of Leibniz*, London 1900, New ed. 1937.

（5）ライプニッツの perception は「一における多の表出」（expressio multorum in uno）と定義され、能動的な性格のもとに考えられている。その限り、それは経験論的な意味での「知覚」とは異なり、「表象」とも訳されてきた。しかしライプニッツの場合、perception は、「表象されたもの」というより、むしろ「表象する作用」という意味で使われていることが多い。そのような志向的差異に立って「作用」という意味を良く表現しうるには、「知覚」という訳語を（その経験論的な意味を慎重に取り除いたうえで）あてたほうが適切であるように思われる。

（6）『モナドロジー』の直前の『理性にもとづく自然と恩寵との諸原理』（一七一四年）では、「知覚」は「外的事物を表現するモナドの内的状態」（GP. VI, 600）、「統一者ないしモナドの内に存するところの、外的事物に関係する諸変様の多」（Holz, S. 414, Anm. 2, Robinet, p. 28）などと規定されている。つまり、「知覚」は「この内的状態についての意識」とは慎重に区別される。

（7）同様の見方は、フッサールにも存する。E. Husserl, *Formale und transzendentale Logik*, Hua. XVII, 166.

（8）*Disputatio metaphysica de principio individui*, 1663（A. VI, 1, 9–19）.

（9）マクルーフは次のように指摘している。すなわち、ライプニッツが単純実体を後に「モナド」と呼ぶとき、彼は、恩師であり、学位論文の序文を書いてくれたJ・トマジウスを思い出したかもしれない。トマジウスは個体を「モナド的」と「孤立的」の二種に分けていたからである。ライプニッツのいう単純実体は精神的実体であるから、時間空間による「外的個体化」を被らない。それはただそれ自身の「内的個体化」による。すなわち種がそのまま単独に存在するとされる（「天使」）。このような「内的個体化」の論点はその後の『形而上学叙説』、『人間知性新論』においても変わらずに主張された。Laurence B. McCullough, *Leibniz on Individuals and Individuation. The Persistence of Premodern Ideas in Modern Philosophy*, Kluwer 1996, p. 138ff.

（10）I. Kant, *Kritik der reinen Vernunft*, B132.

（11）「経験的統覚」としてのライプニッツの「統覚」概念の特徴と、それがモナド論の形而上学において有する位置と意義については、酒井潔『世界と自我』付論一「経験的統覚と超越論的統覚――ライプニッツからカントへ」（創文社、一九八七年）を参照されたい。

（12）ところで、動物は統覚をもつのだろうか。多くのライプニッツ解釈は、ライプニッツは人間の精神にだけ統覚を認め、動物には統覚を認めていないとするが、しかし動物にも認めているのだという反論も存する。カルスタッドは両者の解釈を紹介したうえで、ライプニッツは「反省」ということをロックの意味で使っているのだから、「反省」は人間だけに属する、すなわち「統覚」は人間精神にだけ属するというのがライプニッツの立場だというような切り抜け方では十分とはいえないと指摘している。Mark Kulstad, *Leibniz, Animals, and Apperception*, in: Catherine Wilson（ed.）, *Leibniz*, Ashgate, 2001, pp. 171–206.

（13）周知の如く、apperception の動詞形 s'apercevoir de は「何々に気付く」の意である。フッサールも「統覚」（Apperzeption）、

「統握」(Auffassung)を、内容と対象の区別に立って、「何々を何々として経験する」プロセスという意味で用い、これを「第一—客観的」、「第二—理解的」という二段階に区別している。Husserl, *Logische Untersuchungen,* I, Kap. 2, §23(Hua. XIX/1, 79ff.).

(14) Leibniz, *Meditationes de cognitione, veritate et ideis*, GP. IV, 423.

(15) "Je crois qu'il n'y a point de perceptions, qui nous soyent tout à fait indifferentes, mais c'est assés que leur effect ne soit point notable pourqu'on les puisse appeler ainsi, car le plaisir ou la douleur paroist consister dans une aide ou dans un empechement notable. J'avoue que cette definition n'est point nominale, et qu'on n'en peut point donner"(GP. V, 149).

(16) 西田幾多郎『哲学論文集第六』、「デカルト哲学について」(『西田幾多郎全集』第一〇巻、岩波書店、二〇〇四年)。

(17) *Mo.*, §28.

(18) スコラの「個体化の原理」(principium individuationis)は時間・空間による区別を主張するものだが、ライプニッツは少なくとも人間や有機体についてはこのような外的個体化が個体の同定に役立たないことを認め、内的個体化ともいうべき立場を採る。彼の説く「不可識別者同一の原理」(principium identitatis indiscernabilium)もこのことと関係している。それはまた同時にロックに対する反論でもあった。*NE.*, II,27. Vgl. Emilienne Naert, *Mémoire et conscience de soi selon Leibniz*, Paris 1961, p. 22ff.

(19) 経験論からの種々の批判にもかかわらず、〈人格の同一性〉にかんするライプニッツの主張はあくまで実体としての同一性を基礎としている。Marc Elliot Bobro, *Self and Substance in Leibniz*, Kluwer 2004, chap. III.

(20) 谷川多佳子「ライプニッツと意識・記憶・表象」(『思想』第九三〇号、岩波書店、二〇〇一年一〇月)に裨益されるところが多かった。

(21) "mais le souvenir present ou immediat, ou le souvenir de ce qui se passoit immediatement auparavant, c'est à dire la conscience ou la reflexion, qui accompagne l'action interne, ne sauroit tromper naturellement…car ce n'est aussi que de l'action passée qu'on le dit en soy et non pas de l'action même qui le dit"(*NE.*, II, chap. 27, §11: GP. V, 220f.)

(22) "Pour ce qui est du soy, il sera bon de le distinguer de l'apparence du soy et de la consciencíosité. Le soy fait l'identité reelle et physique, et l'apparence du soy, accompagnée de la verité, y joint l'identité personelle. Ainsi ne voulant point dire que l'identité personelle ne s'etend pas plus loin que souvenir, je dirois encore moins que le soy ou l'identité physique en depend"(*NE.*, II, chap. 27,

§9: GP. V, 219）

第五章 『モナドロジー』から『判断力批判』へ

——ドイツ啓蒙思想における個体の形而上学——

序

「判断力」は、『純粋理性批判』においては、諸規則の下に特殊を包摂(subsumieren)する「規定的判断力」(bestimmende Urteilskraft)である。ところが批判哲学の締めくくりともいうべき『判断力批判』の「序文」(Einleitung, *KU.* XXVI)で、別の、すなわち「反省的判断力」が提示される。与えられた普遍から特殊へ進む「規定的判断力」に対して、「反省的判断力」は、逆に、与えられた特殊から普遍を発見する能力だとされる。さらに、「反省的判断力」は、経験の対象に構成的にはたらく原理ではなく、単に主観的(subjektiv)で統制的(regulativ)な原理であるとされるのである。

しかしこの「反省的」とはどういう意味であろうか。「反省」(reflektieren, Reflextion)という概念は、『純粋理性批判』では、分析論の最後——原則論付論——を飾る「反省概念の多義性について」(Von der Amphibolie der Reflexionsbegriffe)で示されているように、表象が認識能力のいずれ——悟性か感性か——に属すかということの判定を意味する。つまり方法的なÜberlegungである。これに対し「反省的判断力」は、新造語に控えめだったカントが、『判断力批判』で初めて出した新しい術語である。ちなみに、それがより主題的に提示されている「第一序文」（Erste Einleitung）は、第一部「美学的判断力の批判」を書く中で、さらに「目的論的判断力の批判」の必要を認めたカントが、第二部執筆に先駆け、書き加えたものである(1)（もっとも、この「第一序文」が長すぎるとして印刷されず、ようやく一九一四年カッシーラー版全集にその全文が公けにされたのは周知のとおりである）。特殊から普遍に遡る「反省」は、感性界と英知界の結合という体系的要請のみならず、当初から個体論あるいは目的論へ差し向けられるのである。re-flektieren とは、その語源 re- が示すように「反射」や「反映」という意味を含み、個別が他者へ、部分が全体へ対するその関係を指示している。

　アンセルム・モーデルによれば、「反省的判断力」というこの新概念は、reflektieren のもつメタフォーリッシュな意味、およびこれに繋がる光学的（optisch）な表象を意識したものとされる。『判断力批判』第五九節に見られるように、カントは哲学概念の象徴的（symbolisch）な意味形成にも注意していた(2)。つまり「反省」は、sprach-semantisch には「鏡」（Spiegel）とか「鏡映」（spiegeln）を意味するのである。古代より、個における全体への関係を間接的に表すのに、繰り返し用いられてきたのが、この「鏡」のメタファーである(3)。プラトン（『国家』における「洞窟の比喩」）、プロティノス、ルター、ファン-ヘルモントという系譜が想起されよう(4)。中世の（否定）神学と哲学において、「鏡」のメタファーと、“Spekulation（speculum）”ないし、“Kontemplation”とが結合された(5)。ライプニッツも、自分の「単純実体」を「モナド」と呼ぶようになるよりも一〇年も早く、「鏡」（「宇宙の生ける鏡」）として理解している(6)。ライプニッツによって、単なるメタファーでなく、哲学的概念となった「鏡」は、続くヴォルフ等にも受け継がれながら、十八世紀の形而上学、神学、美学、詩などのなかで頻繁に言及されていった。伝統と時代に敏感なカントは、「鏡」という表現自体には慎重だったが、彼の Reflexion 概念を「鏡」概念の意味合い——個における全体の反映——に対応させていた、とモーデルは結論する。しかも、

『判断力批判』で第二部「目的論的判断力の批判」が始まるのは、第六一節以降であるが、その議論の進行はライプニッツの『モナドロジー』（一七一四年）における第六一節から最終第九〇節までの進行にほぼ並行している、と言うのである。(7)

けれどもライプニッツからカントへは、『判断力批判』の問題性についても、単にそうした文化史的、ないし形式的な対応だけでなく、本来もっと哲学的、内容的な太い線を引くことができるのではないだろうか。いま先取りすれば、ライプニッツの「宇宙の生ける鏡」とカントのとくに「（反省的）目的論的判断力」（teleologische Urteilskraft）とのあいだには、〈一における多〉、〈特殊における普遍〉という「個体」（individuum）をめぐる形而上学のモティーフが貫流しているように思われる。

そこで本章では、第一に、ライプニッツについて、とくに『モナドロジー』を取り上げ、その議論の構成と内容的特徴から、ライプニッツの個体論あるいは目的論について考察する。第二に、ドイツ啓蒙の展開における、ライプニッツの個体論の定義とその定式化を、とくにヴォルフおよびA・G・バウムガルテンにおいて確認する。そして第三に、『判断力批判』のとくにその「目的論的判断力の批判」において、ライプニッツの「宇宙の生ける鏡」と「目的因」（causa finalis）の概念が、「批判哲学」のなかへ移されながらも、いかにカント自身の問題意識として脈打っているかを、明らかにしたい。

一　ライプニッツにおける「宇宙の生ける鏡」と「目的因」

『モナドロジー』とは、ライプニッツが最晩年、オルレアン公の顧問長官ニコラ・レモンの求めで自ら「モナドについての解明」を記した、元は無題の短編であるのは、よく知られている。しかし、九〇個の命題のなかに、存在者の定義、目的論、美学、倫理学、神学という異なった主題が網羅されている事実とその意味には、従来それほど注意が払われてこなかったように思われる。興味深いことに、ハイデッガーによって『二四の命題』と命名され、『モナドロジー』に比べられている、ライプニッツ一六九〇年頃の謎の短編も既にこれに相似的な構成を持ち、「存在するもの」のその表象・欲求的性格—存在者の多様性—その秩序—完全性—喜びといった主題が連ねられている。(8) それゆえ、もし『モナドロジー』の全体を、いくつかの公理を前提した演繹的体系と見て、論理的整合性だけを問うなら、このユニークな作品の意図と射程は殆ど見失われるに違いない。そしてわれわれはラッセルの試み自体にも一種の「童話」を見出すことになろう。(9)

さて『モナドロジー』は、まず「モナド」(一なるもの)の概念定義から始まる。そして「一における多」(une multitude dans l'unité)としての「知覚」および「意識」が提示される(§1-14)。そして人間精神の固有性をめぐって、機械論ではなく目的原理が導入され(§17)、その脈絡で「エンテレケイア」(entéléchie)、すなわち各モナドは自らのうちに或る完全性をもつのだとする議論や「完全性」(perfection)の概念が示される。次いで、経験的感性的認識について、動物その他の生物の場合にも言及しながら述べられた後、「矛盾律」と「充足理由律」、「理性真理」と「事実真理」がそれぞれ区別される(§31-33)。精神を含めた(数学ならぬ)この被造的世界の多様な諸存在者については、「作用因」でなく、むしろ「目的因」が妥当すると示唆される(§36)。続いて、世界の創造と、被造的世界の神への依存が説かれる(§38-55)。かくて第五六節で、各モナドが「宇宙の生ける永続的な鏡」(miroir vivant perpétuel de l'univers)であること、第五七節で、それらが「異なった視点」からの「パースペクティヴ」であるという重要なテーゼが登場する。「鏡映」のモティーフは「多様性」(variété)の獲得にあり、そのことが同時にまた「完全性」の獲得に他ならぬ、と言明されるのである（§58）。

よく注意して読むと、この後第六一節から最後の第九〇節までは、「モナド」概念についての論述というよりは、実はむしろ、生命としての個体、有機的自然の哲学であり、最後には人間と神、自然と恩寵の調和へ収斂してゆくことがわかる（件の第六一節は、合成体と単純体、つまり身体と精神とが、symboliser の関係にあるという文章で始まり、古代ギリシアの医者ヒポクラテスが引かれている）。モーデルが、カントの『判断力批判』第六一節からその最終第九一節にいたる論述が、まさに有機体（Organismus）を主題とし、自然の究極目的（Endzweck）、倫理神学（Ethiko-theologie）を示唆しつつ終わっている点に、こうした『モナドロジー』の構成との緊密な対応を認めているのは、たしかに、根拠なしとはいえないわけである。

しかし、われわれは、もっとライプニッツ哲学そのものの特徴に注目しよう。まず目を引くのは、自発自展する実体の原理として、「目的因」が実在世界の中心に据えられていることである。一五歳のとき、ローゼンタールを逍遥しながら彼は、アリストテレスではなく、新しい機械論哲学を採ることを一度は決心する。[10] しかし、既に二六—三〇歳のパリ滞在中、物理学や数学の最先端に親しみ、業績をあげるその直中で、個々の物体現象を説明する自然研究には「作用因」と因果律が適用されるが、そういう原理の原理（メタ原理）、あるいは（現象ならぬ）実体はむしろ「目的因」に従うと確信する。プラトン『パイドン』などに傾倒し、逆に、目的原理を排除するかぎりでのスピノザ主義に対して当時より距離をおく。パリ期に記されたライプニッツのメモやノートに見出されるのは、後の諸著作で明確になるであろう人格神論のその素描である。[11] すなわち、選択する意志の自由をもつ神と、それと共に、「可能」や「偶然」の意義とその領域とが承認される。そして斉一的に機能する作用因に対し、目的因こそ存在者の多様な連関を保証しうる決め手と考えられたのである。一六八六年四〇歳のときの『形而上学叙説』では、「目的因」はさらに強調されてゆく。ライプニッツは、「善」や「目的」という契機を重視するソクラテスがアナクサゴラスによる自然の機械論的説明に結局は失望する点に、共感するのである（§20）。かくて「実体形相」（forme substantielle）が復活（リハビリ）されることになる。一六九五年の『新説』では、「私は、善、あるいは目的因の考察が、道徳の事柄だけでなく、また自然の諸事物を説明する場合にも有益だと思う。なぜなら、自然の作者は、秩序と完全性の原理に従って、また無欠の知恵をもって働くからである。そして私は、光線の放射にかんする一般法則の例では、自然の秘密を明らかにするのには、多くの場合この目的因なる原理で十分である所以を示した……」（GP. IV, 472）とまで表明される。最晩年の『モナドロジー』では、作用因と目的因との関係は、「自然」と「恩寵」のそれに重ね合わされ、目的因の優位を暗示しつつも、相互に「予定調和」の関係にある、とのみ説明されているのである。

ところで、「目的」原理は「完全性」（perfection）概念を予想する。「窓をもたないモナド」は「エンテレケイア」である。『形而上学叙説』に続くアルノーへの書簡を通じ、「形相」は「エンテレケイア」へ書き換えられてゆく。このとき外に活動原理を要しない「自己充足」（αὐτάρκεια）なる概念が、「美」を「無関心性」から見る「美学的判断力の批判」を先取りしているのも、興味深い点である。[12] ただ、ライプニッツでは、この「完全性」が神の影響に依拠したそれであり、réalité の大であることを意味し、しかもそれが「多様性」の獲得によって実現される、というところに特色が認められる。[13] したがって、この perfectio を “Ver- und Durchfertigung” と解し、理由律と近代科学の問題に直結させるハイデッガーの解釈は、たしかに刺激的だが、しかしライプニッツ解釈としては一面的といわねばならない。[14]

さらに「偶然性」の概念が大きく見直される。「偶然的なるもの、すなわち必然的ではないものとは、それの反対が矛盾を含まないもののことである」（Contingens seu Non-Necessarium est, cuius oppositum non implicat contradictionem（GP. IV, 108））。そして、反対も可能な、そうした偶然についての真理が、「充足理由律」に拠る「事実真理」なのであり、「矛盾律」に拠る「理性真理」から区別される。このことは、たんなる観念的世界ではない現実世界が、偶然性をメルクマールとするものとして、ライプニッツに意識されていることを示している。

このようにみると、パリ期から『モナドロジー』に至るまで、「目的因」―「完全」―「多様」―「偶然」という概念系を通じて見据えられているものは、現実世界の活きた「個体」だということができる。「宇宙の鏡」としてのモナドは所謂「個体化の原理」を要さず、それ全体が「個体」なのである。Omne individuum sua tota Entitate individuatur（GP. IV, 18）。「個体」は「不可分」（in + divisibilis）というだけでなく、多を統一する力動的な vis の一であり、有機体の生命を形成している(15)（延長のみの物体にはそのような自己限定の構造はない）。普遍論争との関連では、ライプニッツは、神学および道徳の領域以外では、オッカムやホッブズを評価し、個体的実体のみが自存し、普遍を示す偶有は具体的実在をもたぬというノミナリズムの立場にたつ。また彼は、形相を普遍的とみたトマスよりも、スコトゥスにむしろ近く、「個のラチオ」として無限の述語を含む「個体概念」（notion individuelle）を肯定するのである。ライプニッツの rationalism は、したがって個の創造の ratio に立脚する、といえよう。このように、実体が優れて「個体」であり、その結合が事実世界の秩序として構想されているところに、有機体、美学、歴史、倫理学の主題がモナド論の体系に所属する理由がある。

二　ヴォルフ、バウムガルテンにおける目的論の定式化

クリスティアン・ヴォルフは、ライプニッツの哲学を思想界に広めたが、その射程を狭め、独創性を希薄にしたとよく批評されている。その理由としては、モナドの属性である「知覚」（perception）を、意識をもつ魂にのみ帰属させたこと、あるいはまた多次元にわたる存在者間の諸関係である「予定調和」を、霊魂と身体の間にのみ限ってしまった点等が挙げられるであろう。

けれども、ライプニッツの「目的因」と「鏡」の概念は、ヴォルフにも主題的に受容されている。*Vernünfftige Gedancken von den Absichten der natürlichen Dinge*（Frankfurt/Leipzig 1726）の第一節で、「自然的諸事物の意図によってわれわれが解するものは、神がそれらを産出すべく決心したことにより、維持しようと考えたものにほかならない」と述べられている。自然は目的を意志するが、それは神の創造の目的にほかならないというのである（しかし、神は意志したいがゆえに意志するのであり、その点ヴォルフは「完全性」をレアリスティッシュに考えたライプニッツよりも、むしろカントに近い）。そもそも、神は、自らの「完全性」（Vollkommenheiten, pl.）をよりよくわれわれに表現するために、この世界を創造したのである。ヴォルフは、ここで「諸被造物は神の諸完全性の鏡（Spiegel, pl.）である」という言い方を頻発している（§1045, 45）[16]。とすれば、それぞれの自然的事物は、神の完全性の Spiegel であることによって、また全自然の Spiegel でもある。このときわれわれは、伝統の陳腐な文言の反復より、むしろ、どの有機体も自然目的だが、自然の究極目的（Endzweck）は、スピノザのように内在ではなく、非感性的であるという『判断力批判』の議論を想起せずにはいられない[17]。ヴォルフは

また、世界が causa finalis の nexus であるにしても、Absicht は世界のむしろ外部、つまり神の内にあるという言い方もしている。(§1045)

もうひとり、A・G・バウムガルテンの *Metaphysica* (Halle 1739) ——カントが教科書に用いたことで有名であるが——における「目的因」概念の扱いを見ておこう。「創造の目的」と題した箇所で、「神は nexus finalis についての自らの最大の知によって世界を創造した」(§944)、そして「世界を創造するにあたって神の目的は被造物の完全性 (perfectio) である」(§945) と言明されている。「神の被造物における目的についての学が teleologia である」(§946) と言うバウムガルテンにおいて、「目的論」なるジャンルが新たに意識される。teleologia という術語はライプニッツにはまだなかったものだ。

ところでカントが "Leibnizsche Monadologie" と名指しにする場合 (*KrV*. A274=B330)、彼が用いたテキストとして考えられるのは、一七六八年にジュネーヴで出版されたデュタン版 G.W. Leibniz, Opera omnia, 6Bde. である。この第一巻には、J. Jak. Brucker (1696–1770), *Historia critica philosophiae* , Bd. IV, Leipzig 1766 の中の、"Metaphysica Leibnitii" と題する『モナドロジー』の紹介が印刷され、さらに第二巻には『モナドロジー』のラテン語訳が印刷されている。一七六五年にラスペ (R. E. Raspe) により出版された『人間知性新論』をカントが読み、批判哲学の形成に影響を受けたことは周知のとおりである。[18]『判断力批判』執筆当時も、いかにライプニッツ哲学 (または「ライプニッツ—ヴォルフ学派」の哲学) がアクチュアルであったかは、すでに一七八九年にデュタン版の第二版が出た事実にも示されている。ただヴォルフについては、カントは直接その著作を読んでいたわけではなく、バウムガルテン、バウマイスター、ゴットシェードを通して知ったようである。[19]

三　カントにおける「反省的判断力」と目的論

冒頭に挙げた、「規定的判断力」に対する「反省的判断力」の定義づけであるが、これに対応する議論は、たしかに『純粋理性批判』にも既に見出される。「弁証論」にみえる、理性の konstitutiv ではなく、regulativ な Gebrauch（*KrV.* B. 672）とか、あるいは「方法論」で、理性の hypothetisch、または praktisch な Gebrauch と呼ばれているものがそれである（*KrV.* B. 797–810）。理性のそのような hypothetisch で、praktisch な使用が、『判断力批判』では「反省的判断力」の konstitutiv でない regulativ な使用となるわけだ。理性は美や自然の目的論的考察をいまや判断力に委ね、道徳の領域に一層シフトしてゆく。それにしても、なぜ『判断力批判』で初めて「反省的」判断力というタームが導入されるのであろうか。このときカントの見ているのは、ニュートン力学の自然でも、道徳的主体の英知界でもなく、まさに有機的自然の生命体である。そこでは「反省的判断力」により、特殊における普遍が、ライプニッツ的にいえば「宇宙の生ける鏡」が認識される。カントによって有機体が Naturprodukt 即 Naturzweck であるといわれる事態も、このことを指すと考えられる（*KU.* §65）。ただ「鏡」概念は、カントにとって、そのままでは受け容れられない。「鏡」のなかに「一における多」としての個体の根拠を求めるなら、「批判哲学」はそれをヌーメノンとしてではなく、主観の側に求めることになる。それが反省的な目的論的判断力の課題にほかならない。美学的判断力にかんしても、物と物との überein-stimmen から「秩序」が、さらに「美」が帰結すると考えられるライプニッツと異なり（GP. VII, 87）、カントのいう「一致」は諸表象と認識能力（悟性および想像力）との間に移される。

このことに連関し、『純粋理性批判』と『判断力批判』とでは、Form と Zufälligkeit の概念内容に、それぞれある変更または拡張が加えられている。

まず Form 概念であるが、『純粋理性批判』では、それは悟性の形式、および直観の形式（空間と時間）として、知覚結合の超越論的な形式であり、カテゴリーもこれに該当する。Form はこの場合、物の定在（Dasein）には関係しない。しかしこれでは具体的な生きた存在者の規定とはならないのである。『判断力批判』では、Form は対象のそれであり、質料への対概念、すなわち「形相」と解されているのが目立つ（*KU*. XLIVf., XLVIIIf.）。概念的形式という面もないではないが、むしろ objektiv な「自然の美しき諸形相」（schöne Formen der Natur（*KU*. 166, 170, 188, 267））として際立たされている。つまり、Form は「作用因」の形式ではなく、「内的に合目的的な形相」（innerlich zweckmässige Form（*KU*. 306, 354, 372, 375））なのである。ここに問題は、「主観的合目的性」としての美学的判断力批判から、「客観的合目的性」としての目的論的判断力批判にさらに収束してゆく、ライプニッツが「延長物体」を現象とみて、「実体形相」そして「エンテレケイア」を復活させてくる展開は、哲学的立場は異なるものの、この『純粋理性批判』から『判断力批判』への Form 概念の展開にパラレルである、といえるだろう。

つぎに、Zufälligkeit の概念は、『純粋理性批判』の範疇表では、「必然性」（Notwendigkeit）に超越論的観点から対置され、その連関が経験の普遍的規定に一致しないものを意味している。けれどもカントの元来の意図は、そういう形式的な〈必然―偶然〉よりも、もっと実質的なそれに向かっていた。第三 Postulat（A217=B266）に関連した議論が想起されよう。すなわちそこでカントは、Zufälligkeit は、単なる思惟からは定義されることができず、「変化」という「直観」を要する、と示唆していたのである（B290f.）[20]。かくて、『純粋理性批判』を通じて既に三つの異なったレベルの偶然性が見出されるのである。すなわち①知覚結合の形式、②仮定的にしか可能でないもの、③事物の存在（その定在およびその範囲）である。この三番目の「偶然性」に付け加わるのが、諸々の状態にある自然的事物の Form の偶然性であり、これが『判断力批判』の問題となる。「経験の偶然性」（*KU*. XXXIII）でない「自然の偶然性」（*KU*. 268f.）である。この Zufälligkeit der Naturformen（*KU*. 285, 331）という点にカントは、スピノザ主義の弱点を看取し、ライプニッツと立場を共有する。ライプニッツにとって「偶然」は原因の無知や modus cognoscendi などではなく、「その反対が可能なもの」という、事実世界の個体のその modus essendi だったからである。(21)

さて、かかる「偶然なるもの」に認めうる法則性（Gesetzmässigkeit des Zufälligen）が「合目的性」なのである。「合目的性」こそ、「美学的判断力の批判」と「目的論的判断力の批判」とを架橋する鍵概念である。無限に多様な自然の偶然的事物は「目的」によってのみ秩序づけられるというとき、その「目的」は物自体のうちには求められず、判断力の regulativ な原理として使用されるという議論は、批判哲学のものである。人間の悟性は全体（普遍）から部分（特殊）を規定することはできず、唯々経験に与えられた部分から出発して全体を、レアールな構成ではなく、合目的的な全体と認めうるだけなのだ（*KU*. 345–54）。そのかぎりカントの有機体は「エン・テレケイア」とは既にいえぬわけである。たしかに、物自体と現象の区別に立つかぎり、「モナド」概念の妥当性は批判されねばならず、『純粋理性批判』の Amphibolie 等の考察はカントにとって必然的だったのである。したがって、道徳も含めた「形而上学」が、もし「批判」によって、伝統や合理的学校哲学の過当な要求（神、魂、宇宙）から解放されれば、それは十分に市民権をもちうるであろう。「反省的判断力の批判」はそういう有意味な、spekulativ な思惟の試みなのである。

ところでモナド論の形而上学的概念が、カントの批判哲学の中に活かされている一例として、「形式的合目的性」すなわち"Zweckmässigkeit ohne Zweck"なる概念が挙げられるであろう。そこに「予定調和」、「アナ・ロギア」の着想――項を限定する体系ないし構造としての「関係」概念（内容に対する形式の優位）――が活かされている。もちろん、カントの議論自体に難点がないわけではない。例えば、自然のテレオロギッシュな考察は、自然の外に目的（letzter Zweck der Natur）を探すことでないとしながら、[22] 目的因と作用因が共に属するübersinnlich な Substrat に言及している点である（*KU*. 362）。[23] この点、目的因と作用因をただ「調和」原理で媒介させようとするライプニッツのほうが、論理的には一貫しているともいえよう（*Mo*. §78, 87）。

結語

先に見た、Form や Zufälligkeit 概念の変化は、「自然」概念の拡張を伴い、『純粋理性批判』の前提そのものを破りかねない面をはらんでいる、自然のどんな小さな部分も無数の生命体で充満しているというモナドロジーの命題（*Mo*. §66）[24] は、『純粋理性批判』におけるアンティノミー（*KrV*. B462ff.）の論点[25] によって退けられた筈が、『判断力批判』で形を変え復活しているのである。すなわち、自然目的は即自然産物であり、全体と部分の目的論的関係においては原因と結果が、目的と手段が交替するという議論（*KU*. 289, 296）がそれである。カントはしかし、『判断力批判』でのこうした変更が『純粋理性批判』に抵触することを厭いはしなかった。「批判哲学」全体にとって大事なことは、狭義の体系的整合性よりも、「個体」の問題だったのではないだろうか。われわれは機械論的説明 Naturmechanismus にはけっして満足できず、目的因 Naturteleologie を要する、とカントは言明する（*KU*. 297, 317）。科学の現状に鑑み、大事な問いは、成長し、衰退し、美しく、醜い、人間、動物、植物等、具体的な存在者にはどう接したらよいかというまた最も今日的な問題でもある。デカルトにとっては動物は「動物機械」であった。[26] ポール・ロワイヤルでは哀れな動物達、いや「動物機械」の生体解剖が頻繁に行なわれていた。[27] しかしライプニッツは、昆虫を観察しても、再び葉に返したと伝えられる。[28] カントも人間による環境破壊（*KU*. 281）に言及している。[29] このような個体論や有機的自然観の Gesinnung に、英仏とは違うドイツ啓蒙の特徴を探せないであろうか。倫理学や神学への主題的な言及にしてもかかる脈絡から解されるべきで、ただドイツ社会の後進性にのみ帰すのは無理があるように思われる。

「自然」は「普遍妥当性」の問いで満足されるものではない。そういう Quid juris の演繹なるものも、例えば現代の環境破壊の現実にどれだけ有利に対処しうるのだろうか。その意味でも『判断力批判』への展開は不可避だったのである。ただ、もちろん『純粋理性批判』にはそれ固有の課題があった。すなわち、Sensualismus とヒュームとによって脅かされた causa efficiens の妥当性を改めて擁護し、自然を nexus effectivus により再統一するという課題である。それが成就されねばならないのは、第一に、合理的自然科学のためであり、第二に、実践理性のはたらきのパラディグマ（causa noumenon）のためである。

しかし、主題の論理的制約により構成された『純粋理性批判』は、同時に決定的な限界を自らに定めていた。それは、「自然の内的根拠」（der innere Grund der Natur）は認識されることができないという点である（*KU*. §70, *Prolego*. §19）。「自然の内的根拠」とはすなわち事物を「個体」として観る立場であり、これが『判断力批判』の根本課題となる。そしてライプニッツの「実体形相」等の概念系もまた、まさにこのことを目指していたのである。いま『判断力批判』は、自然の「内」（das Innere）を、「範疇」や「形式」を媒介せずに、反省的判断力を統制的原理として使用しながら洞察しようとする。その結果、人間の übersinnlich な Innerlichkeit は道徳的行為の意志に移され、ただ Ethiko-theologie においてのみ人間は現実性の最も深い Grund に接触することになる。[30]

では、そのように「普遍妥当性」ではない、「個体」の見地が具体的に展開されうるようなケースにどのようなものがあるだろうか。考えられるのは、医学、芸術、道徳、宗教などであろう。ゲーテが『判断力批判』に感激した経緯も示唆に富んでいる。しかし別の側面も挙げておくべきであろう。学生カントが、『活力の真の測定に関する考察』をものした背景には、十八世紀前半に力の測定の問題が特にドイツで熱心に論じられていたという事実がある。そしてカッシーラーも指摘するように、「人は同時にライプニッツの力の概念を堅持しようと努め」、デカルトおよびニュートンの自然学に対抗しようとしたのである。[31] その「力」概念もまた上の「個体」概念と連絡していることはいうまでもない。

（付記）

引用したテクスト、および略記法は以下の通りである：

Baumgarten, *Metaphysica*, VII. Ed Halle 1779. Nachdr. Hildesheim 1982.

Kant, *Kritik der reinen Vernunft*（Abk.: *KrV.*）. Phil. Biblio. Hamburg 1971; *Kritik der praktischen Vernunft*（Abk.: *KpV.*）. Phil. Biblio. 1967（引用頁は一七八七年原典の頁付けに従う）; *Kritik der Urteilskraft*（Abk：*KU.*）. Phil. Biblio. 1974.（引用頁は一七九九年原典第三版の頁付けに従う）

注

（1）Tonelli, G.: *Von den verschiedenen Bedeutungen des Wortes Zweckmässigkeit in der Kritik der Urteilskraft*, in: Kantstudien Bd. 49, 1957/58. S.155. トネリによれば、Zweite Einleitung と Vorrede が書かれたのは、したがって一番後ということになる。ちなみに、『判断力批判』では、"reflektierende Urteilskraft" という語は、すべて同書第二部「目的論的判断力の批判」において見出される。（『判断力批判』以降のカントの著作には再び見出されなくなる）。カントは本書を当初、*Kritik des Geschmacks* と題する予定だった。

（2）Anselm Model, *Metaphysik und reflektierende Urteilskraft bei Kant*, Frankfurt a. M, 1987, S. 164f.

（3）このほか、『純粋理性批判』弁証論付論「純粋理性のイデーの統制的使用について」のなかでも、メタフォーリックに対して寛容な見解が示されている（A668=B694）。

（4）Model, op. cit., S. 172-7.

（5）ちなみにライプニッツが関心をもった神秘主義者のひとりに、スペインのカルメル会修道女聖テレサ（一五一七—一六七年）がいる。ライプニッツも読んでいたと推される彼女の『自叙伝』（一五六二年）には、神あるいは霊魂を、すべてを映す「ダイアモンド」や「鏡」に譬えている一節がある（Santa Teresa de Jésus, *Libro de la Vida*, XL, 10）。酒井潔「アルノーとの往復書簡」訳註（『ライプニッツ著作集』第八巻、工作舎、一九九〇年、二七四頁）参照。

（6）『形而上学叙説』（一六八六年）第九節。なお、「モナド」なる術語が用いられるのは一六九五年以降である。

（7）Model, S.290ff. しかも『判断力批判』最終節で、「充足理由律」が言及されている。なおモーデル自身は、『モナドロジー』と『判断力批判』の並行は、両著の総合的な「医学書」としての根本性格によるもので、そうしたスタイルの書物が十八世紀に医学者や哲学者によって多く書かれていたと指摘している。しかし、「個体」の形而上学への言及は見えない。論者は同氏の研究に刺激を受けつつも、この点において見解を異にする。

（8）M. Heidegger, *Nietzsche*, 2Bde. 3. Aufl., Pfullingen 1961, II,434-57. 酒井訳「二四の命題」解説（前掲『ライプニッツ著作集』第八巻、五三—六二頁）を参照。なお、このような美学、生命論（医学）、倫理学、神学等を、あるいは経験と理性認識とを一冊に結合するという様式は、同時代にも類書があるという。例えば、医師 J. G. Zimmermann の著した *Von der Erfahrung in der Arzneykunst*, 3Bde. 1763-4. がそれであり、同書第一章は、カントの感官、悟性の説明に驚くほど似ているという。Model, op. cit.

S. 334ff.

（9） B. Russell, *A Critical Exposition of the Philosophy of Leibniz.* London 1900; New Ed. 1937, p. 191, 201-2. 周知のように、ラッセルは同書「序文」のなかで、モナドの説を、少数の前提からの厳重な演繹によって明らかにすると宣言する。その結果、最終章「倫理学」において、ライプニッツの倫理学が「不整合のかたまり」（a mass of inconsistencies）で、論理を犠牲にして、伝統的な無知と因習のなかにとどまることを選んだ、と述べるに至っている。

（10） G. E. Guhrauer, *Gottfried Wilhelm Freiherr von Leibniz. Eine Biographie.* 2Bde. Breslau 1846. Nachdr.: Hildesheim 1966. Bd. 1, S. 25f.

（11） H. R. Parkinson, *Leibniz' Paris Writing in Relation to Spinoza*, in: Stud. Leibn. Suppl.,XVIII, Wiesbaden 1978, p. 73-89.

（12） *Monadologie* (Abk:*Mo.*), §18; *KU.* §2: “das Wohlgefallen, welches das Geschmacksurteil bestimmt, ist ohne alles Interesse”.

（13） *Mo.*, §57.

（14） Heidegger, *Der Satz vom Grund*, 6 Aufl., Pfullingen 1986. 194f.

（15） *Mo.*, §64, 65. このなかで、有機的身体と人工的機械の相違は、前者がどんなに分割されても有機的な統一であり、全宇宙を表出しているのに対し、後者は単なる部分でしかない点にある、と論じられている。

（16） Christian Wolff, *Vernünfftige Gedancken von Gott, der Welt und der Seele des Menschen, auch allen Dingen überhaupt. (Deutsche Metaphysik)* , 1751. Nachdr.: Christian Wolff, Gesammelte Werke, I. Abt. Bd. 2, Hildesheim 1983.

（17） *KU. 373,406*

（18） A. Heinekamp, *Louis Dutens und seine Ausgabe der Opera omnia von Leibniz*, in: Stud. Leibn. Suppl. XXVI, Stuttgart 1986.

（19） Jean École, *De la connaissance qu'avait Kant de la métaphysique wolffienne, ou Kant avait-il lu les œuvres métaphysiques de Wolff?* in: Archiv für Geschichte der Philosophie, Bd. 73, 1991, Heft. 3.

（20） Model, op. cit., S. 168.

（21） ただしここでカントは、「その反対も可能である」という「偶然」の単なる論理的な定義そのものには反対し、暗にライプニッツを指している。*KrV.* B. 290f.

（22） Physikotheologie では、目的の連関はどこまでも自然のうちにあり、制約されたものであると、指摘されている。*KU.* §58.

（23）もうひとつカントの困難を挙げておくと、神存在の kosmologisch な証明と physikotheologisch な証明において、同じく「偶然性」から出発しながら、「論理的必然性」と「合目的性」という別々のものが推論されている点である。

（24）個体の発生について、ライプニッツは「前成説」（praeformatio）をとる。ライプニッツは顕微鏡学者A・v・レーウェンフック（一六三二—一七二三年）の「前成」や「胚の接合」などにかんする仕事と学説を重視していた。子は予め出来上がった形で幾重にも入れ子になっていて、親のなかに含まれているという前成説には、レーウェンフック、ハルトスケル等のように、精子のなかに個体が前成されていると説く精子論者と、スワムメルダム、マルピーギ、ボネのように、卵のなかに子が入れ子になっていると説く卵子論者とがあった。カントは、*KrV*. A668=B694で、ボネとライプニッツを並べて、「自然は飛躍せず」という主張の代表として扱っている。

（25）『純粋理性批判』における第二アンティノミーの「定立」命題「世界のどんな複合実体も、単純な諸部分から成る…」は、ライプニッツの「モナド」概念や、あるいは「前成説」の「入れ子」概念を指している、と見ることもできる。

（26）Descartes, *Discours de la méthode*, AT. VI, V. partie; *Cogitationes Privatae*, AT. X, 219.

（27）飯塚勝久『フランス・ジャンセニスムの精神史的研究』未来社、一九八四年、二〇一頁。

（28）*KpV*., Methodenlehre, 285. カント自身の言及である点が一層注目されよう。

（29）『判断力批判』は、単に複合的な主題構成においてライプニッツの『弁神論』に類似しているだけでなく、そのなかにしばしば繰り返し見える、部分と全体の議論は、明らかにライプニッツの『弁神論』のモティーフと同じである。*KU*. 395 usw.

（30）z. B. *Kritik der Urteilskraft*, Phil. Biblio., Hamburg, hrsg. v. Karl Vorländer, Einleitung des Herausgebers.

（31）E. Cassirer, *Kants Leben und Lehre*, Berlin 1918. Nachdr.: Darmstadt 1977, S. 24.

第Ⅲ部　ライプニッツと現代哲学

第六章　モナド的主観の〈無窓性〉

序

西洋近世において主観性（Subjektivität）と呼ばれるものが、その多様な変容にもかかわらず、基本的に〈自発性〉と〈世界関係性〉というメルクマールをもつことはたしかである。そのかぎりでそれは〈モナド的主観〉である、といえよう。(1)主観とは心の働き、自己活動そのものとして、世界を表象し、欲求する作用である。それは、中世哲学におけるような、対象から受容された可感的形象（species sensibilis）を媒介として形相づけられ、現実化される知性ではない。(2)「精神は常に思惟する」（Mens semper cogitat）。しかしデカルトの思惟実体（res cogitans）は、そのような心の活動という面を示唆しながらも、主観性そのものの性格づけとしてはなおも不十分であった。自発的にして世界関係的という主観性が明確に決定的な仕方で提示されているのは、むしろライプニッツにおいてである。(3)

『形而上学叙説』（一六八六年）から最晩年の『モナドロジー』（一七一四年）に至るまで、ライプニッツの体系的立場は実体論である。「実体」は単純実体であり、個性的実体でなければならない。一六九五年以降ライプニッツは単純実体を「モナド」（μονάς 一なるもの）と呼ぶようになる。「単純」即ち不可分ということは、自己を自ら規定するはたらきを意味する。つまり単純なモナドとは活動体である。モナドの一（eins）は、論理的な一というだけでなく、むしろ統一（unité, Einheit）であり、しかも合一する働き（einigen）によってそのつど「一」を実現しているのである。統一作用とは多を統一する働き、すなわち「知覚」（perception）であり、或る統一作用から別の統一作用への連続的推移を形成する一、すなわち「欲求」（appétition）でもある。

このような自己規定的、自己活動的実体としてのモナド概念のうちには、既に主観性に相当する実質が明確に認められる。実体が力（vis, force, Kraft）を属性とすることは若い頃からのライプニッツの確信であって、デカルトの延長実体への反発もここからのものであった。この力は一六九四年三月の『第一哲学の改善と実体概念とについて』（GP. IV, 468-70）までは、主に物体における張力、弾力等の力学的性格のもとに解されていたが、一六九五年六月の『実体の本性および交通について、ならびに精神と身体の結合についての新説』以降には形而上学的概念としての精神の「自発性」（spontaneité）を意味してくる。[4] それは可能と現実のいわば中間たる根源的活動性であり、しかも対象と一致しつつ、合法則的にはたらく。『理性に基づけられた自然と恩寵との諸原理』（一七一四年）ではその冒頭において「活動しうる存在者」という言い方がされている。さらに『モナドロジー』では、「被造的モナドにおいて主体ないし土台をなすもの、すなわち知覚的能力と欲求的能力（le sujet ou la Base, la Faculté perceptive et la Faculté appétitive）」（§48）と記されているように、精神の活動としての「主観」（sujet, subjectum, Subjekt）という術語の用例が既にみえるのをはじめ、「モナド」が「心」（âme）と書き改められている箇所も存する（*Mo.* §25 他）。また概念史研究も、ライプニッツにおける subjectum（das Daruntergeworfene）がもはや中世の「基体」（ὑποκείμενον）の意味ではなく、〈思惟する精神〉、〈意識の働きの主体〉といった意味に既に転じていると指摘している。[5] ライプニッツのモナドが、「実体」という当初の設定の枠内にありながら、力や自発性というその根本体制に基づき、認識し意志する主観の実質を既に含んでいることは間違いない(6)。

こうしてモナドは、世界を認識し意欲する〈モナド的主観〉である。自発的モナドは対象に関係し〈世界関係性〉、しかもそれはアプリオリな関係である。では単純で自己限定的なモナド主観が、同時にそのような知覚や欲求の遂行によって対象の多様に志向的に関係するということは、いかにして可能なのであろうか。いま先取りしていうなら、ライプニッツのモナド論の体系において、自発性と世界関係性というモナド主観の二つのメルクマールを媒介しうる概念こそ、「モナドは窓を全然もたない」、すなわちモナドの〈無窓性〉(Fensterlosigkeit)という概念なのである。

『モナドロジー』において〈無窓性〉が提示されるのはその最初の部分であるが、われわれはそのコンテクストに注意しておく必要があろう。一なるモナドが単純で部分をもたず、それゆえ諸事物の要素であること(§1–3)、それゆえ分解・生成・消滅のないこと(§4–6)を示した後で、ライプニッツは第七節において、そうしたモナドについては、その内部が外から他のものを実在的に受容したり、それによって変化させられたりする可能性を否定し、「モナドは、それを通じて何かがモナドに入ったり出たりしうるような窓をまったくもたない」("Les Monades n'ont point de fenêtres, par lesquelles quelque chose y puisse entrer ou sortir")(GP. VI, 607)と論定する。これによってモナドがあらゆる物理的影響を免れるばかりでなく、スコラの可感的形象の受容も否定される。「実体も偶有も外からモナドのうちに入ることはできない」。自己決定的モナドは〈無窓のモナド〉monades sans fenêtres であるが、それは、後にフッサールも正当に注意しているように、いかなる意味でも無窓というのではなく、「窓」が〈実在的な〉作用の授受のための窓を意味するかぎりにおいて言われるのである。

さて上に引いた箇所に続いてライプニッツはさらに、そういう自立的モナドが内容の多様、内的規定を予め内に含むこと（§8–9）、そして絶えざる（連続的）変化にさらされ、その変化を実施する原理（ノエシス）も変化の仔細内容（ノエマ）をも含むこと（§10–12）を示し、要するにどのモナドも「一における多〔の統一〕」（une multitude dans l'unité ou dans le simple）であると言明する（§13）。モナドは主観の諸活動の統一であるが、単に形式的で無内容な自己同一ではなく、各自の含む内容によって差異化されている。こうして内的変容の多として「知覚」（perception）が、そして知覚相互の推移を為す内的原理の活動として「欲求」（appétition）が提示され（§14）、モナドの主観性が宣言されるのである。モナドは単純で自発的でありながら、世界に志向的に関係する主観なのだ。

このように『モナドロジー』の構成からも、〈無窓性〉がモナド主観の自発性と世界関係性を同時に成り立たしめている鍵語であることが看取される。すなわち、〈無窓性〉を提示する第七節は、モナドの論理的、実在的な不可分性、独立性を提示する第一節から第六節までの文脈を受ける。そしてこれを、にもかかわらずモナドが内容の多様と変化の原理を内包し、アプリオリに世界関係的であり、そのための知覚と欲求を属性とすることを提示する第八節から第一四節に至る文脈に繋いでいる。つまり、〈無窓性〉の提示は、先行部のモナドの自発性という論点と、後続部のモナドの世界関係性という論点とを、媒介し結合するいわば蝶番とも言うべき位置に立っている。

モナド主観が実在的には独立でありながら、志向的には世界関係的であることを合意する〈無窓性〉の射程そのものは、（哲学的概念としての）「窓」[7]のその両義性に基づく。すなわち「窓」はライプニッツにおいて、一方では実在的（real）、空間的な窓を意味するとともに、他方では志向的（intentional）な窓を意味している。つまり自己活動的主観は実在的には無窓であり、外界からの変化・影響を受容しないが、そのことが志向的には有窓であり、世界への（志向的）関係をもつことを妨げないのである。そして現象学のライプニッツ受容も、概ねこの無窓性ないし窓の両義性に留意しつつ、志向的な窓については有窓性を強調するものだと言ってよいのではないか。もしモナドに対する窓の二つの意味の可能性を、あるいは無窓性による、自発性と世界関係性の媒介を注意して見なければ、われわれは再び〝独立モナドは窓を持たないから、ライプニッツは神による予定調和を要した〟という仕方の、通常の表面的な理解に陥るかもしれない。

以下の考察において、われわれは先ずライプニッツの〈無窓性〉の哲学的含意について立ち入って検討する（一）。次にラッセルの無窓性解釈を見る。ラッセルの汎論理学的解釈はしかし窓の実在的理解にのみ依拠し、モナド論が通俗的に評される場合の一つの典型を示している（二）。それに対し、志向的な窓に着目した現象学の特色ある解釈としてフッサール、ハイデッガー、そしてフィンクとロムバッハの場合を考察し（三～五）、最後にサミュエル・ベケットによる裏返しの〈無窓性〉のアイロニーを考察する（六）。フッサール以来現象学では、実在的な窓（無窓性）を前提に、むしろ志向的な窓（有窓性）を問うことによって世界への「超越」という面（超越論的次元）が主題となる。だが、モナドの自発性が（ライプニッツや現象学者達の思惑どおりに）世界関係性と両立する保障は必ずしもなく、逆に〝孤立性〟に直結してしまうかもしれないのである。近代の自立的主観が、その裏面にベケットの描くような、暗い孤立的主観を背負うことは、否定し難い事実のようにも思われる。それはともかく、以下の本章の課題は、近世の主観性と呼ばれるものが、その〈自発的にして世界関係的〉という特徴によって〈モナド的主観〉としての性格を有し、しかもそのような主観と世界をめぐる問題系の核には〈無窓性〉の概念が確在している点を明らかにすることである。

一　ライプニッツのモナド論における〈無窓性〉

それぞれのモナドは自己活動的であり、知覚されるべき内容をアプリオリに内包している（「生得観念」）。内容の多様を十分に含む個性的なモナド主観は自足性（αὐτάρκεια）である（*Mo.* §18）。「知覚」は第一次的には内から外への自己展開なのであって、けっして外から内への受容ではない。したがって「印象」あるいはスコラの「可感的形象」を受け容れるための「窓」をもたない。そういう実在的無窓性の論点は一六八六年の所謂『形而上学叙説』以来のものである。「われわれの精神の中へ外から自然的な仕方で（naturellement）入ってくるものは何もない。あたかもわれわれの精神が何らかの情報をもたらす形象（espèces messagères）を受容し（recevoir）、〔そのための〕戸や窓（fenêtres）をもっているかのようにわれわれが考えるのは、悪しき習慣である」（*DM.* §26, GP. IV, 451）。「モナド」なる語がライプニッツの著作に登場するのは一六九五年以降のことであるが、「窓」はそれよりも一〇年近くも前に現れているのである。

個性的な実体が、知覚されるべき内容を予め内包し、外から受容する必要がないとするとき、ライプニッツは自説がプラトンの「生得観念」（idées innées）説―想起説（ἀνάμνησις）に続くものであることを強く意識している。「何ものも、われわれが既にそれについての観念を内にもっているのでなければ、われわれに知られるはずがない」（GP. IV, 451, *DM.* §26）、「このことをプラトンは、彼が想起説（réminiscence）を打ち出す際に、卓越した仕方で考察した」（ibid.）。ライプニッツの生得観念説はロックへの対抗としても知られるが、ライプニッツのプラトン哲学への傾倒自体はもっと以前の彼のパリ滞在期（一六七二―七六年）にまで遡る(8)。

しかし『モナドロジー』になると「窓」は、生得観念の肯定という観点に留まらず、さらなる次元を示唆してくる（§7）。『叙説』が主に知覚内容の先在という文脈においてだったのに対し、『モナドロジー』では、既に見たように、単純モナドが外部から何かを内へ受容するその可能性を否定し、そのための「窓」をもたない（しかし内容を含み個性的である）という文脈のなかで、「モナドは、それを通して何かがモナドに入ったり出たりしうるような窓をもたない」と強調される。モナドが他の諸モナドすなわち世界に対して、「窓」を持たず、したがって外的事物の形相のようなものを受容する可能性が否定されるということは、取りも直さず、こうした経験的な知覚論がそのうえに成立しているところの〈空間的内外の区別〉がライプニッツによって根底から批判されていることを意味する。『叙説』を書いた四年後の一六九〇年に、ロックの『人間知性論』が世に出ると、ライプニッツはこれに対し批判的論陣を張り、急ぎ『人間知性新論』（一七〇四年）を執筆するのである。

ロックによれば、精神はもともと生得観念を含まず、外界からの光が遮断された「暗室」（dark room）のようなもので、この「未だ空の小部屋」（the yet empty cabinet）に外的事物の観念を最初に供給するのが感官（senses）である。この感官、または感覚的知覚（sensations）を、ロックはそれを通じて光がこの暗室に導入される「窓」（window）であると言う。つまり精神は、外的事物を受容するための窓を必要とするのである。ロックの「窓」概念の根本には、精神と世界が〈部屋の内と外〉という空間的な仕方で対立し、精神はいわばカプセルの中に存し、その外に広がる世界からは遮断されている、という見方が定在している。(9)

しかしモナド主観は知覚されるべき内容を先験的に内包しており、〈外から内へ〉対象の印銘を受け取る必要も、またそのための「窓」も必要としない。知覚はライプニッツにおいて「印銘」（im-pressio）ではなく、「表出」（ex-pressio）である。「一般に知覚は一における多の表出である、と言える」（An Bayle um 1702, GP. III, 69）。(10)

つまり知覚といってもロックにおけるように、外から内へ受動的に印銘を受容することを意味しない。[11] 逆に内から外へ押し出す。表出の〈内から外へ押し出す〉という特徴にかんして、それが「印銘」への鋭い対比のもとに考えぬかれていることに、われわれは十分注意する必要がある。単なる感覚的知覚でないモナドの知覚は、そのように自発的表出でありながら、対象に関係し、合法則的にはたらく。それは「精神の外に存する事物を、精神的器官への関係を通じて表出する能力」（GP. IV, 484）であり、représentatif な本性をもつ。しかしそのように内から外への自己展開が精神の外なる事物への対応に従って行なわれるということが言えるのは、もはや自己と世界が「部屋の内外」という空間的実在的な仕方とは違った意味で捉えられているからに他ならない。コギトならぬモナド主観の、その客観への対し方は、部屋の内とそれを取り巻く外界の区別ではない。むしろモナド的主観はそういう空間的区別を克服する限りにおいて、世界へ脱自的（ekstatisch）[12] に曝し出されているといえよう。[13]

ところで、モナド的主観にとって他者はどのようなものとして知られうるであろうか。モナドは宇宙全体を知覚するが、自分の身体を殊更判明に知覚する（*Mo.* §62）。ここでは他者が他者として経験される可能性は、知覚の明度が（自己を経験する場合よりも）低いという、その程度の差に基づけられている。そのかぎり他者経験と自己経験は連続的である。さらにライプニッツは「視点」または「パースペクティヴ」の差異という論点を加える。つまり他者が他者であって自我でないのは、他者の有する知覚表象が自我の有するそれと異なるからであるが、それはしかし全く異なるのではなく、同一の世界の異なった perspectives である（*Mo.* §57）。異なったパースペクティヴ相互の関係は「アナロギア的」である。つまり「似ている必要はなく、条件の対応があれば十分である」。しかもその「対応」には「多様なものが可能である」（GP. VII, 263）。ここでも他者は異他性や意外性としては見られていない。むしろライプニッツにおいては、一般に他者は自己認識のなかで見出され（一における多)、未来や過去の状態も現在の状態のなかに映し出される(*Mo.* §61)[14]。こうした意味で各モナドは「宇宙の生きた永続的な鏡」(un miroir vivant perpétuel de l'univers)なのである(*Mo.* §56)。

二 ラッセルのモナド論解釈――論理的無窓性としてのモナド

バートランド・ラッセルの *A Critical Exposition of the Philosophy of Leibniz*, London 1900(New. Ed. 1937)は、同時期に出たクーテュラやカッシーラー等の業績とともに、Panlogismus と呼ばれる型のライプニッツ解釈を提起し、その影響は一〇〇年以上を経た今日でもとくに英語圏に認められる。その「第一版への序言」のなかでラッセルは、「お伽話」のように思えたモナドロジーがもし哲学的な意味を持ちうるとすれば、それは、少数の前提と、そこから導かれる諸帰結との論理的整合性であると言い切る。

〈無窓性〉についてもラッセルは、それがモナドの相互独立性なる前提のその帰結たりうるかという観点から見て、ここでも「論理的な論証の道具立て」がそろっているか否かを問題にする。実体が存在するとすれば、各実体はそれに属する全述語の源であることが証明され得なければならない(ここで取り上げられているのは『叙説』や「アルノーとの書簡」で焦点となった、ライプニッツの「個体概念」説:「各人の個体概念は、その人にいつか起きるであろうすべてのことを一度にあわせ含んでいる」である。すべての述語(内的規定と外的規定)を内包するような個体概念(la notion individuelle)のその存在論的基礎は、いうまでもなく、自発的でありつつ世界を表出的に含む実体=モナドである[15]。だからラッセルがいま論理学的視点から個体概念を批判するとき、その矛先は同時にモナドの存在論に対しても向けられている)。だがライプニッツは、カントの言うような外的事物による触発は否定するにもかかわらず、外界（物質）の存在を有効な証明もなしに前提してしまった、とラッセルは批判する（ibid., p. 135)。「実体の複数性の想定は、関係の否認をとくに困難なものとし、予定調和のあらゆるパラドックスへ彼を巻き込んだ」(ibid., p. 15)。自分の述語でない世界が存在するということは、せいぜい道徳的・形而上学的にしか言えない。

右の解釈において、ラッセルが、経験論的な内外の空間的差異を前提し、ロックのような「窓」の実在的理解に追随していることは明らかである。「窓のない」モナドは、外の世界とは連絡の道が断たれている。だが論理的にはそれは（モナドの独立性）からくる帰結であり、したがって或る独我論的モデルが可能である、とラッセルは言う。だがこれでは、「無窓性」は単なる論理的独我論の一表現手段となろう。実在的無窓性は論理的無窓性として強化されこそすれ、志向的有窓性へ媒介されることはない。他者は「他者」としては問題化されず、むしろ単なる「外界」として、あるいは実体の複数性という論理的モデルとして問題化されているにすぎない(16)。

しかしもしラッセルのいうように、独立の、したがって無窓のモナドは外から神の定めた「調和」によってしか相互に関係し得ないとすれば、なぜモナドは世界の一切を「表出」し、そのことによって「宇宙の鏡」でありうるのかも、また、なぜ内から外へ表出するモナド主観が、単なる表象の戯れや観念的世界を生じるのでなく、「精神の外に存する事物を、精神的器官への関係を通じて表出する能力」を有するのかも理解不能となろう。ライプニッツのモナドには、それによって外界と隔てられるような壁や塀があるわけではない。いわばその（志向的な）皮膚の全部がはじめから「窓」なのだ。いやそれどころか、すべての面が「窓」で、そこから他者（外界）が見えているような部屋は、もはや窓をもつとはいえない。そこでは「窓」と「壁」の区別はそもそも意味をもたぬであろうから。

三　フッサールの〈無窓性〉解釈――「モナドは窓をもつ」

フッサールは、最初ボルツァーノやフレーゲに刺激されてライプニッツの論理学や数学の著作に取り組んだのに続いて、一八九七年から一九〇五年にかけて『人間知性新論』を集中的に読み、ロックの経験論的な心理主義に反対するライプニッツの論点を知るようになる。そして論理的諸原理を事実から証明し、理性真理を事実真理に基づかせようとするロックの立場を捨て、明確にライプニッツの側に立っていた。(17)

一九〇五年からフッサールは、単なる作用の極としての自我極に対して、充実化具体化せられた主観（超越論的自我）を呼ぶ語として「モナド」を使用し始める。「モナド」は自己と世界とについての固有な現実的、可能的経験が含まれている生き生きとした現在として解される。このように「モナド」を解することへ向けて、「現象学の先駆」としてのライプニッツへの積極的な評価が既に『論理学研究』でも告げられていたし、一九二〇年代には講義『第一哲学』（一九二四／二五年）で判明になる。(18) ラッセルが「モナド」に体系概念としての形式的論理的整合性（主語概念における述語概念の内在）を見ようとしたのに対し、現象学者フッサールではモナドは最初から「心」、「意識」、「自我」等として、要するに（知覚し欲求する）主観として解されている。そして意識の統一においていかにして世界または他者が（正確にはその経験が）構成されるかを、フッサールは（形而上学ではなく）意識のアポステリオリな記述分析を通じて明らかにしようとする。しかしその場合、他者の、ないしは外界の existentia は最初から疑われていない。モナドは最初から複数で言われ、自我論としてのモナドロジーには共可能的な Monaden-All が常に含蓄される。(19)『デカルト的省察』でも、経験される世界は、それ自体において存在するという趣旨が重ねて述べられている（Vgl. *Cart. Med.*, §43f.）。ラッセルの場合と違って、フッサールにとっては"Solipsismus"の可能性ほど回避すべきものはなかったであろう。

「窓」（Fenster）についてのフッサールの解釈には注目すべき発展が認められる。すなわち、「モナド」を登用するようになった当初は、意識流がそれ自体は身体との直接交渉から自由でありながら、physisch-objektiv な世界を構成するという文脈でライプニッツが言及され、無窓のモナドは相互作用ではなく、或る普遍的調和の関係にある、とのみ見られている。ここで「窓」は実在的空間的に解釈されていて、そういう窓ならモナドは持たず、モナドは自己活動的構成作用的主観であることが示唆される（1908, Hua. XIII, 5-8）。

しかし二〇年代の初めになると、フッサールは「ライプニッツはモナドは窓をもたずというが、私はどの心的モナドも無数の窓をもっていると考える。つまり、他人の身体の有意味な知覚はどれも一つのそうした窓である」（Hua. XIII, 473）と考えるようになる。その場合フッサールは窓に実在的と志向的の二つの意味を慎重に区別して、こう言明する。「どの自我もひとつの〝モナド〟である。だが諸モナドは窓をもつ。諸モナドはいかなる他の主観も実在的には進入できないかぎりでなら、窓あるいは戸をもたない」（Hua. XIV, 260: Vorbereitungen für das "SystematischeWerk", 1921/22）。つまり、超越論的主観性にとって「窓」は生き生きとした志向的生を意味するものにほかならず、「自己移入」を意味するのであり、もしその意味でもなおモナドは窓をもたずと言えば、それは閉じた主観を意味し、独我論に通じるというのだ。もう一度いうと、窓が実在的な窓であれば、モナド主観は無窓であり、窓が志向的な窓であればモナド主観は有窓でなければならない。この段階でのフッサールにとって実在的な無窓性はもはや自明の前提であって、力点はむしろ志向的な有窓性の方に置かれている。ただし、志向的窓といっても、フッサールでは依然経験的、あるいは実在的な内外の意味が残存し、そのうえで「窓」

は外界の対象獲得として解釈されている。またフッサールは一方で、いわば無造作に、心や自我を実体（Substanz）と見なしてもいる。[20] そうである以上、実在的な意味での窓はないという論点も、フッサールの場合、あながち不要とばかりはいえない。

さらに重要なのは、フッサールが、一九二二年の未公刊速記草稿（E I 7, S. 1）[21] のなかで、当初自分は諸モナド相互の包含（Implikation der Monaden ineinander）についてまだ見ていなかったと記していることである。さらに、そのことにかんして、諸モナドによる一つのモナドへの融合（Verschmelzung von Monaden zu einer Monade）の可能性が示唆されて、ライプニッツにおける鏡映（Spiegelung）と表現（Repräsentation）が指示されている事実である。ここからハイデッガーの「世界-内-存在」としての、ないしは「現存在の時間性」としてのモナド解釈までは、もはや僅かな道のりであろう。

ただそれにしても、フッサールの場合、他者を表象する作用はいつも意識の「内」的領域から発し、空間的な意味でないにせよ、「外」的世界へ向かう。なぜ「私」の表象は、（デカルトでもそう考えられていたように）外的表象と異なり、私に「直接に」与えられると断定できるのだろうか。その限りで「志向性」にはなおも〈内外の対立〉ということが付き纏う。[22]

四　ハイデッガーの〈無窓性〉解釈――「モナドには内も外もない」

フッサールにおける意識の志向性（Intentionalität）は、ハイデッガーの基礎的存在論では、それさえもがそこに基づく現存在の「配慮」（Sorge）に転換され徹底される。ノエシス―ノエマの関係は、さらに「配慮」もそこから導かれるところの現存在の脱自的な時間性に基づく。ハイデッガーにとって、モナドの内実は「現存在」として解されるが、主観性の機能そのものまで排除されるわけではない。主観に代わる「現存在」はむしろ主観性の性格をも吸収し、世界への超越を問うという意味で「世界-内-存在」（In-der-Welt-sein）として受け取られる。それに伴い、〈無窓性〉の内実もさらにラディカルに問い進められる。

彼のライプニッツ講義として有名な一九二八年夏学期講義に先立つ一連のマールブルク講義のなかで、ライプニッツへの言及のあるのは一九二五年夏学期、一九二五／二六年冬学期、一九二七年夏学期である。ここではとくに一九二五年夏学期講義[23]において二つの点に注意しておきたい。ひとつは、ライプニッツがデカルトの実体概念（res extensa 延長実体）に反対し、物体の根本規定としてエネルギーを挙げたことがハイデッガーによって強調されている点である[24]。もうひとつは、ライプニッツの「衝動」（Drang）概念をめぐるハイデッガーの解釈である[25]。すなわち一九二八年夏学期講義で、モナドの「有ること」の根本性格、つまり実体の実体性として前面に出される「衝動」が、既にこの一九二五年夏学期のなかで、「配慮」（Sorge）との緊密な連関に立つ現象として解釈されている点である。「配慮」の二つの構造契機――「それ自身に-先立って-有ること」と「……の内に-既に-有ること」――は、それぞれ「衝動」（Drang）と「傾向」（Hang）に対応させられる。さらに「衝動」は、「何ものかに-付け-加わること」（Hin-zu-etwas）としての、現実性へ向かうモナドの努力と一致させて見られている。「衝動」をこのように「配慮」と連関させる見解は、三年後の一九二八年夏学期のライプニッツ講義が、時間性としての現存在という基礎的存在論の前提にはじめから導かれていることを証拠づけている。

ハイデッガーは一九二八年夏学期講義[26]において次のように言明している。「われわれのモナドロジー解釈は、時間性としての現存在の解釈から、なかんずく超越の本質への洞察から予め導かれていた」（S. 271）。その場合モナドは、ひとつには、モナドの根本規定である表象と欲求に関して、それが「志向的構造」であるという視点から、もうひとつには、モナドのかかる志向的構造それ自体もまた、超越論的な構造として、すなわちそれの世界への関係において判明にされねばならない、という視点から究明される（ibid.）。

さらにハイデッガーは〈無窓性〉についても重大な発言をしている。「諸モナドは窓を全然必要としない、なぜなら諸モナドはまさに一切を既にそれの内部にもつから。われわれは反対にこう言うだろう。諸モナドは窓をもたぬが、それは諸モナドが一切を内にもっているからではなく、むしろ内も外もない（es gibt weder ein Innen noch ein Außen）からである、と。——なぜなら、超越が既に自己自身において、ひとつの世界に進入しうるところの可能な有るものへの可能な跳躍であるかぎり、時熟（衝動）は自己において世界の内に入ってゆく〈Welteingang〉という脱自的な出来事を意味するのだからである」（ibid.）。つまり、表-出（＝自己展開）するモナドの、その「脱自性」（Ekstase）の事態である。しかも脱自は空間的・場所的なだけでなく、時間についても言われうるであろう。「時間は本質的にひとつの世界のうちへ向かって自己を開くことであり、緩和させることだ」（ibid.）。まさに現存在のかかる時間性において、純粋主観の表象作用とその対象との相関や志向性だけでなく、Dasein の〈Sorge-Zeitlichkeit〉と周りの世界との関係が焦点となる。In-der-Welt-sein の多様な異なった世界連関という着想自体は、ライプニッツの〈アナロギアとしての予定調和〉という概念に、或る程度先取りされているようにも思われる。

五　フィンクとロムバッハの〈無窓性〉解釈――全体性、排他性としてのモナド

フッサール、ハイデッガー、そしてフィンクやロムバッハへ展開するフライブルクの現象学において、つねにライプニッツ・モナド・無窓性が、彼らの思惟の核心部分で言及されてきたことは特筆すべき事実である。それはいま大摑みにいえば、彼らがいずれも主観性の根源を問い抜くなかで、「自己と世界」のその「と」（und）ということに、それぞれの仕方で、取り組んでいるからにはかならない。

フィンクは無窓のモナドを、特に後期ハイデッガーの存在歴史的思惟に刺激を受けつつも、さらにハイデッガーを超えて、思惟し解釈しようとする。フィンクは一九四八年から一九七一年までフライブルク大学哲学・教育学講座正教授であったが、その間に三度、すなわち一九五一／五二年冬学期、一九五八年夏学期、一九六一／六二年冬学期に、ライプニッツ『モナドロジー』について演習を行なっている[27]。そのうち一九六一／六二年冬学期演習のためにフィンクが用意した準備ノート（Seminarvorbereitung）が残っている。それを見ると、フィンクは「無窓性」の登場する『モナドロジー』第七節について次のように注意していたことがわかる。すなわち、諸モナドの「無窓性」はさしあたり増大（αὔξησις）と減少（φθίσις）という運動形式の排除を意味する。諸モナドは、偶有的という意味で可変的であるような性質を全くもっていないし、また非空間的なものであるため、場所的運動からも自由である。しかしそれでいて諸モナドは、単なる可変性という受動的な意味で解されてはならない運動形式の変化をもつ[28]。

モナドの諸々の性状は、諸モナドの差異性という意味で解されねばならない。つまり、モナドは他のモナドか

ら偶有を受け取るのではなく、それ自身が「変化」し、特殊なのである。だがそれは場所的変化をもたないから全体的で遍在的である。かくてフィンクにとってモナドは「世界」（Welt）である。フィンクの「世界」概念の特徴は彼の講義『世界と有限性』（*Welt und Endlichkeit*, Würzburg 1990）に見ることができる。フィンクは「宇宙論的差異」(die kosmologische Differenz）に基づき、世界内の有るものから世界を区別する（ibid., S. 13, etc.）。世界は有るもの（Seiendes）でもなく、空間的な容器でもない。世界は有（Sein）によって思惟されねばならない（S. 203）。世界は有の現れることである（S. 205）。世界が全体性として解されていることはたしかであるが、その全体性は有るものでも、集合でも、地平でもない（S. 202）。むしろ空間を与え、時間を放つことこそが世界なるものの本質なのである（"Raumgeben und Zeitlassen ist das Wesen der Welt"）。

ロムバッハはフライブルク在学中にフィンクの指導を受けていたが、その後の思想形成においても、またモナド論との取り組みや、とくに無窓性への注目にかんしても、重要な点で両者は方向を共にする。すなわち、モナドを（主観でもなく、また現存在ですらもなく）「世界」として見ること、そしてその世界を（単に地平や指示連関でもなく）何らかの「全体性」（Ganzheit）（ただし「容器」でも「集合」でもないが）を基に性格づけるという点である。

ロムバッハではモナドないしモナド的主観は「構造」（Struktur）である。ロムバッハは、モナドが一切を自らの内に含んでおり、それゆえいかなる外部をも、いかなる他者をも持たないことを強調する。ロムバッハは諸モナドを諸構造と解し、しかもそれ自身の内に構造づけられた唯一の統一体を示唆する。「構造」（Struktur）といっても、それは本来個別的で唯一的な構造であり、そこでは異他性とか外的世界というような諸概念はもはや妥当しないような構造である。つまり、構造は全体なのであるから構造にとって「他」はない。(29)

そのようにモナドにとってもともと外部はないのだから、窓はないし、窓は余計である。「ライプニッツのモナドロジーにおける「モナドの無窓性」という発想がいかに不幸であったか[30]」。あたかもモナドの外部なるものがあるかのような観を与えてしまうからである。体系としての全（All）があるのでもない。それでも外部ということが言われるとすれば、それは何か。外部、すなわち空間性（Räumlichkeit）は内なるもの（das Innen）から解されねばならない。内部は外部との繋がりを立ち切ったときに成り立つのではなく、逆に内部こそ内と外の全体である[31]。だから「排他性」（Ausschließlichkeit）としてのモナド、したがって唯一的な構造モナド（Struktur-Monade）ほ自己への関係であって、そのことにおいて他者への関係でもある。ハイデッガーでは「配慮」としての現存在は世界へ超越し、自己の存在と同時に世界、すなわち他の存在者に超越していた（それゆえ内も外もない）のだが、「構造」としてのモナドは、ただ自己へ関係するのみであり、世界はただ「内部世界」であるのみ、といえよう。

ところでしかし、もしロムバッハの〈構造モナド〉がすべてを包括する全体、絶対内部だとすると、それでは彼はフッサールの線に逆戻りしたのであろうか。否である。すなわち、フッサールでは内と外の空間的実在的差異は、克服されて志向的差異となるべきであるにしても、それは克服されるべきものとして残存していた。ハイデッガーはこれを廃棄し、現存在を配慮と捉え直した。ロムバッハはこのハイデッガーの拓いた次元に立ったうえでさらに自己と他者という差異（これはロムバッハによれば物有論、差異性有論の区別だとされる）をも克服せんとする。構造としてのモナドにおいては、それが世界であるにせよ、自己であるにせよ、いかなる異他性（Fremdheit）も、またいかなる他者性（Andersheit）も見出されない。構造は一切を自己の内に包摂している、そして一切を自己の内へ組織化（ein-gliedern）し、一切を構造づけているのである[32]。

六　サミュエル・ベケットの〈無窓性〉解釈――「窓なき自己」のアイロニー

サミュエル・ベケット（一九〇五―八九年）は、『マーフィー』（*Murphy*, 1938）から『まだもぞもぞ』（*Stirrings Still*, 1988）に至るほとんどの作品を通じ、手を変え品を変えライプニッツの〈無窓のモナド〉を、「窓なき自己」（windowless self）のアイロニカルな表現として執拗に追い続ける。(34) 登場人物はいつも〈窓のない閉じられた空間〉にいる。(33) ベケットのモナドロジー解釈はたしかに独我論的だが、しかしモナドに外部はないとする点ではフィンクやロムバッハのそれにも似た要素をもつ。フライブルク現象学の系譜が、無窓性の内実を〈実在的無窓性〉から〈志向的有窓性〉の方向へ問い進めて行ったのに対し、ベケットは同じく実在的無窓性に立ちながらも、そこから反転して〝志向的無窓性〟を強調するのだ。そのことによってベケットは、人間の孤独や疎外の状況を描出せんとした。ベケットにとって独我論は、単に（論理的、認識論的に）克服されるべき対象ではなく、無窓性も単なるメタファーではない。彼は近代の現実性における心、自己、世界にとって、〈無窓性〉のもたらす事態を冷徹に観察する。ベケットにとって、「モナド」が切実な意味をもつのは、それが脱自的モナドどころか、逆に〈自閉症モナド〉としての近世主観性の自由なき閉塞状況を示唆するからである。モナドが出口なき自己をかえって暴いてしまうことにベケットは苛立つ。それにともない、ライプニッツが自発性と世界関係性を属性とするモナド主観に帰属させた一連の意味や性質も、ライプニッツがおそらく予期だにしていなかった仕方で、いまベケットによって次々といわばパロディー的に読み替えられてゆく。まず自発性にかんして、内容充実したモナドは「巨大な空洞の球体」(35) へ、モナドの自発性は「狂った鳩時計」(36) へ、間モナド的な関係にかんする予定調和は「予定恣意」(pre-established arbitrary)[37]へ、そして最善世界は最悪世界へ捻られる[38]。またベケットは『マーフィー』の仏語版(一九四七年)において、マーフィーの屋根裏部屋にかんして、それがライプニッツのハノーヴァーの居室であった、とわざわざ書き添える[39]。そのうえで『勝負の終わり』では、部屋の主ハムは自室を一歩も出ずに椅子の上で寝起きし、鎮痛剤を常用しながら召使に君臨する暴君として措かれている。これこそ、宮廷に奉職しながら、二〇〇〇人以上もの各界の要人、知識人、学者と文通し、ヨーロッパ各地にアカデミーを建設せんと奔走した普遍学者ライプニッツをひっくり返し、皮肉たっぷりに揶揄したものでなくて何であろうか[40]。

ベケット研究者の森尚也氏は、ベケットが「無窓性」(windowlessness)概念[41]を三つのレヴェルで使い分けていると指摘されている。すなわち、〔1〕作品中に置かれ、無窓性を強調する装置(例えば、「小さな曇りガラスの天窓」)、〔2〕コミュニケーションを欠いた空虚なモナド的自我の内部、〔3〕作者と語り手との間、語り手と登場人物との間にそれぞれ措定される無窓性(窓がないということは作者や語り手のモノローグ、夢想を暗示する)、というレヴェルである[42]。明らかに、ベケットの「無窓性」には、そのどのレヴェルをとってみても、フッサール、ハイデッガーの「志向性」や「脱自性」の入り込む余地はない。

ベケットにはそうした自閉症的モナドのモティーフだけでなく、さらに「窓」そのものの性格についても鋭い議論があり、今後現象学の分野でも検討に値しよう。『モロイ』では、脳に多くの窓がある様が描かれている[43]。しかしそれらは外へ向けた窓ではない。「ここには窓がない」。すべての風景は imago なのである。部屋とは脳の内部であって、その薄暗い部屋の上方には二つの曇ガラス(すなわち両眼)がはめ込まれている。おそらくはひとは自分の頭蓋の内部を覗いている。否むしろ他人が窓から自分の脳内を覗き込んでいるかもしれない。通常ひとは「窓」といえば、内から外へ向かって開けられた窓をひとは連想するだろう。それどころか、自己と世界の哲学的探究においても、もっぱら外界との関係という視点から「窓」というものが、その有無をめぐって、検討されており、それはライプニッツでもロックでも、あるいはフッサールでもハイデッガーでも共通していた。しかしいまベケットは、外を見る窓でなく、〈内へ向けて開けられた窓〉を示唆するのである。「窓」（例えば眼）を通して見る風景がどうして「外」の風景だと断言できるのか。それは脳の「内」部の風景であるかもしれない。さらには、眼とはひとが外を見るときの器官であるだけでなく同時に眼を通してひとは他人に自分の脳内を覗き見られるのである。こうした「内」へ向けたベケットの「窓」に対応するような議論をあえて現象学の圏内に探すならば、それはフィンクおよびロムバッハであろう。すなわち、モナドは「全体」であり、「構造」である、そして構造は唯一で排他的であり、構造にとって一切は内部であるとすれば、われわれは一切をわれわれの内部に、すなわち内へ向けて開けられた窓を通して見ているかもしれないからである。しかし自己の内側を抉る「窓」はベケットにおいては、現象学的哲学的な分析や反省に先だって顕在化されるべき、近代の主観性の置かれた絶対的なリアリティーなのであった。

結語――近世主観性における〈無窓性〉の捻れと現象学の課題

ベケットの「無窓性」解釈は、ライプニッツからフッサール以下フライブルク現象学に至る展開に、すなわち実在的‐無窓性から志向的‐有窓性への超越論的問いの進行に痛烈な冷や水を浴びせたともいえる。近世の主観性は、自発性と世界関係性を属性とする〈モナド的主観〉という性格をもつこと、そして自発性が〈無窓性〉に基づいて世界関係性に媒介されるというのが、ライプニッツ、フッサール、ハイデッガー、フィンク、ロムバッハという現象学的な思惟の発展線であった。

しかしながら実在的無窓性から志向的有窓性への連絡は、ライプニッツにおいても既に、元来アクロバティックともいえる議論（「表出」説）できわどく成り立っていた。現象学は実在的無窓性をいわば克服済みの前提としつつ、「問い」としては志向的有窓性に専念することによって、この結合自体のもつ本質的な脆さとでも呼ぶべきものを迂回し続けた。その事情はフィンクでもロムバッハでもかわりない。しかし「主観」がまさに西洋近世の、自由な、自己意識的なそれであり続ける限り、実在的に無窓であること（すなわちモナド的主観が外的物理的影響から独立であること）による自己決定性はその不可欠な契機であり、またそれゆえ副作用や後遺症なしにはすまないはずである。ベケットはそのことを警告している。〈実在的‐無窓性＝志向的‐有窓性〉に対して、ベケットがいささかグロテスクなまでに、あるいは自虐的なまでに摘出して見せるのは〈志向的‐無窓性＝実在的‐有窓性〉とでもいうべき事態であるのだが、この関係は、ベケットに即していうとアイロニーである。ライプニッツや上にみた現象学の系譜は、いわば近世主観性のもっぱら正の面を強調したのに対して、ベケットは負の面を集中的に摘出した、といってよい。

しかし同時にこの二つの組合せどうしは、或る意味でメルロ＝ポンティの言うキアスム（chiasme）にも通じるような関わり合いにあることがわかる。実在的‐無窓性かつ志向的‐有窓性に対して、志向的‐無窓性かつ実在的‐有窓性。モナドはノエマに対するノエシスとして世界関係を本性的にもつとともに、世界から疎外されて自閉症的であり、また、内的自由を有する精神の自発性であるとともに、外的世界の偶然に翻弄される（＝予定恣意）だけの、あるいは他人によって覗かれる頭蓋＝自動機械でもある。じつにこのような志向性、実在性それぞれの断面で有窓性と無窓性が交差する処でこそ、近世の主観性のリアリティーが見られるべきであろう。無窓とされるモナド主観が外部をもたず、一切を内部性としてもつがゆえに、窓の想定自体がいわば過剰であること、つまりモナド主観は、その「窓」にかんしていつでも〈裏返し〉に脱自性から排他性へ転じる逆行の可能性を指示するということは、現象学内部でもロムバッハが暗示していた。あるいは脱自的な〈モナド的主観〉はそうした排他的な〈逆モナド主観〉とあわせて見られるべきではないのか。モナド主観と逆モナド主観の相互的な転回あるいは共属性こそが正面に見据えられるべきではないだろうか。今後現象学の立場から近世主観性の行方を探るとすれば、自発性と世界関係性とを結合するはずのこのような〈無窓性〉ということが、志向的関係に対してはかえって自らを閉ざしかねないという、その捻れの面へ向けて視点を広げる以外にないと思われるのである。[44]

注

（1）Hans Poser, *Monadologie des 20. Jahrhunderts*. In: Stud. Leibn. Suppl., XXVI, Stuttgart 1986.

（2）Thomas Aquinas, *Summa theologiae*. I, q. 14, a. 2; Ders: *Commentarium in libros de anima Aristotelis*, IX, 720-22.

（3）所謂後期のハイデッガーは、モナドの表象的性格に基づいて、デカルトよりもライプニッツのほうに近世主観性の形而上学の典型を見て取っている。Heidegger, *Nietzsche*, Bd. II, Pfullingen 1961, 436-57; Kiyoshi Sakai, *Zum Wandel der Leibniz-Rezeption im Denken Heideggers*, in: Heidegger Studies, vol. 9, Berlin 1993.

（4）Spontaneität という概念はカント『純粋理性批判』においても、対象認識を可能ならしめる制約たる純粋悟性の性格として、重要な役割をはたすことになる。*KrV*. B74, 130, 132.

（5）Rudolf Eucken, *Geschichte der philosophischen Terminologie*, Leipzig 1879. Nachdr. Hildesheim 1964, S. 203, Anm.

（6）ライプニッツにおける「自発性」概念については、拙著『世界と自我――ライプニッツ形而上学論攷』創文社、一九八七年、第一部第一章。

（7）「窓」（window, fenêtre）をわれわれは単なる文学的比喩と見なしてよいとする解釈や、またライプニッツが哲学的議論にそういう日常的表現を使用したのは不適切だという批判があるであろう。しかしそれなら、「洞窟」、「鏡」、「パースペクティヴ」、「配慮」（Sorge）、「顔」（visage）等はどうなのか。「超越論的」（transzendental）というような所謂専門語にしても、hinübersteigen という意を基にしている。またライプニッツ自身、哲学的議論は、人間に天賦の理性にのみ依拠してなされるべきであり、スコラ哲学的概念に囚われていないアマチュアのほうが理解力に優れているとさえ示唆し、貴族や婦人達との論議をも重んじた。ライプニッツは秘教性（Esoterik）に反対し、単なる通俗哲学とも違う公教的（exoterisch）な哲学の可能性を信じていた。"Voilà en peu de mots, toute ma philosophie, bien populaire sans doute" (GP. III, 348). Helmuth Holzey, *Exoterik und Populärphilosophie bei Leibniz*, in V. Internationaler Leibniz-Kongreß Vorträge, II. Teil, Hannover 1989.

（8）ライプニッツのプラトン哲学との取り組みについては、酒井、前掲書、第二部第五章第三節。

（9）Locke, *An Essay concerning Human Understanding*, Bk. I, ch. II-15; Bk. II, ch. XI-17.

（10）"perceptio = expressio" という定式は、GP. II, 311; III, 574f. 等にも見える。

（11）Locke, ibid.: "For in bare naked perception, the mind is, for the most part, only passiv; and what it perceives, it can not avoid perceiving" (Bk. II,ch.IX).

（12）ここで脱自性が言われる場合、その意味はハイデッガーの場合を意識しつつもそれと同一視されるべきではない。ライプニッツにとって、有るものと有との存在論的差異は主題ではないし、世界は現存在の根本体制ではなく、およそ有るものとその系列の全部（一切のモナド）だからである。モナドの脱自性とは、その語源 ἔκστασις, ἐξίστημι〈自己の外に出ている（aus sich heraustreten）〉に忠実な意味において、〈ロックやデカルトに対抗して〉空間的場所的差異の克服を示す。酒井、前掲書、六九―七七頁。

（13）『モナドロジー』最終部（§84ff.）には、〈我と汝〉という人格論的な他者論の位相も告げられてはいるが、そうした〈応答〉の関係なるものも、それ自体は〈無窓性〉の存在論的な構造に基づく、と考えられる。

（14）なおダステュールは、他者経験は時間経験でもあるとして、自己移入と想起との連関を示唆している。F. Dastur, *Die Zeit und der Andere bei Husserl und Heidegger* (Sympoium zur "Frage nach den Anderen", Freiburg 28.-30. Juni 1990).

（15）GP. II, 56 (an Arnauld,Juli 1686).

（16）B. Russell, *My Philosophical Developpement*, London 1959, ch. II. こうした「論理的秩序」としての独我論を後にラッセルは捨て、知覚と物理的世界を別々の領域として認める知覚因果説を採用する。ただその場合でも、内外の区別が空間的実在的であることにかわりはない。

（17）H. L. van Breda, *Leibniz' Einfluß auf das Denken Husserls*, in: Stud. Leibn. Suppl., V, Stuttgart 1966.

（18）Renato Cristin, *Phänomenologie und Monadologie. Husserl und Leibniz*, in: Stud. Leibn., XXII / 2, Stuttgart 1990. S. 165.

（19）An Dietrich Mahnke, 6. IV. 1923, in: Husserl Briefwechsel, hrsg. v. K. Schumann, Dordrecht /Boston / London, III, 440.

（20）Heinrich Rombach, *Die Phänomenologie des gegenwärtigen Bewußtseins*, Freiburg / München 1980, S. 52ff.

（21）閲読を許可下さったフライブルク大学フッサール・アルヒーフに感謝申し上げる。

（22）山口一郎教授は『感覚の記憶——発生的神経現象学研究の試み』（知泉書館、二〇一一年）で、フッサールの「受動的綜合」を重視しつつ、ライプニッツの「極微知覚」にも言及され、示唆に富む。能動と受動、主客と内外はどう関係するのだろうか。

（23）Heidegger, GA. 20: *Prolegomena zur Geschichte des Zeibegriffs*, hrsg. v. P. Jaeger, 1979.

（24）ibid., S. 244ff.

（25）ibid., S. 87, Anm.

（26）Heidegger, GA. 26: *Metaphysische Anfangsgründe der Logik im Ausgang von Leibniz*, hrsg. v. Klaus Held, 1978.

（27）S. Fink, F. Graf (Hrsg.), Eugen Fink Vita und Bibliographie, Freiburg.

（28）フィンクの遺稿の閲読を許可されたばかりでなく、筆者の研究に多大の御援助を賜ったオイゲン・フィンク・アルヒーフの故F・グラーフ教授とS・フィンク夫人に深謝する。

（29）H. Rombach, *Strukturontologie. Eine Phänomenologie der Freiheit*, Freiburg / München 1980, S. 57.

（30）ibid. ,S. 62f.

（31）そのかぎりモナドはクザーヌスの「非他」（non aliud）と似ている。だが同時にモナドが多であり、多相互の関係としての「予定調和」が措定される限りでは、ライプニッツのモナド論は「鏡映」概念を有しながらも、クザーヌスと異なり、いまだ「体系」（System）の思惟に留まる、とロムバッハは見る。ibid.; Ders., *Substanz System Struktur*, Freiburg / München 1965 / 66, Bd. II, Kap. VII, 1.

（32）ロムバッハには普遍主義的と個体主義的という二つの方向が存し、それぞれ彼の構造有論と（中期後期の）形象哲学・ヘルメス学の課題を形成しているが、その両方向は、彼によって構造として解釈されたモナドの、その多であるとともに唯一であるという両義性にも関わっているといえる。

（33） "windowless self" は *Stirrings Still* の未発表草稿にある語（森尚也教授の御教示による）："So in his windowless self that no knowing whether day or night" (Reading University Library, MS2935 / 1).

（34） ベケットのテクストとしては、*The Collected Works of Samuel Beckett*, Grove Press New York を用いた。他に、高橋康也監修『ベケット大全』白水社、一九九九年、を参照した。

（35） *Murphy*, 107: "Murphy's mind pictured itself as a large hollow sphere, hermetically closed to the universe without".

（36） ibid., p. 2.

（37） *Watt*, p. 134.

（38） ベケットは、ライプニッツの最善世界説を非難するヴォルテール等がその論拠とするリスボンの大地震（一七五五年）に言及している。*Watt*, p. 43.

（39） *Murphy*, Paris, p. 119: "une mansarde dans la belle maison renaissance de la Schmiedestrasse où avait vécu,mais surtout où était mort, Gottfried Wilhelm Leibniz".

（40） *Endgame*, p. 19, 33, 35.

（41） windowlessness〈無窓性〉という語の使用例は、*Watt*, p. 152.

（42） 森尚也「ベケットのモナド的無窓世界、あるいは闘争する時計たち」（『ユリイカ』一九九六年二月号、一八〇—一八七頁）。ベケットの数多くの作品における、ライプニッツへの多種多様な言及について御教示を賜った神戸女子大学の森尚也教授に深甚の謝意を表する。

（43） *Molloy*, p. 68f.

（44） 近世主観性を、本稿では、〈自発性と世界関係性〉としてのモナド的主観の面から考察した。しかしもう一つそれの重要なメルクマールがある。それは「自己意識」ということである。ライプニッツのモナド論の体系では、それは「統覚」(apperception)、「意識」(conscience)、「注意力」(attentio) という事態に含められているが、必ずしも十分とはいえない。筆者は、自己意識は、欲求が或る知覚から別の知覚への推移的状態であるとされることと関係があると考えている。そうだとすれば、そのことは、主観が対象世界へ関係することとどうかかわるのであろうか。しかし、そうした点の主題的な究明には他日を期すほかはない。

第七章　ハイデッガーの思惟におけるライプニッツ受容の展開

序――問題の所在、探究の視座

いわゆる後期のハイデッガーが、一九五五／五六年冬学期のフライブルク大学での講義『根拠律』(Der Satz vom Grund)、および同表題の講演（一九五六年五月二五日於ウィーン、同一〇月二四日於ブレーメン）とにおいて、ライプニッツとの主題的な取り組みを行なっていることは、既に以前から知られていた。(1) そこではハイデッガーは、「何ものも理由なしにはない」という理由律(principium rationis)を「存在の歴史」という視点から解釈し、ライプニッツをむしろ批判的な脈絡において際立たせようとする。つまり、今日の技術時代の、計算し、確定する合理主義的な思惟は、存在者の存在を「意志」とみる近世の形而上学によって規定されているが、まさにライプニッツこそ、そのような西洋近世の思惟の全面的開始点にほかならないというのである。

しかしながら、一九七五年より刊行の始まった全集版によって、こうしたハイデッガーのライプニッツへの関係についても、新しいパースペクティヴが開かれる。いまわれわれにとってとくに重要であるのは、彼の二つのマールブルク講義、『現象学の根本問題』(2)（一九二七年夏学期）と『論理学の形而上学的な始元諸根拠――ライプニッツから出発して』(3)（一九二八年夏学期）である。『存在と時間（有と時）』（一九二七年四月公刊）に隣接する、いわゆるハイデッガーの前期に属するこの両講義に見出されるのは、しかし冒頭に挙げたのとは別のライプニッツ像である。すなわち彼は、ライプニッツの「モナド」概念のうちに、「超越」としての「現存在（現有）」（Dasein）への或る親近性を、留保付きではあるが、はっきり示唆している。「宇宙の生ける鏡」としての「モナド」は、脱自的な「世界‐内‐存在（世界の‐内に‐有ること）」としての現存在に通じる面をもつ、と解釈されるのである。

それでは、ハイデッガーにおけるこのような二つの異なったライプニッツ理解を、われわれはどう考えればよいのだろうか。モナドを「現存在の時間性」へ向けて見ようとする解釈と、モナドを近世的主観の「十分なる理由への意志」へ向けて見ようとする解釈とは、どのように関係し合うのであろうか。本章の試みは、単に、ハイデッガーには二つの矛盾するライプニッツ像が認められるとか、彼のライプニッツ理解は二つの対立する側面――親近か距離か――をもつと見なすものではない。そうではなく、ハイデッガーの二重的なライプニッツ評価を、われわれはむしろ彼のライプニッツ受容の一つの変遷（Wandel）、ないし展開として考察したい。その結果、その変遷とは、前期の超越論的‐地平的（transzendental-horizontal）な思惟（「基礎的存在論」（Fundamentalontologie）の立場）から、後期の「性起」（Ereignis）の思惟（「存在の歴史」（Seinsgeschichte）の立場）に至るハイデッガー自身の立場のその変遷および深化、すなわち「転回」（Kehre）に、密接に連動しているという事実が明らかにされるであろう。この「内在的変遷」という視座からして初めて、ハイデッガーにおけるライプニッツへの異なった言及の意味も、統一的に解明されよう。

いいかえれば、ライプニッツとハイデッガーをそれぞれ固定した体系と見なし、突き合わせ、一つの「収支」を決算しようとしたり、まして、ある先行的立場から親ライプニッツ的、あるいは親ハイデッガー的な結論を導き出そうとすることは、本章の目標ではない。むしろわれわれは「発展」とか「変遷」という事柄への眼差しから、次のように問うのである。すなわち、いかにして、ライプニッツは、その形而上学の中心概念（「モナド」や「理由（根拠）律」）に関して、ハイデッガーによって三〇年以上にわたり繰り返し読まれ、彼自身の思索の一部とされ、あるいは批判されてきたのだろうか、と。

ところで、「存在の歴史」というハイデッガーの後期思惟の基本的構図とその射程については、これも全集版の第六五巻として一九八九年に初めて公刊された『哲学への寄与（寄与論稿）』（*Beiträge zur Philosophie*）（一九三六―三八年執筆。以下『寄与』）[4]が、新しいそして決定的ともいえるテクストを提供している。いまライプニッツ受容について注意をひくのは、「ライプニッツ」という名への言及が、『存在と時間』では皆無であったのに対し、『寄与』では計一四回も見えるという点だけではない。より重要なことは、『寄与』において「ライプニッツ」はいずれも重要なコンテクストにおいて、例えば「第一の始元」と「別の始元」との間の（換言すれば、存在者の存在への問いと、自己覆蔵の開けとしての存在そのものの真理への問いとの間の）「投げ送り」（Zuspiel）というような箇所で、目配りに入れられているという、そのことであろう。冒頭に挙げた『根拠律』におけるような、技術の本質や現代の諸相にも係わる批判的なライプニッツ解釈は、先回りしていえば、『寄与』において定礎された存在歴史的な思惟のなかを動いているのである。

「ライプニッツ受容」という本章の表題中の語についても述べておきたい。ここでいう「受容」（Rezeption）とは、通常いわれるような、読み手がテクストから自分自身の思想の内部にまで影響を被るという、たんなる受け-容れの意味ではない。ハイデッガーは、自らの基礎的存在論、そして存在歴史的な立-場から発して、ライプニッツと対決したからである。ハイデッガーにとって課題だったのは、モナド論的な前提をさらに推し進め、ラディカルにすることであり、歴史的ライプニッツにおいては十分には仕上げられずに終わっている問いを、ライプニッツを超えて（über Leibniz hinaus）思惟することである。この意味でそれは「創造的で産出的なライプニッツ受容」と呼ばれるかもしれない。

以下においてわれわれは、まず、前期の基礎的存在論のハイデッガーにおけるライプニッツ解釈を一九二八年夏学期講義以前と、一九二八年夏学期講義という二つの段階にわけて考察する。続いて、後期の存在歴史の立場におけるライプニッツ解釈を考察するが、こちらの場合も、『哲学への寄与』、『ニーチェ』（一九三六／三七―四四／四五年）、『根拠律』という三つの主要な段階を区別し、各著作のなかに典型的代表的なしかたで表明されているハイデッガーの論点を跡づける。(5) その結果、『寄与』から『根拠律』に至る三つの段階を通して、同じく『寄与』で敷設された存在歴史の前提の内部で展開されながらも、各段階における「モナド」解釈の間には、或る内的発展が認められるであろう。すなわち、ハイデッガーは、『寄与』では「モナド」の存在についての消極的規定を、次に『ニーチェ』ではその積極的規定を示し、さらに『根拠律』では、「モナド」の意志的性格を摘出しながら、現代批判に達しているのである。

一　ハイデッガーの個人蔵書におけるライプニッツ文献

フッサールの場合、その哲学関係の蔵書はすべて、ルーヴァンのフッサール文書室に保管され、研究者たちに公開されているのに対し、ハイデッガーの個人蔵書はその大部分が今日もなお、マールバッハのシラー文書室およびフライブルク市内の彼の自宅に非公開で所蔵されている。したがって、ハイデッガーの所有していたライプニッツ関連書籍も原則的にそのほとんどがわれわれには見ることができない。それゆえ、フッサールのライプニッツ蔵書を精査しながらフッサールの思惟へのライプニッツの影響を考察したファン＝ブレダの論文[(6)]に相当するような研究が、ライプニッツへのハイデッガーの関わり合いについて可能かといえば、少なくとも当分の間は不可能であろう。しかしながら、私は、フライブルク大学のフリードリヒ・ヴィルヘルム・フォン＝ヘルマン教授の好意により、ハイデッガーが所有していたライプニッツ関連の全著作の書名を知ることができた。そしてそのうちの数点を実際に借り出し、頁毎に詳細を調査することができたのである。

ハイデッガーのライプニッツ蔵書の書名は以下のとおりである。

グループＡ：マールバッハのシラー文書室に保管されているライプニッツ・テクスト

1．Philosophische Schriften, 7Bde., hrsg. v. Gerhardt, Berlin 1875-90.

2．Briefwechsel zwischen Leibniz, Arnauld und dem Landgrafen Ernst von Hessen-Rheinfels, hrsg. v. Grotefend, 1846.

3．Correspondence Leibniz-Clarke, éd. par A.Robinet, Paris 1957.（生前ハイデッガーがジャン・ボーフレから贈られたもの）

4．Opuscules et fragments inédits, éd. par L. Couturat, Paris 1903.

グループＢ：ハイデッガーの自宅に非公開で所蔵されているライプニッツ・テクスト

5．Ausgewählte Philosophische Schriften, 2Bde. hrsg. v. H. Schmalenbach, Leipzig 1914, 1915.（ハイデッガーはこれを刊行と同時に購入した。その第二巻に収載の『モナドロジー』には、ハイデッガーが引いた多数の線がみられる）。

6．*Discours de métaphysique et lettres à Arnauld*, éd. par E. Thouverez, 2 éd. Paris/ Berlin.（ハイデッガーはこの版を頻繁に利用している）。

グループＣ：ハイデッガーからフォン＝ヘルマン教授に贈られたライプニッツ・テクスト。以下のテクストを私は同教授から借り出して、詳細な調査を行なうことできた。

7．Hauptschriften zur Grundlegung der Philosophie, 2Bde. übers. v. A. Buchenau, hrsg. v. E. Cassirer, Leipzig 1903.（フッサールと違って、ハイデッガーはこの版をそれほど頻繁には使っていない。しかし、いくつかの箇所においては、彼がこれを読んだ痕跡が明らかに存する。そして第二巻に収載されている *Specimen dynamicum*（動力学試論）については、ハイデッガーは線や欄外注を付しながら、これを集中的に研究している）。

8．*Neue Abhandlungen über den menschlichen Verstand*, übers. v. E. Cassirer, Leipzig 1916.（このテクスト冒頭の、カッシーラーによる"Einleitung"を、ハイデッガーは自ら線や注を付し、非常に注意深く読んでいる。他方、序文に続くライプニッツのテクスト自体には、ごく僅かな箇所に線が引かれているだけである）。

9．L. Couturat, *La logique de Leibniz*, Paris 1901.（この書は、ライプニッツ自身の著作ではないが、その重要性のゆえに、最も代表的かつ古典的なライプニッツ文献と呼ばれてよいだろう。クーテュラのこの著書をハイデッガーは生前たいへん賞賛していた。そして彼はこれをフッサールから、おそらく一九二〇―二七年の間に贈られたのだった。ハイデッガーがこの本をたいへん注意深く読んだことは明瞭である。とくに「普遍学」（science générale）についての同書第六章をたいへん根底的に熟読したことは、彼の引いた多数の下線からもうかがわれる)。

以上に挙げられた、ハイデッガーの所蔵したライプニッツ文献について、さらにいくつかのことが注意されてよいだろう。

(a) ゲルハルト版の、七巻からなる数学著作集(GM.)は、ハイデッガー個人の蔵書には見出されないが、しかし彼が当初はそれを所有していたこと、しかし後年彼の親戚筋に贈ったという可能性は排除されない。

(b) ハイデッガーは彼の使ったライプニッツ・テクストをすべて自分で所有していた訳ではない。彼が一九二八年夏学期のライプニッツ講義の中で指示している版のうちのいくつかのものは、おそらく借り出していたものと推される。例えば、J. E. Erdmann, Opera philosophica omnia, Berlin 1840 や、あるいは Foucher de Careil, Nouvelles lettres et opuscules inédits de Leibniz, Paris 1857 などがそれである。

(c) フッサールは、相互主観性の問題性への彼固有の現象学的な視線から、持続的にライプニッツに関心を抱いていたが、ライプニッツの哲学著作集としては、右のエルトマン編集の Opera philosophica omnia を所有していたのみであって、一八七五―九〇年に出た七巻本のゲルハルト版哲学著作集は所有していなかったのである。デ・フォルダーならびにデ・ボス宛の書簡集との、そしてまた元は無題の、しかしハイデッガーによって初めて「二四の命題」と命名された著作とのハイデッガーの集中的な対決は、ハイデッガーがフッサールとは異なり、ライプニッツのテクストに関してはるかに広い視野を持っていたこと、そしてこのことはゲルハルト版の活用によって初めて可能になるものであることを示している。

二　ハイデッガーのライプニッツに関する講義と演習

ハイデッガーのマールブルク時代（一九二三／二四年冬学期―一九二八年夏学期）の一連の講義のなかでは、とりわけ一九二八年夏学期講義が考慮されるべきである。この講義は「論理学の形而上学的な始元諸根拠――ライプニッツから出発して」*Metaphysische Anfangsgründe der Logik. Im Ausgang von Leibniz* という表題を有する（GA. 26, hrsg. v. Klaus Held, 1978）。

さらに、この同じ時期に属する以下の諸講義も看過することはできない。そこではハイデッガーはそれぞれ重要な文脈においてライプニッツとモナド概念に言及している。

一九二五年夏学期講義「時間概念へのプロレゴメナ」（GA. 20, hrsg. v. Petra Jäger, 1979）
一九二五／二六年冬学期講義「論理学――真理への問い」（GA. 21, hrsg. v. Walter Biemel, 1976）
一九二六／二七年冬学期講義「トマス・アクィナスからカントまでの哲学の歴史」（この第四編で、『弁神論』をも含むライプニッツ哲学全体の素描が試みられている（S. 167-189）（GA. 23, hrsg. v. Helmuth Vetter, 2006））
一九二七年夏学期講義「現象学の根本問題」（GA. 24, hrsg. v. Fr.-W. v. Herrmann, 1975）

ハイデッガーは、彼がフッサールの後任としてフライブルク大学に呼び返されたその最初の学期、一九二八／二九年冬学期に「哲学入門」（Einleitung in die Philosophie）というテーマで講義した（その第四章第一九節で「ライプニッツのモナドロジーと、共同存在の学的解釈」（Leibniz' Monadologie und die Interpretation des Miteinanderseins）と題して要約的解説がなされている）（GA. 27, hrsg. v. Otto Saame und Ina Saame-Speidel, 1996）。

その後も、注目すべき一連のライプニッツ演習が続く。

一九二九／三〇年冬学期演習（中級および上級向）「確実性と真理について――デカルトとライプニッツに連絡して」

一九三三／三四冬学期演習（初級および中級向）「ライプニッツ、モナドロジー」

一九三五／三六冬学期演習（中級向）「ライプニッツの世界概念とドイツ観念論」（この時期には、「ライプニッツ」の問題は既に『存在と時間』の超越論的前提からではなく、「転回」後の「存在歴史的」な立場から究明されている、と推される[7]）

一九四〇／四一年冬学期演習（上級向）「ライプニッツ、モナドロジー」

一九四四／四五年冬学期演習「ライプニッツ、二四のテーゼ」（この演習は最初の時間以後、突撃隊への召集のため中断された。まさに破滅直前のこの困難な時期にハイデッガーが再度ライプニッツに立ち戻り、この謎の短編を彼の演習のテーマに選んだことはきわめて印象と暗示に富んでいる）

また、戦後一九五〇年代、フライブルク大学において、再びハイデッガーはライプニッツを主題とした講義や演習を行なう。

一九五五／五六年冬学期講義「根拠律」Satz vom Grund（なお、同じ表題のもと、ハイデッガーはブレーメン

（一九五六年五月二五日）で、そしてウィーン（一九五六年一〇月二四日）で講演を行なっている）。一九五六年夏学期演習。ハイデッガーはフライブルクでもう一度「二四の命題」についての演習を行なった（当時の演習参加者の幾人かの証言によれば、ハイデッガーはこの演習において、ライプニッツのテクストをタイプさせ、印刷させたものを、参加者全員に配布し、毎回の授業で一言一句解釈したという）。

八年後の一九六四年、ルドルフ・ブルトマン八〇歳誕生日の記念論文集に、ハイデッガーは再びライプニッツに向かい、彼の一九二八年夏学期のライプニッツ講義の一部を「マールブルクの最終講義から」(8)と題して寄稿したのである。

われわれは以上から、ハイデッガーが、一九二〇年代中頃から一九五〇年代中頃に至るまで、いかに頻繁にそして集中的にライプニッツを、彼の授業の単独のテーマとして採用し、さらに他の諸講義でも、それぞれ本質的な箇所においてライプニッツに言及しているかをはっきりと見ることができる。このこと自体、他の、例えば、彼らの教授活動を通じて二度か三度しかライプニッツを講義・演習のテーマとして掲げなかったフッサールあるいはオイゲン・フィンクに比べて、ハイデッガーに特徴的である、と言えよう。

三　「基礎的存在論」におけるハイデッガーのライプニッツ受容

（1）一九二八年夏学期以前のマールブルク講義

学位取得（『心理主義における判断論』）の前年一九一二年に、二三歳のハイデッガーは「論理学の新しい諸研究」と題する論文を発表する。このなかで既に「ライプニッツ」が登場する。そしてハイデッガーは、フッサールに追随し、論理学（Logik）と記号論理学（Logistik）を区別したうえで、記号論理学をもってしては、数学的象徴と概念との応用において見られる内在的な制限のゆえに、論理学に本質的な問題に迫ることができないと結論している。(9) そこではライプニッツは、ただ記号論理学の一先駆者として見られているに過ぎない。この時期のハイデッガーには、「存在の問い」と、これに基づく「基礎的存在論」という『存在と時間』(10) の思想はまだ見出されない。それには、私講師としての一九一九年戦後応急学期のフライブルク講義まで待たなければならないのである。(11)

さて一九二八年夏学期以前のハイデッガーのマールブルク講義のなかでは、一九二五年夏学期、一九二五／二六年冬学期、一九二七年夏学期の、三つの講義が注目されよう。

まず、一九二五年夏学期講義『時間概念の歴史への序説』においては、二つの点に注意したい。一つは、ここでライプニッツはハイデッガーによってはっきり際立たせられ、デカルトの実体概念（res extensa 延長実体）に反対し、物体の根本規定としてエネルギーを挙げたことが強調されている点である。(12) もう一つは、ライプニッツの「衝動」（Drang）概念をめぐるハイデッガーの解釈である。(13) すなわち一九二八年夏学期講義で、モナドの

「有ること」の根本性格、つまり実体の実体性として前面に出される「衝動」が、既にこの一九二五年夏学期のなかで、「関心」(Sorge)との緊密な連関に立つ現象として解釈されている点である。「関心」の二つの構造契機――「それ自身に-先立って-有ること」と「……の内に-既に-有ること」――は、それぞれ「衝動」と「傾向」(Hang)に対応させられる。さらに「衝動」は、「何物かに-付け-加わること」(Hin-zu-etwas)としての、現実性へ向かうモナドの努力と一致させて見られている。「衝動」をこのように「関心」と連関させる見解は、三年後の一九二八年夏学期のライプニッツ講義が、時間性としての現存在という基礎的存在論の前提にはじめから導かれていることを証拠づけている。

続く一九二五/二六年冬学期『論理学――真理への問い』では、「哲学的論理学の現在の状況――心理主義と真理の問い」についての予備的考察として、「フッサールの心理主義批判」と称する一節で、ライプニッツが言及されている。ハイデッガーはここでもフッサールの見方に従い、『論理学研究』のなかの箇所(Bd. 1, S. 219)を指示している。[14] フッサールは既に一八九七年から一九〇五年にかけて、『人間知性新論』を集中的に読み、ロックの経験論的な心理主義に反対するライプニッツの論点を知るようになる。そして論理的諸原理を事実から証明し、理性真理を事実真理に基づかせようとするロックの立場を捨て、明確にライプニッツの側についていたのである。[15] ハイデッガーのライプニッツ論理学への注目は、このような心理主義批判に向けたフッサールのライプニッツとの取り組みから刺激を得ていると推定される(ただしライプニッツの論理学も、ハイデッガーからみれば、その根本はモナド論的形而上学と一体なのだが)。しかも当時のハイデッガーは、一九一六年にフッサールがフライブルク大学に着任して以来、フッサールの思想を彼のライプニッツ理解も含め、直接に知ることのできる状況にあったであろう。

さて、一九二七年夏学期の有名な講義『現象学の根本問題』は、周知のように、同年四月に『哲学及び現象学研究年報』第八巻として出た『存在と時間』には結局収められなかった第一部第三編「時間と存在」の、その書き直し原稿にほかならない。この講義の時点では、「超越する世界-内-存在としての現存在」というハイデッガーの基礎的存在論の構想は十分に出来上がっていたわけだ。ちなみに、一九九〇年公刊されたばかりのヤスパース宛書簡によれば、「現存在の根本体制としての世界-内-存在一般」とか「現存在の存在としての関心」等の章を含む、『存在と時間』第一部第一編「現存在の準備的基礎分析」は、早くも一九二六年七月には清刷りになっていた。(16)

こうしてみるとなおさら目を引くのは、ハイデッガーがこの一九二七年夏学期講義のなかの一節でライプニッツのモナド概念のなかに、「世界-内-存在」としての「現存在」への、或るsachlichな親近性というものを、慎重に留保を付けながら、しかし紛れもなく見抜いていることである。「実存」と、そういう主観に属するものとしての「世界」とに論及する文脈のなかで、「既にライプニッツは、存在者についての彼のモナド論的解釈の際に、ある意味において、世界のこうした固有の現象を、これをそのようなものとしては確定することなしに、眼差しのうちに収めていた(17)」と言明されている。ハイデッガーはここで、「宇宙の生ける鏡」たるモナドが、各自固有のパースペクティヴに従って、それ自身のうちに有るものの一切（＝世界）を映し出しており、いわば「集中された世界」（mundus concentratus）であるという、ライプニッツの議論を指しているのである。さらに、世界全体を先立って含むそのようなモナドの「無窓性」、より適切にいえば、「モナドが窓を要さぬ」点に注目する。そして、そのように脱自的なモナドという構想全体に対し、ハイデッガーは肯定的な評価を下すのである。そこには或る感激すら読み取れるほどである。「彼〔＝ライプニッツ〕のモナドロジーのもつ難点が、とくに彼が自分の真の直観を伝統的存在論のなかにはめ込んだがゆえに、どれだけ大きなものであろうと、しかしモナドの表現（Repräsentation）というこの観念のうちには、それまでの哲学ではほとんど働くことのなかった或る積極的なものが見られなければならない」[18]。

ところが、他方われわれは、同じ年に出た『存在と時間』を見ると、カント、デカルト、アリストテレス等とは全く対照的に、「ライプニッツ」の名はただの一度もあがっていないという事実に直面する。このことはどのように解せばよいのか。『存在と時間』の著者は、ライプニッツに興味を抱かなかったのだろうか。あるいは言及するのを忘れたのだろうか。どちらも否である。むしろここには、同書全体の元来の前提と構図から、ハイデッガーが方法的–教授法的な配慮を払い、ライプニッツの問題は敢えて外しているという事情が介在するように思われる。つまり、『存在と時間』執筆当時も、ハイデッガーにとってライプニッツは刺激的なテーマの一つであり続けたに違いない。けれども同書の論究の切っ先は、ライプニッツにではなく、次の二つの理由から、まさにデカルトに向けられていたのである。一つは、フッサールの純粋意識の現象学に対する批判の必然性からである。つまり、そうした現象学の近世的端緒として、まさにデカルトの res cogitans が際立たされねばならず、またそのことを通じて「現存在」という発想も一層判明に示される、とハイデッガーは考えていたからである。もう一つは、計画されはしたが、一九二七年にはこれも印刷されなかった同書第二部「現象学的破壊」である。すなわち、そこで破壊さるべき伝統的存在論として当初プログラムにあったものは、「カント、デカルト、アリストテレス」であり、「カント、ライプニッツ、アリストテレス」ではなかったのである[19]。くわえて、そもそも「無窓の脱自的モナド」なる概念は、ハイデッガーの見方では、デカルトの cogito ともフッサールの純粋意識とも違い、essentia–existentia という区別に依拠した「存在忘却」の伝統には、おそらくそれほど範例的な仕方では属していない。いずれにせよ、『存在と時間』のハイデッガーが「ライプニッツ」に触れなかったのは、そこではむしろ「現存在」の叙述に集中しようとしたためであり、さしあたり「カント、デカルト、アリストテレス」の「破壊（解体）」を企てていたためである、と推定される。

（2）一九二八年夏学期のライプニッツ講義

翌一九二八年夏学期、ハイデッガーは、マールブルクでの最終講義となった『論理学の形而上学的な始元諸根拠――ライプニッツから出発して』を行なう。その前半部は「ライプニッツの判断論を形而上学の根本諸問題へ向けて破壊すること」と題して、ほぼ一〇〇頁にも渡ってライプニッツとの主題的な取り組みに捧げられているのである。[20] 標題の「破壊」（Destruktion）という用語は、ライプニッツ形而上学が、先に触れたモナドの無窓的-脱自的性格にもかかわらず、破壊さるべき伝統的存在論に究極的には属する、とハイデッガーに見られていることをうかがわせる。この一九二八年夏のライプニッツ講義は、『存在と時間』第二部でカント、デカルト、アリストテレスについて遂行される筈であった「破壊」の、その継続-拡張の試みにも属していると、（留保を付けた上で）考えてもよいのではないだろうか。[21]

さて、その前半部（das erste Hauptstück）の課題は、"S est P" なるライプニッツの判断論を破壊し、もって彼の同一（Identität）理論と実体（モナド）論との統一を取り出し、そのことを通して、論理学の形而上学的根拠を獲得することにある。ハイデッガーは、まず判断の一般的構造をライプニッツに従って包摂理論として特徴づけ、続いて、真理の観念（理性真理、事実真理）、認識の諸原則（矛盾律、充足理由律）、認識の理念（その場合、とくに「適合的認識」（cognitio adaequata）が認識の理想として着目される）を叙述してゆく。それから存在論に移行し、存在者（モナド）の存在のその本質規定に論及する。最後に、ライプニッツにおける、判断理論と存在理解の間の、すなわち論理学と存在論の間の連関を主題的に考察している。

後半部「論理学の根本問題としての根拠律の形而上学」では、ハイデッガーは、前半部のライプニッツ解釈を承けたうえで、「真理」と「これにより達せられるべき形而上学」の問題に向かう（「形而上学」なる術語は、この基礎的存在論の段階では、「現存在の形而上学[22]」（Metaphysik des Daseins）などの言い方の示すように、まだ積極的な意味で解されている）。この後半部ではライプニッツの名はほとんど見えないが、その終り近くになって、ハイデッガーは再びライプニッツに重大な言及を行なう。「われわれのモナドロジー解釈は、時間性としての現存在の解釈から、なかんずく超越の本質への洞察から、あらかじめ導かれていた[23]」。ハイデッガーによれば、その場合モナドは二つの視点で究明される。一つは、モナドの根本規定である表象（知覚）と欲求に関して、それが「志向的構造」であることであり、もう一つは、モナドのかかる志向的構造それ自体もまた、超越論的な構造として、すなわちそれの世界への関係において判明にされねばならないということである[24]。

しかしながら、前年一九二七年夏学期講義では顕著だった「親ライプニッツ的」な感動的な調子は後退し、かわってこの一九二八年夏学期講義では、ライプニッツにやや距離をおくような慎重な論調が感じ取れるのである。「ライプニッツのモナド解釈と、私の時間性としての現存在解釈との間にある本質的な相違はつぎのことにある。すなわち、ライプニッツにおいては、彼の構想の本来形而上学的な意味のもつ効果は、ライプニッツがモナド、自我を把握するための原理のその根底にデカルトのいう「エゴ・コギト」を置くことによって、そしてまたライプニッツがモナドをそれの領域の内に閉じ込められた実体と受け取り、しかもこうした内在とその内容とに全世界を擦り込んでいることによって妨げられている、ということにある[25]」。さらに、モナドの無窓性についてもハイデッガーは、このことを、外から何物も受け取る必要のない内的意識の自己充足（Selbstgenügenheit）とのみ捉えたライプニッツを批判し、「ライプニッツを超えて」さらに思惟するよう提案する。そして、モナドの無窓性は、モナドが窓をもたないのは、むしろ「モナドにとっては内も外もないからである」、という意味に解されねばならないと説く。“monade sans fenêtre” のこうした一層ラディカルな読み方において、ハイデッガーは、可能的存在を超え出ることとしての「超越」（Transzendenz）と、そしてこれに結びついて、世界の内へ入って行くという脱自的出来事としての、現存在（衝動）のその「時熟」（Zeitigung）とに繋がる、その連結点をモナド概念の内に見て取っているのである。

ところで、“S est P” という判断論から出発するライプニッツの論理学全体は、モナド論に対してどのように位置づけられるのだろうか。特記すべきことに、この点をめぐるハイデッガーの言明は必ずしも一義的ではない。すなわち、一方で彼は、論理学がライプニッツの一層根底的な立場であるとはいかなる意味でも見ていない。繰り返し表明されているように、彼がライプニッツ論理学を取り上げるのは、唯々「それをつうじてライプニッツの論理学のための、その本来的に形而上学的な基礎を獲得するためである」[26]。つまり、モナド論的形而上学のための論理学であって、その逆ではない。いいかえれば、克服さるべきは形而上学そのものではなく、「形而上学を論理学から基礎づけること」だというのである。しかしまた他方、ハイデッガーは同講義のいくつかの箇所で、ライプニッツの判断論は、同時にまた記号論理学的な性格へ向けて解釈されることができると、暗示している。なぜなら、ハイデッガーによれば、ライプニッツ自身は論理学の形而上学的基礎づけの問題をどこにも明確に開陳してはおらず、論理学そのものをそれ自身から、そして形而上学をいわば論理学から展開する傾向が繰り返し顔をのぞかせているからである。論理学の地位をめぐるこのように一見相反するハイデッガーの言説は、しかし矛盾というより、むしろ彼の視角のその広さの現れと取ることができるのではないか。

だがそれにしても、ハイデッガーはなぜこのように他方で、ライプニッツ論理学において、形而上学から元来独立であるような記号論理学の諸要素にも注目し続けるのだろうか。これに関して思い出されるのは、フッサールより贈られたクーテュラの名著『ライプニッツの論理学』をハイデッガーが大変熱心に読み、賞賛もしていたという事実である。[27] ハイデッガーが同書を読んだのは、彼がこの一九二八年夏学期のライプニッツ講義を準備していた時期で、おそらく一九二七年夏か、おそくとも一九二八年初頭のことと推定される。一九二八年夏学期講義そのもののなかでも、同書は二度も指示されている。クーテュラの主張は、周知のように、「ライプニッツの形而上学は唯一彼の論理学の諸原理に基づいており、一切はここから導き出される」[28]というものである。

同じ脈絡で、また、この一九二八年夏学期講義のなかでハイデッガーは、クーテュラの編集になる論理学断片集『ライプニッツの未公刊小品および断片集』(Opuscules et fragments inédits de Leibniz, Paris 1903) を計一一回も引いているという事実にも注意したい。ハイデッガーはこのクーテュラの版に依拠して、各著作の頁付けを示したり、該当する箇所を全文引用したりしている。漸く一九〇三年に出版されたこのクーテュラ版は、フッサールのライプニッツ受容にあっては、実質的にはほぼ何の役割もはたすことなく終った。[29] これに対しハイデッガーでは、まさにクーテュラ版の活用により、判断モデル "S est P" を出発点にとりつつ、ライプニッツの論理学をそれの本質的な諸要素において分析し、論理学をモナドの存在論との共属性にもたらす、という探究方法が真に可能となったのである。

四　「存在の歴史」の立場におけるハイデッガーのライプニッツ受容

（1）『哲学への寄与』（一九三六―三八年）――モナドの存在の消極的規定の告示

ハイデッガー自筆の或るメモには、「一九三二年初頭以来、『寄与』のプランは確定した[30]」と記されている（『寄与』において提示された「性起」の思惟の、しかしさらに萌芽は既に一九三〇年の講演『真理の本質について』に認められる[31]）。もともと公刊を意図せず、自分自身のためにだけ書き下ろされた、ハイデッガーの第二の主著ともいうべきこの『寄与』のなかで、彼自身「転回」とよんだ変遷が遂行されるのである。現存在の存在の「開示性」(Erschlossenheit) は、非-現存在的な存在者の存在のその地平的開示性の内へ明け開かれていた。しかしこの事態はいまや、「性起せしめる投げ渡し」(ereignender Zuwurf) と「性起せしめられた企投」(ereigneter Entwurf) とのあいだの「振幅」(Gegenschwung)（ないし「反転」(Kehre)）という、一層根源的な事態へ移し変えられる。現存在は、『存在と時間』においてそうだったように、明け開かれた存在の地平から考えられるのではなく、むしろ存在の「開け」(Lichtung)、「開現」(Offenbarung)、または「真理」(Wahrheit) から考えられるようになる。「現存在」とは、超越論的-地平的な視点における「現」(Da) の「存在」(Sein)（「実存」(Existenz)）のことではもはやない。「現-存在」は、いまや存在の「性起する開け」としての「現」を意味し、その場合の「存在」も、「性起せしめる投げ渡し」のその振幅である「性起せしめられ、覆蔵する企投」として思惟される。

まさに、このようなハイデッガー自身の思惟の、存在歴史的な立場への展開に対応して、いま彼のライプニッツ受容においても、決定的な変遷が起こるのである。マールブルク時代の基礎的存在論において有力であった、脱自的に時熟する衝動（Drang）、ないし力（vis）としてモナドを解釈するという行き方は、『寄与』では姿を消す。一九二八年夏学期講義で示された試みの数々（「衝動」を現存在の時間性から理解する／判断論を解説しながら論理学をそれの形而上学的な始元根拠へ向けて破壊する／モナドをその「統一する」働きへ向けて解釈する／あるいは、超越‐モナドの「反映」作用を脱自的な世界‐内‐存在によって読み解く等々）はいまや放棄される。しかし、にもかかわらず、そこから、ハイデッガーの思惟にとってライプニッツの意義が失われたなどと即断してはならない。事態はむしろ逆であって、新しく定礎された「存在の歴史」の視点において、とくに近世の形而上学の本質を睨み、ライプニッツ形而上学はかつてない重みを獲得するのである。

『寄与』におけるライプニッツ受容の特徴として、二つの本質的な傾向が指摘されねばならない。第一に、ハイデッガーは、一九二七年夏学期と二八年夏学期では、ライプニッツの「モナド」概念のなかに、自分の「現存在」概念への近さを認めていたが、『寄与』においては、モナドを「現存在」、しかも存在歴史的に一層根源的に捉えられるべき「現‐存在」から明確に区別する。同書第二「接合条理」（Fuge）である「投げ送り」（Zuspiel）の第八八節において、ハイデッガーは新たな存在歴史的な視点におけるライプニッツ解釈の基本線について、こう告げている。「ライプニッツの問題発想の底知れぬ多彩な形態を明らかにすること、ただし「モナス」に代えて、現‐存在を思惟すること[32]」。第二に、いまの引用箇所に続けて、ハイデッガーの存在歴史的な思惟のさらなる課題として、「カント、シェリング、ヘーゲル、ニーチェ」との取り組みが挙げられている点である。つまり『寄与』以降の「性起」の思惟において、ライプニッツは、存在の歴史としての「ライプニッツ—カント—ドイツ観念論—ニーチェ」という系譜のなかで省察されることになる。そしてこの系譜自体も、形而上学の「第一の始元」に所属せしめられるのである。基礎的存在論の段階では、ライプニッツは概ねデカルトの後継者として見られ、単に二次的な地位に配されていた。しかし「存在の歴史」の段階になると、ライプニッツは、近世形而上学の「全面的開始」として前面に出され、「デカルト」以上の意義を有するようになる。したがって、ライプニッツはむしろ後続のカントやドイツ観念論に関連づけられるようになる。「存在者の存在を統一と見るような（存在＝統一。すなわち置換可能）、アリストテレス以来受け継がれた規定のうちには、二つの契機があった。すなわち「我」‐思惟すということの統一、および超越論的統覚の統一（自同性）（Selbigkeit）とがあった。まさにライプニッツのモナドにおいて、この両者の要素が結び合わされ、それからさらにカントによって主題化され、ドイツ観念論へと展開されるのである(33)」。もっと示唆深いのは『寄与』第一〇三節中の以下の文である。「カントの超越論的な歩みの上に立って、超越論的統覚の「エゴ・コギト」（das Ego cogito）を、デカルトを超えて絶対的に思惟するというドイツ観念論の試みは、既にライプニッツのなかに予示されている(34)」。

では、そのような基礎の上に立つ、存在歴史的なライプニッツ解釈によれば、モナドはどのように規定されるのだろうか。一九二八年夏学期のライプニッツ講義においてハイデッガーは、「モナド」の存在を「衝動」として、すなわち脱自的な「世界‐内‐存在」の時熟する時間性と解し、その積極的な規定を与えていた。対して『寄与』では、モナドがいかなるものとして規定されねばならぬかが、言われているわけではない。そこにはただ消極的な規定が見出されるのである。すなわち、「モナス」は（「性起」の振幅における「存在の固有財」という意味での）「現‐存在」ではない、という仕方の規定に留まっている。存在歴史の立場からのモナドの積極的な規定は、一九三六／三七年冬学期に始まる一連のニーチェ講義のなかで、初めて与えられるであろう。そこにおいてハイデッガーは、自己表象的モナドの「欲求」的性格とニーチェの意志的存在観との内的連関をつよく示唆しながら、モナドの存在を「意志」（Wille）として、より正確には「力への意志」として摘出することになる。

ともあれ、一九三六年から三八年にかけて執筆された『寄与』の思索にとって、「ライプニッツ」の重要性は増大しこそすれ、減少するものではない。その証左は、この同じ時期にハイデッガーがフライブルク大学での演習において、重ねて「ライプニッツ」をそのテーマとして選んでいるという事実にも、明らかに看取されよう。(35)

一九二九／三〇年冬学期「確実性と真理について――デカルトとライプニッツに関連して」（中級および上級向）

一九三三／三四年冬学期「ライプニッツ、モナドロジー」（初級および中級向）

一九三五／三六年冬学期「ライプニッツの世界概念とドイツ観念論」（中級向）

一九四〇／四一年冬学期「ライプニッツ、モナドロジー」（上級向）

（2）『ニーチェ』（一九三六―四五年）――モナドの存在の積極的規定の獲得

ハイデッガーが一九三六／三七年冬学期から四四／四五年冬学期にかけて、フライブルク大学で行なった一連の講義『ニーチェ』（二巻本で一九六一年刊行）において、存在歴史的なライプニッツ解釈はさらに展開される。重要なことは、このニーチェ講義におけるライプニッツ解釈も、既に『寄与』において定礎された「性起」思想の枠組内で遂行されていることである。ここでは、近世形而上学の全面的開始としてのモナドロジーの意義は、ハイデッガーがモナドの「欲求」(appetitus) を強調し、これをニーチェの「力への意志」(Wille zur Macht) に関係づけ、そのニーチェをもって近世形而上学の完成と解釈したことによって、絶対的なものとさえなる。モナドの存在は、この講義を通じ、「意志」、「欲求」、「コナトゥス」、「衝動」としてはっきり取り出されている。但しこのときの「衝動」とは、それゆえ、前期の基礎的存在論におけるような、「関心」としての現存在の時間性のことではなく、存在者の「現実-存在」への「意志」という意味でいわれているわけである。かくして、存在歴史的視点におけるモナドは、『寄与』では、その「何でない」（現存在でない）という側面（via negationis）が示されるにとどまったのに対し、『ニーチェ』において、その「何である」という積極的規定（via affirmationis）を得るのである。さらにこの講義において顕著であるのは、ハイデッガーは、ライプニッツをただ近世形而上学内部の「全面的開始」として指名するだけでなく、プラトン以来の（「第一の始元」に属する）形而上学の全歴史に関連させようとするという点である。「プラトン、中世神学、あるいはライプニッツ、カント、ヘーゲル」[36]という並べ方がなされ、そのときデカルトの名はもはや挙げられていないことにわれわれは気付く。このように、モナド存在の積極的規定にくわえ、西洋の全形而上学の山脈のなかでモナドロジーをその有力な峰として際立たせる叙述のなかに、われわれはハイデッガーによるライプニッツ受容の或る強化というものを感じ取る[37]。

モナドの存在を「意志」として強調し、モナドロジーの本質を西洋の形而上学全体のなかに位置づける試みによって、ハイデッガーは、近世形而上学の開始としてのライプニッツと、その完成としてのニーチェとを直接突き合わせて見るという次元に達している。ライプニッツの実体論の中に、存在者の存在者性への問いをめぐり、「極限の存在忘却」と表裏をなすニーチェの「力への意志」に繋がる萌芽を看破したことは、何と言ってもライプニッツ解釈史上のハイデッガーの功績といえよう。しかも、ハイデッガーは他方でライプニッツとニーチェの重要な相違にも注意している。すなわち、ライプニッツにおいて堅持された神学的形而上学の、あるいはプラトン主義的な諸要素は、ニーチェ自身のライプニッツへの明確な依存にもかかわらず、ニーチェの思想的な立場からは最初から排除されている、と正当に指摘されているのである[38]。

さて、『ニーチェ』のライプニッツ解釈に立ち入ってみることにしよう。手掛かりとなるのは、第八番目の「存在の歴史としての形而上学」（一九四一年）なる論文の終りの三節であり、それぞれ「ライプニッツ——現実性と表象作用との共属性」、「基体性（Subiectität）と主体性（Subjektivität）」、「ライプニッツ、『二四の命題』」という標題が冠せられている。[39] まず、ハイデッガーは、形而上学の主要な問い（Leitfrage）に従って問われた「存在者の存在者性」とは、まさに「統一する統一性」（einigende Einheit）としての「表象作用」（vorstellen）のなかに求められること、そしてかかる表象作用こそ、「働く」（wirken）という意味での「現実性」（Wirklichkeit）を、actualitas を形成するのだと言う。ここから、ライプニッツにおいては、「可能‐存在」は根本的には「現実‐存在」の下位に立つと結論する。このときハイデッガーは、彼が一九五〇年代に講演『技術への問い』[40] で主題化するであろうような、近代技術における全存在者の「挑発」（Herausforderung）という問題性を既に予示している。すなわち、主観としての実体＝モナドは、各自その働く「力」という性格により全世界を表象し、そのことによって一なるもの、統一であり、したがって「集中された世界」（mundus concentratus）または「普遍的鏡」（speculum universale）なのである。この事態が、近代の人間にとってまさに一つの新しい形の actualitas を意味する、と解されるわけだ。多を表出し、集めつつ、自らに‐向けて‐立てる（sich zustellen）モナドの働きは、さらに「世界‐形成作用」（Welt-bildung）と呼ばれ、後に見るハイデッガーの現代批判にも連絡してゆく。ともあれ、このように「モナド」において「表象作用」（perceptio）と「欲求」（appetitus）とが結合されたことをもって、近世の歴史的根拠であり続けている形而上学が開始されたというのが、ハイデッガーのまず全体批評である。

そのうえで、彼は、いまやライプニッツにおいては、「力」（vis）、「コナトゥス」、「傾向」（tendentia）などの概念によって、「存在」（existentia）が「本質」（essentia）に対して優位を獲得するようになると分析する。こうした「存在」の本質が告知されているライプニッツの著作として、ハイデッガーは『二四の命題』（一六九〇年）を主題とする。ゲルハルト版ライプニッツ哲学著作集第七巻所収の、僅か三ページの、しかも元々無題の、この箇条書の目立たぬ覚書を、ハイデッガーは、このニーチェ講義以降一九五〇年代に至るまで、著作でも授業でも再三にわたり取り上げるのである。『二四の命題』は、存在歴史的視点におけるハイデッガーのライプニッツ受容にとって、その根本テクストであるといっても過言ではない。とくに印象と暗示に富んでいるのは、あの空前絶後の困窮期一九四四／四五年冬学期の演習の題目に、再びライプニッツが、しかもこの『二四の命題』が選ばれている事実である（この演習は、第一回目の後、突撃隊への召集のため中断された[41]）。そこには哲学者のいかなる思いが去来していたことだろう。

さて、ハイデッガーは、この覚書は、彼自身によって「二四の命題」と命名されたのであり、『モナドロジー』の「九〇の命題」の代わりにはなれないが、いわば詩の草稿（Entwurf）のようなものと考えられる、と語っていたらしい[42]。いま『ニーチェ』では、「ライプニッツの思惟は、この『二四の命題』において初めてその秘密に満ちた透明さの頂点に達している」と前置きして、彼は冒頭の六つの命題に言及している。まず、どの一つ一つの存在者も、根拠づける根拠（ein gründiger Grund）、ὑποκείμενον, subiectum である（「現実性としての存在は、根拠づけること（gründen）である」）という点が踏まえられ、現実性を規定するような、統一しつつ、表象するモナドの努力が指示される。つまり「自己の‐前に‐自己を‐投じる」（sich vor sich bringen）ような、モナド自身の努力に焦点が当てられる[43]。とりわけ第六命題に見える、「すべての可能的なるものは存在しようとしている、といわれることができる」という表現にハイデッガーは注目する。ハイデッガーによれば、この「存在しようとしている」（existiturire）という欲求動詞の術語を通して、存在に向けて自己を作用せしめるコナトゥスの努力が名指しされていると言う。さらに、第四命題で目につく文言、「必然的存在者とは存在せしめる者である」（Ens necessarium est existentificans（existere + facere））についても、この facere という語のうちに、近世的な存在者の「制作的性格」が告示されていると説く[44]。このように、「働く現実性」(wirkende Wirklichkeit)としてのモナド存在の意味、ならびにかかるactualitasとこれを形成する表象(「宇宙の鏡」)とのその共属性とについての分析から、ハイデッガーはつぎのような歴史的判断に達する。つまり、存在者＝モナドは結局世界表象そのものであり、そこには既に近世的存在者の表象し、表象される性格のその端緒が置かれているのだ、と。「人が「表象する」とは、彼が何者かであるという謂である[45]」。近世的な「知覚」は、そこにおいては、表象されるものを予め規定している概念がまさに「客観性」(Objektivität)、つまり「自己を-投じること」(sich-bringen)であるような、そのような表象のことである。これに対し古代における「ノエイン」(νοεῖν)は、右でいうような表象の規定概念としては、「覆蔵されざるものの内部に滞留すること」を意味していた。近世的な転機において、「確実に-立てる」(sicher stellen)主観としての精神(mens)の優位が、客観としての世界に対し確立されるのである。なお、この第八章の結びに、ハイデッガーは、『二四の命題』のラテン語テクストの全文を引いている。ラテン語原文との彼の取り組みがいかに本格的で徹底していたかは、彼が二つの箇所について、編集者ゲルハルトに反対して、別の読み方を提唱していることにも窺える[46]。

(3)『根拠律』(一九五五／五六年)——現代-批判との連関におけるハイデッガーのライプニッツ受容

「存在の歴史」の立場におけるハイデッガーの、その第三段階のライプニッツ受容は、おもに一九五〇年代に、フライブルク大学での講義やゼミナール、ならびに種々の論文や講演などを通じて展開される。その中でも、『根拠律』と題して出版された一九五五／五六年冬学期講義と五六年の講演が重要である。この段階のライプニッツ解釈の特徴は、ハイデッガーが、世界を対象として確実に-立てつつ、表象する意志としてのモナドの本質を存在歴史的に摘出しながら、挑発する技術的な思惟による支配という現代の状況に直接言及する点である。そしてそうした技術的思惟の結果として生じた近代技術、科学、文化等の諸現象に対して、ハイデッガーは、はっきり批判的な態度をとる。もっとも、現代批判に係わってゆくこうしたライプニッツ解釈のその端緒は、既に一九三八年六月九日フライブルクでの講演『世界像の時代』(47)にまで遡る。そこでは、"subiectum"としての近世的な人間解釈が哲学を中止に導き、代りに将来の人間学(Anthropologie)に道を開いたという文脈のなかで、例えばディルタイによる形而上学の否認とか、あるいは当時流行だった「国家社会主義的諸哲学」などに対してもハイデッガーは批判の矛先を向けていた。

戦後の『根拠律』において、近世形而上学の開始点としてのライプニッツの解釈はさらに先鋭化され、今日の「原子力時代」の根源は、まさしくライプニッツとその「根拠(理由)律」(Satz vom Grund)に帰されなければならないとされる。「ライプニッツ」の名はたんなる過去の名ではない。それどころか、「充足理由律」に統べられているわれわれの近代の、その代名詞ですらあろう。「なにものも理由なしにはない」という、このように知れ渡っていた観念は、しかしようやく十七世紀に入りライプニッツが初めてこれを一つの基準的な命題と認めたものだと言う。この理由律の定式化を、ハイデッガーは、おもに『モナドロジー』(第三二節以下)や『二四の命題』から取っている。ちなみに、『根拠律』講義に後続する一九五六年夏学期演習の際にも、彼は『二四の命題』を取り上げ、このテクストをタイプさせ、印刷させたものを出席者に配布し、逐文逐語解釈したという。(48)

さて、「理由を与える」(rationem reddere)とは、いまの場合、「理由を返し与える」(den Grund zurückgeben)ことである。しかも、それは、「判断する表象作用」という仕方で「対象を対象として」規定する人間にこそ返し与えるのである。(49)これについてハイデッガーは、「真なる命題：S est P」、それゆえ「主語述語の結合」としての「真理の本性」（natura veritatis）の問題に向かう。そこでは「理由」は、ライプニッツにおいて、判断の「地盤」（Boden）＝「根拠」（Grund）として、すなわち、判断における主語と述語の結合のその「正当化」（Berechtigung）として見られるようになる。したがって「根拠」は「計算性」（Rechenschaft）を、つまり判断の真理のための「理由」を与えるわけだ。「根拠」が「理由」としてそれに返し与えられるところの「人間」については、ハイデッガーは重ねて次のように強調する。すなわちここで問題となるのは、（表象する）「主観」なのであり、かかる主観は、デカルト、ライプニッツ、カント以降、ドイツ観念論をさらに越えて、常にそのようなものとして規定されてきたし、それとともに、近世的思惟一般のその本質としても性格づけられるのだ、と。人間は、一切の対象を確実に立てようと欲する「主観」（Subjekt）となる。これに対応して真理の意味もいまや「確実性」（Gewißheit）に転じる。さらに、確実性としての真理からすれば、この「確実に‐立てる」ということのゆえに「根拠」はさらに「理由」として「十分」（zureichend）でなければならない。すなわち「充足理由」（ratio sufficiens）でなければならない。かくて、「対象」（Gegenstand）は人間にとって「計算可能なもの」として、誰にでも何時でも確認されうる、という性格を帯びる。「根拠（理由）律」は、すべての存在者を計算可能と見なすという「要求」（Anspruch）を掲げる。つまり、主観は、「理性」（Vernunft）及びその「理由付与的」（ratio-gebend）な合理的な表象作用とによって、すなわち「合理主義」（Rationalismus）によって支配されている。これが「根拠律」に対してハイデッガーの展開している批判的分析の要点である。(50)

右のような「根拠律」とその歴史的な意義とを省察したうえで、ハイデッガーは「われわれの現代」に焦点を合わせる。すなわち、今日の人間は至るところで「理由原理」によって、一切を計測し、包括するような、最大限可能な「完全性」（Perfektion）のうちに一切をもたらすことを欲する、そういうゲバルトと危険とに直面している。このことこそ、「近代技術」が止むことなく推進しているものである。「完全」とは、その語源 per- と facere とが明示するように、「完－成させる」（Durch- u. Ver-fertigung）という意味において解されており、根拠づけの遺漏なき完全性であるが、近代科学が要求するものはまさにこれである。

続いて、ハイデッガーは、近世的思惟における根拠律の支配のその帰結を、さらに具体的に、われわれの現代の諸相のなかから指摘する。消費社会と大衆文化（とくに近代アメリカ）／最先端の自然科学（例えば原子物理学）――技術の一機能、一形態でしかなく、自らの進歩のためには充足理由律によって規定されざるを得ない――／理由律に合致しつつ至る所で「確実性」（Sicherheit）へ向けて働こうとする、今日の人間の根本特徴――しかも原子力の安全保障から「生命保険」（Lebensversicherung）に至るまで――。ハイデッガーは、ライプニッツは「コンピューター」の発明者であったばかりではなく、また今日の「生命保険」の発案者でもあったことを、紹介している。(51)

ただこの場合、あまり批判やイロニーの調子をわれわれは読み取り過ぎてもならないだろう。むしろ、その底に流れているのは、『寄与』で開かれた「存在の歴史」の視野の内部での、sachlich な、gelassen な哲学的省察だからである。そこで示唆されているのは、人間の（知る）欲求を可能なかぎり迅速に保証する（Sicherstellung）ための「情報」（Information）とか、そうした情報の「道具」（Instrument）としての「言語」という認識である。ハイデッガーは、「情報」(52)として言語を規定するということのような傾向によって初めて、ライプニッツによる計算機械の考案や、現代の大型計算装置の開発も、可能になったのだと説く。

「根拠律」に関連して現代の諸相に言及するとき、ハイデッガーの関心は、現代の「デカダンス」に反対して道徳的、あるいは政治的な批判を行なったり、「ライプニッツ」を今日の困窮のその「贖罪の山羊」に仕立てたりすることにはない。「原子力時代」（Atomzeitalter）といったハイデッガーの用語から、われわれはヒステリーも絶望も汲み取るべきではないだろう。彼の現代批判も、これに連動したライプニッツ解釈も共に、冒頭に告げておいたように、常に、一九三六―三八年の『寄与』における「性起」の思惟と、そこで新たに開始された存在歴史的なライプニッツ受容との軌道の上で展開されているのである。そして続く『ニーチェ』において提示された、モナドの存在の積極的規定としての「現実性への意志」は、『根拠律』ではさらに具体化されて、対象のために十分な理由を発見し、それとともに理性の支配を甘受する、そういう主観の意志となる。「原子力時代」に対するハイデッガーの省察は、例えば技術、独裁、戦争、原子爆弾等の外的な諸現象によって切っ掛けを与えられるような、たんなる経験的な反省ではない。それは、本来的には、唯一「存在歴史的」な省察のその「必然性」から発しており、来たるべき「別の始元の思惟」のその「必然性」によって導かれているのである。(53)

結　語

以上において跡づけたように、ハイデッガーのライプニッツ受容は、彼自身の立場が、超越論的‐地平的な基礎的存在論から、より根源的な、存在歴史的な「性起」の思惟に「転回」することに並行して、それ自身もまた重要な変遷（展開）を遂げている。すなわち、前期に見られた、現存在の超越（脱自的な世界‐内‐存在）からモナドの存在を解釈するという行き方は、『寄与』に始まる後期では放棄される。代わって、モナドの存在の意味は、強くニーチェを予想しつつ、現実性への意志、さらに具体的には、確実に‐立てられるべき、十分なる理由への主観の意志として、摘出されるのである。

このような〈ライプニッツ受容の展開〉の内部で、さらに二つの変遷が指摘されよう。第一に、一九二八年夏学期講義で目立っていたのは、ハイデッガーが、ライプニッツの立場を明確にするために、くり返し中世哲学の伝統に、とりわけトマスとスアレスに立ち戻り、『神学大全』はいうにおよばず、『真理論』や『能力論』からも引用していた点である。これに対し、後の存在歴史的な解釈になると、ライプニッツは主として後続の近世形而上学全般のその「始元」(Anfang) として見られるか、あるいは直接「現代」(Gegenwart) に関係づけられるのである。第二に、モナド解釈における「知覚」と「欲求」の扱いであるが、基礎的存在論の時期では、「宇宙の鏡」にも連関して、どちらかといえば「知覚」の方に議論が向けられていたし、そこに部分的にはフッサールのモナド理解も影響していた。ところが、存在歴史的な視点に移ると、存在としての「欲求」的性格が、つねに指示されるようになる。そのようなものとしての（現実存在への、あるいは十分な理由への）「意志」を前面に押し出す読み方により、ハイデッガーは、近代技術の問題を彼のモナド解釈に結合し得ているのである。

しかしながら、以上のような「変遷」は、決して全面的な変質とか転向ではない。したがって、マールブルク講義での脱自的モナドの解釈は「誤り」であったとか、「挫折した」などと解されてはならない。後期の存在歴史の立場においては、モナド的鏡映をめぐる超越論的地平的解釈は、なるほど議論の正面に出てくることはない。しかし、そのような解釈もそれ自体としては、ハイデッガーにとってあくまで十分に有効であり続けた。さもなければ、後期のハイデッガーは、例えば一九六四年旧友ブルトマンの生誕八〇歳記念論集に、基礎的存在論に立脚して書かれた自分の一九二八年夏学期のライプニッツ講義から、その抜粋を寄稿（表題「マールブルクでの最終講義より」）(54) しよう、などとは決して考え及ばなかったであろう。

そうだとすると、問われるべきは、いかにして、一方で基礎的存在論的な、また他方では存在歴史的なハイデッガーのライプニッツ解釈は相互に架橋されうるであろうか、という問いである。その鍵を、われわれはおそらく、一九二八年夏のライプニッツ講義においても、また後期の一連のニーチェ講義においても、それぞれ本質的な役割を果たしているところの「衝動」（Drang）という概念のうちに見出せるのではないか。つまりライプニッツの「衝動」概念は、「関心」に関して、時熟する脱自的性格に関係づけられるだけに止まらず、存在歴史的解釈においては、近世的存在者の「意志的性格」や、十分な理由を欲する「主観」とに関して、「現実性への意志」として取り出されるという、それだけ拡がりと深さを含んだ概念である、と言えるのではないだろうか。

さてしかし、ハイデッガーの基礎的存在論的-存在歴史的なライプニッツ解釈には、またある種の狭さ、ないし一面性が付きまとうことも否定できない。例を挙げよう。一九四二年の講演『「神は死んだ」というニーチェの言葉』(55)（その内容は一九三六―四〇年の一連のニーチェ講義に拠る）において、ふたたび『二四の命題』が、（そのなかで存在者の存在の意志的性格が近世において初めて告知されている著作として）名指しされる。ハイデッガーはとくに第二〇命題と第二三命題に言及し、解釈を試みている。それによれば、そこで問題になっている概念は、「完全」（perfectio）、「正義」（iustitia）、「秩序」（ordo）であり、それぞれ近世的主観の「確実に立てよう-とする意志」（sicherstellen-wollen）を証示しているのだという。つまり、「完全」とは理性的主観による「確実に-立てること」という意味において解釈され、「正義」とはそのような主観が、その確実性への要求（Gewißheitsanspruch）に関して、権利（Recht）を獲得することとして解釈される（正義（Gerechtigkeit）はカントでは演繹（Deduktion）の問題となった）。さらに「秩序」とは、理性の計算（rechnen）に地盤を提供する、そのような秩序づけとして解釈されるのである。特徴的な点は、いずれの場合もハイデッガーが、「目的」概念や、あるいはライプニッツに固有な目的論的な契機に対して全く言及していないことである。したがって「完全」を

「完-成させること」(Durch- u. Verfertigung) という意味にとるハイデッガーの解釈は、これをいま純粋に「ライプニッツ解釈」としてみる限り、あまりに彼自身のパースペクティヴから導かれていると言わねばならない。そして、それゆえ一方的であり、疑わしいと非難される可能性をはらんでいる。なぜなら、『二四の命題』の一部だけでなく全体を見れば、ライプニッツにとって大事だったのは、何も近世的存在者の「自己の-前に-立てつつ」意欲する性格とか、それに結びついた極限的「存在忘却」(Seinsvergessenheit) だけではないことが、明らかだからである。すなわち、ライプニッツの主題は、同時にまた「多様性」、「存在者の秩序」、「完全性」、「喜び」等の概念であったのである。ここに検出されるのは、存在論や神学から倫理学に至るライプニッツ形而上学の長い射程であり、それにより、カントが後に『判断力批判』で主題化するような自然と美学的判断力及び目的論的判断力等の問題性への展望が、既に開き示されているはずである。

　われわれはいま一度ハイデッガーの言に耳を傾けよう。彼は、既に一九二八年夏学期に、自分の解釈の格率について重要な発言をしていたからである。「ここではわれわれは、モナドロジーの持つごくいくつかの、われわれにとって本質的な特徴を叙述しうるのみであり、全体的連関やすべての契機を叙述することはできない[56]」。はじめに述べたように、ハイデッガーのライプニッツ受容は、優れた意味で「創造的な受容」、「産出的な受容」と呼ばれるべきものであり、ライプニッツ形而上学が豊かに含む可能性を新たに取り出す試みである。だから、なしうるかぎり遺漏なき（一方的でない）、精確なライプニッツ像を再生することは、それほどハイデッガーの主眼ではなかった。そのかぎり、狭い意味での〝歴史家〟や〝文献学者〟の目から見れば、ハイデッガーの解釈には「ライプニッツが実際言ったことから、ずっとかけ離れてしまう危険[57]」が常に伴う。ハイデッガーがくり返し自らに課した課題とは、「ライプニッツを超えてさらに思惟する」(über Leibniz hinaus weiter denken) という、そのことであった。

そもそも哲学史研究とは、ハイデッガーにとって、「対話を行なうこと」を意味する。すなわち「生きた哲学すること」(das lebendige Philosophieren) との対話であり、その際われわれは既に提出された問題のその諸可能性を、さらに、一層ラディカルに思惟することを試みるのである。そして、このような「対話」を通してのみ、形而上学的諸問題に対する今日のわれわれの手詰まり状態から脱出できる、というのがハイデッガーの確信である。[58] その規模と徹底性において、おそらく二〇世紀のどの創造的哲学者にも例をみない、彼の基礎的存在論的、そして存在歴史的なライプニッツ受容であるが、それは、ハイデッガー自身にとっては十七世紀の哲学者にして万学の天才との「絶えざる対話」を意味したのである。

ハイデッガーの心を真に解していたと伝えられる唯一人の兄弟フリッツ・ハイデッガーは、哲学者の八〇歳の誕生日によせて「弟からの誕生日の書簡」を書き送った。そのなかで、「あなたの同僚ライプニッツ」(Dein Kollege Leibniz) という言い方をしているのである。[59]「あなたの同僚ライプニッツ」——この語句は、単なる偶然とか、単なる修辞であるとは片付けられぬ響きを含んでいる。まさしくハイデッガーの思索の道行きにおいて、終始際立った「共同-思索者」Mit-Denker であり続けたその人、ライプニッツに的中した表現であったように思われるのである。

補遺　ハイデッガーの所持本における超越論的‐地平的思惟による書き込みから

以下の補遺においては、ハイデッガーの超越論的‐地平的時期の書き込みに立ち入ってみたい。ここで考慮されるべき所持本は『人間知性新論』*Nouveaux essais sur l'entendement humain* のE・カッシーラーによるドイツ語訳である。[60] フッサールは、とくに一八九七から一九〇五年にかけ、ジョン・ロックとの対決の必要からこのライプニッツの著書と非常に明確に対決した（ただしフッサールは主にシャールシュミットの独語訳[61]を用いていた）。これに対しハイデッガーでは『人間知性新論』はそれほど強く中心に押し出された訳ではなく、ハイデッガーの所持本においても、線引きや欄外注によって強調された箇所はごく僅かである。にもかかわらず、同書全体の内容がその本質的特徴において描かれている、カッシーラーによる序文をハイデッガーが非常に注意深く読んだことの明らかな痕跡が見出される。そう多数ではないが、しかしいくつかの重要な一節がハイデッガーによってそれぞれ線引きや書き込みとともに強調されている。われわれは以下においてそれらを示そうと思う。

ハイデッガーがカッシーラーのこの序文の読書に至ったのは、彼が一九二八年夏学期のライプニッツ講義を準備していた時期、すなわち一九二七年か一九二八年初めにほぼ間違いないだろう。『人間知性新論』の読書を、あるいはそれどころかライプニッツ哲学との対決全体を最初から導いていたハイデッガーの最も固有の関心がどこに存していたかということが、彼の書き込みから読み取られる。もっとも、既述のように、この一九二〇年代の基礎的存在論の視線からの彼のライプニッツ解釈においては、彼の脱自的な「世界‐内‐存在」が有する、ライプニッツの無窓のモナド概念への或る親近性が（感激した調子すらともなって）根底にはある。

まずカッシーラーの序文の第I頁では、ハイデッガーが、「われわれの認識の起源と妥当性への問い」という文言に下線を引いていることが目立つ。このことは、『新論』がハイデッガーの目には当初から認識論の文献として映っていたことを、われわれに推測させる。ここで再び想起されてよいのは、ハイデッガーは彼の一九二八年夏学期講義において、モナドロジーに関する主要テクストとして、『形而上学叙説』から『モナドロジー』までの六篇の著作を名指しているが、そこに『新論』は挙げられていないという事実である(62)。

カッシーラーは、同じ序論X頁において、プラトンのイデア論に関連して、まさにアプリオリな諸イデアが心の中に含まれて有るということ、そして想起について触れ、次のように述べている。「心はいまやギリシア哲学の内部でひとつの新しい意義を獲得する。すなわち心は、生の根本的力から意識と認識作用との根本形式へと変遷する」(これについてはとくにプラトン『パイドン』74—78を参照)。この一節の欄外にハイデッガーは線を引き、次のような注記を行っている。

より根本的に、現存在一般の「根本形式」が捉えられねばならない(63)
Grundsätzlicher zu fassen "Grundform" des Daseins überhaupt
〔このとき「現存在」(Daseins)という語にさらに下線が引かれている〕

ライプニッツがロックとの対決を通じてさらに明確に獲得したところの、自己活動性としての主観という理解は、ハイデッガーの基礎的存在論にとってはなおも不十分である。なぜなら「意識」も「(アプリオリな)認識」も、どちらもその根源を唯々「現存在」のうちに持つのでなければならないからである。

続いてXI頁にカッシーラーはこう書いている。「……そうではなくて心は端的に、心が或る特殊な器官の助けなしに純粋にそれ自身によって捉えたところのものである」（αὐτὴ δί αὐτῆς ἡ ψυχὴ τὰ κοινά μοι φαίνεται περὶ πάντων ἐπισκοπεῖν）『テアイテトス』185D）。心を一と多との、同一と他者との純粋形式のための根本的力と見なすこの規定のなかに、ライプニッツがその考察の先端に置くところの「知性それ自体」というあの概念のための歴史的な核が存している。ここでハイデッガーはギリシア語で印刷された語 αὐτὴ δί αὐτῆς ἡ ψυχὴ に下線を引き、欄外に次のように注記している。

すなわち、それ〔＝心〕とそれの存在にとって根源的に最も固有なものは「時間」である
d.h.was ihr (=Seele) u.ihrem Sein ursprünglich eigenstes ist “Zeit”

心、力としての、しかもそれ自身のうちにアプリオリに一と多を一つにするものとしてのライプニッツのモナドには満足せずに、ハイデッガーは、ライプニッツを超えてさらなる一歩を踏み出そうと試みる。すなわちハイデッガーは、それ自身のうちに諸観念を抱くモナド－心において、既に、脱自的な構造契機を、つまり現存在の時間性と、さらに時間性を通して、地平的に現存在の時間性において時熟しつつ明け開かれるところの時間を見ているのである。

カッシーラーの序文第XVI頁には次のような一節が見出される。そこにおいてカッシーラーはわれわれに、ライ

プニッツによってわれわれに出された問いを指示している。「精神の概念を、従来、理論的または倫理的な意味における「生得真理」として表示されてきたものの全内容を、それ自身のうちに把握することができたという仕方で、そして他方彼がこの内容を純粋な自己活動性においてそれ自身から生じさせたという仕方で規定することが妥当であった」。これらの行への欄外にハイデッガーは再び線と注記を施している。

超越の根本問題がそこでは把握されていない（「把握されて」erfasst という語にはさらに下線が引かれている）

Das Grundproblem der Transzendenz dabei nicht erfasst!

その他にも、このカッシーラーの序文にハイデッガーが付した線は、XII, XIII, XIX, XX, XXII, XXIII, XXIV 頁で見られる。

ライプニッツの『新論』のテクスト自体には、しかし、カッシーラーの序文に比べ（少なくともこのカッシーラー版においては）、ハイデッガーが集中的な作業を行なった痕跡は見出されない。けれども、われわれはこの版でのライプニッツ・テクストへのハイデッガーの唯一の書き込みを看過すべきでないだろう。その箇所とは、『新論』第一巻「生得観念について」第五節（カッシーラー版四二頁）であって、そこでは次のように言われている。「記憶は生得諸観念を保存し、想起はそれらをわれわれに提示しなければならない。ただし、われわれがそれらの観念を必要とするとき、想起はしばしばそうしてくれるが、しかしいつもというわけではない。ひとはこのことをフランス語では（ラテン語の想起する subvenire から援用された）souvenir という語によってたいへんうまく表現する。なぜなら想起は常にひとつの或る随伴状態を要求するからである」。最後の二行の左端にハイデッガーは上から下へ線を引き、その左側に次のように注記を付している。

現存在：およびそれが忘却すること
Dasein: und seine Vergessenheit

要約しよう。ライプニッツによる生得諸観念の承認、およびプラトンの発想における想起（ἀνάμνησις）のリハビリとは、ハイデッガーにとっても、彼の付した線や欄外注が示すように、ライプニッツとの最も重要な連携点の一つであり、それについてはフッサールにあっても似たことが観察されうるのである。[64] しかしフッサールは、彼の反心理学主義と一つになって、ロックの立場を退け、はっきりとライプニッツの側につき、自己活動的な意識によって遂行された認識を確証してみせ、その場合に経験的に心理的な要素に依存しないということで満足したのに対し、ハイデッガーは、ライプニッツの意識へのこの同じ問いを通じて、時間性、しかも超越としての現存在の、すなわち世界‐内‐存在の時間性というさらにラディカルな問題性へ眼差しを向けている。なるほど、ハイデッガーによれば、超越へのこの問題の豊富さはライプニッツにあっては決してそのようなものとしては意識され、それゆえ主題的に問われることはなかったのではあるが。

（付記）本章の原型は、Heidegger Studies, vol. 9（Berlin 1993）誌上に掲載された拙論、*Zum Wandel der Leibniz-Rezeption im Denken Heideggers* である。この度の日本語版作成にあたり、本文と注に若干の修正と加筆を施した。

注

（1）Martin Heidegger, *Der Satz vom Grund*, 6. Aufl., Pfullingen 1986. なお、この観点から、ハイデッガーのライプニッツ受容を取り上げた論文に、例えば、André Robinet, *Leibniz und Heidegger: Atomzeitalter oder Informatikzeitalter?* In: Stud. Leibn. Bd. VIII / 2, 1976 がある。

（2）Martin Heidegger Gesamtausgabe (Abk. : GA.), Bd. 24, *Die Grundprobleme der Phänomenologie*, hrsg. v. Fr. - W.von Herrmann, Frankfurt a. M. 1975.

（3）GA. 26, *Die Metaphysische Anfangsgründe der Logik im Ausgang von Leibniz*, hrsg. v. Klaus Held, 1978.

（4）GA. 65, *Beiträge zur Philosophie*, hrsg. v. Fr.-W. von Herrmann, 1989.

（5）Martin Heidegger, *Nietzsche*, 2 Bde. Pfullingen 1961.

（6）H. L. van Breda, *Leibniz' Einfluss auf das Denken Husserls*, in: Stud. Leibn. Suppl., Bd. V, 1966.

（7）全集版第四部「注意と覚え書き」(Hinweise und Aufzeichnungen) には、第八四巻として、「諸演習　ライプニッツ―カント」(hrsg. v. Günther Neumann) が予定されているが、二〇一三年五月現在、まだ刊行されていない。

（8）*Zeit und Geschichte*, J. C. B. Mohr (Paul Siebeck), Tübingen 1964, S. 497-507, In: GA. 9 (*Wegmarken*).

（9）GA. 1, *Frühe Schriften*, hrsg. v. Fr. - W. von Herrmann, 1978, S. 41f.

（10）GA. 55 / 57, *Zur Bestimmung der Philosophie*, hrsg. v. Bernd Heimbüchel, 1987.

（11）Fr.-W. von Herrmann, *Von" Sein und Zeit" zum" Ereignis"*, in: *Von Heidegger her*, hrsg. v. H. - H. Gander, Frankfurt a. M. 1991, S. 32ff.

（12）GA. 20, *Prolegomena zur Geschichte des Zeitbegriffs*, hrsg. v. Petra Jaeger, 1979, S. 244.

（13）op. cit. S. 87. Anm.

（14）GA. 21, *Logik. Die Frage nach der Wahrheit*, hrsg. v. Walter Biemel, 1976, S.45.

（15）H. L. van Breda, op.cit., S. 139-142.

（16）Heideggers Brief an Jaspers vom 31. 7. 1926, in: Briefwechsel 1920-1963.Martin Heidegger, Karl Jaspers, hrsg. v. Walter Biemel, Frankfurt a. M. 1990, S. 66.

（17）GA. 24, S. 248.

（18）ibid.

（19）Martin Heidegger, *Sein und Zeit*, 15. Aufl., Tübingen 1979, §8: "Der Aufriß der Abhandlung".

（20）GA. Bd. 26, S. 35-133.

（21）Wolfgang Janke, *Die Zeitlichkeit der Repräsentation. Zur Seinsfrage bei Leibniz*, In: *Durchblicke. Martin Heidegger zum 80. Geburtstag*, hrsg. v. Vittorio Klostermann, Frankfurt a. M. 1970, S. 255.

（22）GA. Bd. 26, S. 125, 270 usw.

（23）op.cit., S. 271.

（24）ibid.

（25）op. cit., S. 123.

（26）op.cit., S. 131, 127. なお、一九二八年夏学期講義の、ライプニッツを直接主題としたその前半部の終りで、ハイデッガーは、「形而上学に対する論理学の優位」という「屢々持ち出される論議」を激しく批判している。矛先は、おそらく新カント主義マールブルク学派の代表者であったコーヘンやナトルプに向けられていたと推定される。op. cit., S. 128-33.

（27）このことは、同書を後にハイテッガーから譲られたフォン＝ヘルマン教授より、筆者が直接聞き、かつ同書の閲覧を許可されて、確かめたことである。

（28）Louis Couturat, *La logique de Leibniz*, Paris 1901, préface, p. X. ここの欄外注でラッセルが指示されている。

（29）ファン＝ブレダによれば、フッサールが、ボルツァーノやフレーゲに刺激され、ライプニッツの論理学や数学の著作と取り組んだのは、彼のライプニッツ受容の第一期ともいうべき一八八七―九七年の時期であった。続く一八九七―一九〇五年の第二期では、既に触れたように、フッサールの関心は『人間知性新論』に集中する。そして一九〇五年以降、フッサールはモナドの形而上学に向かうが、このとき用いられたテクストは主にカッシーラー編集の二巻本 G. W. Leibniz. Hauptschriften zur Grundlegung der Philosophie（1904-06）であった。しかも、フッサールが所持していたライプニッツ・テクストについてファン＝ブレダが調査したリストにも、クーテュラ編集のこの『未公刊小品および断片集』は見えないのである。Van Breda, op. cit., S. 125-133.

（30）全集版編集責任者であり、同第六五巻『寄与』を編集・出版（一九八九年）されたフォン＝ヘルマン教授より、筆者が直接聞いたことである（一九九一年七月フライブルクにて）。多大の御教示をいただいた同教授に、あつく御礼申し上げる。

（31）Fr.-W. von Herrmann, *Das Ende der Metaphysik und der andere Anfang des Denkens. Zu Heideggers" Kehre"*, in: Freiburger Universitätsblätter, Heft 104, Juni 1989, 28. Jahrgang, S. 49.

（32）GA. Bd. 65, S. 176.

（33）op. cit., S. 197.

（34）op. cit., S. 202.

（35）William J. Richardson, S. J., *Heidegger. Through Phenomenology to Thought*, Den Haag 1963 (Phaenomenologica 13), p. 653-71. なお、『寄与』のなかでハイデッガー自身も、ライプニッツに関係した箇所で、この一連のライプニッツ演習を指示している。GA.Bd. 65, S. 289.

（36）Heidegger, *Nietzsche*, Bd. II, S. 456.

（37）ここの脈絡でなお気付くことは、この『ニーチェ』講義を通じて、ライプニッツは、西洋の全形而上学との関連で際立たされるだけでなく、同時に、とくにドイツ精神史の内部において「典型的にドイツ的な思索者」としていまや強調されてくる点である。こうした「ドイツ人の思索者としてのライプニッツ」という見方を権威づけるために、ハイデッガーは、関係する文言をニーチェの『力へ意志』から引用している。ハイデッガーは二箇所（n. 419, n. 884）を挙げているが、このとき彼の使用したニーチェ・テクストは、Großoktav-Ausgabe, Bd. XV, XVI, Leipzig (Kröner) 1911 である。GA. 43, S. 291f.

（38）Heidegger, *Nietzsche*,Bd. I, S. 245.; Kiyoshi Sakai, *Zum Perspektivismus bei Leibniz und Nietzsche. Mit Vorblick auf seine Möglichkeit in der gegenwärtigen Philosophie*, in: V. Internationaler Leibniz-Kongreß. Vorträge, Leibniz-Gesellschaft Hannover 1988, S. 841-48.

（39）Heidegger, *Nietzsche*, Bd. II, S. 436-57.

（40）Heidegger, *Die Frage nach der Technik*, in: *Technik und die Kehre*, Pfullingen 1962.

（41）Richardson, op. cit., S.670.

（42）一九五六年から五八年にかけて、フライブルク大学でハイデッガーに直接師事された故辻村公一教授の証言による。

（43）Heidegger, *Nietzsche*, Bd. II, S. 447.
（44）op.cit.,Bd.II,S.449.
（45）ibid.
（46）ハイデッガーは、『二四の命題』の末尾に括弧付きで、「一一番と二三番は原典に従って改められた」と記している。op. cit., Bd. II, S. 455, 457.
（47）Heidegger, *Die Zeit des Weltbildes*, in: *Holzwege*, Einzelausgabe, 4. Aufl., Frankfurt a. M. 1963, S. 91-92.
（48）当時この演習に出席されていた辻村公一教授の証言による。感謝と共に記す。
（49）Heidegger, *Der Satz vom Grund*, S. 194f.
（50）principium rationis（Satz vom Grund）の、その ratio（Grund）は、ライプニッツでは、「理由」と訳出されるべきであり、ハイデッガーの文脈で「根拠」と訳されるのとは、やはり区別されるように思われる。なぜなら、principium rationis なるものは、ライプニッツでは、第一義的には命題 S est P のその真理条件 natura veritatis を意味し、真なる命題において主語に述語が内在することを示すことが、rationem reddere としての「証明」にほかならないからである。しかし、ハイデッガーからすれば、「存在の真理」としての「根拠」が、ただ「表象の表象（S est P）」について思惟され、「理由」として人間に受け取られるようになり（ratio < reor = etwas für etwas halten）、また人間の精神も、観察し計算する「思惟」（ratio）となるところに、まさに西洋、とくに近代の思惟の特質が認められる。そしてその端緒としてライプニッツが位置づけられる。一言でいえば、「根拠律」が「理由律」でしかないところに、西洋の形而上学の本質が見られているのである。なお、拙訳『二四の命題』（工作舎『ライプニッツ著作集』第八巻（一九九〇年））訳注・解説（四六、五七頁以下）を参照されたい。
（51）op. cit., S. 202.
（52）「情報」（Information）という語に関してハイデッガーは次のように注意している。「今日の現存在のこのような根本姿勢のための導入語は、「情報」と称する。われわれはこの語をアメリカ-イギリス的な発音において聞かなければならない」（op. cit., S. 202）。
（53）存在歴史の立場のハイデッガーにおける、この第三段階のライプニッツ受容については、また以下の著作を参照。① *Was heißt Denken?* Vortrag, gesprochen Mai 1952 im Bayerischen Rundfunk, in: *Vorträge und Aufsätze*, Pfullingen 1954. ② *Die onto-*

theo-logische Verfassung der Metaphysik, Vortrag vom 24. 2. 1957 in Todtnauberg, in: *Identität und Differenz*, 3. unveränderte Aufl., Pfullingen 1957. なお、begründen と gründen を扱った一節おいて、ハイデッガーはまたもライプニッツの『二四の命題』を名指ししている。

（54） Heidegger, *Aus der letzten Marburger Vorlesung* (1928). Zur Festschrift für Rudolf Bultmann zum 80. Geburtstag: *Zeit und Geschichte*, bei I. C. Mohr (Paul Siebeck), Tübingen 1964, S. 497-507, in: GA. 9 (*Wegmarken*), S.79-101.

（55） Heidegger, *Nietzsches Wort' Gott ist tot"*, in: GA. 5 (*Holzwege*), bes. S. 245.

（56） GA. 26, S. 87.

（57） op. cit. S. 88.

（58） GA. 9 (*Aus der letzten Marburger Vorlesung*), S. 79.

（59） Fritz Heidegger, *Ein Geburtstagsbrief des Bruders*, in: *Martin Heidegger 80. Geburtstag von seiner Heimatstadt Meßkirch*, Frankfurt a. M. 1959, S. 63.

（60） *Neue Abhandlungen über den menschlichen Verstand*, überst. von Ernst Cassirer, 3. Aufl., Phil. Biblio., Leipzig 1915.

（61） *Neue Abhandlungen über den menschlichen Verstand von G.W.v.Leibniz*. Ins Deutsche übersetzt, mit Einleitung, Lebensbeschreibung des Verfassers und erläuternden Anmerkungen versehen von Carl Schaarschmidt, Berlin 1873. Zweite Aufl. Leipzig 1904. Van Breda, S. 134.

（62） GA. 26, S. 87.

（63） さらに、Dasein（現存在）という語に下線が引かれている。

（64） フッサールのプラトンへの明確な遡及、およびライプニッツのロックに対する相違に関しては、例えば以下を参照。Hua. XXVII "Aufsätze und Vorträge" (1922-37), hrsg. v. Thomas Nenon und Hans Rainer Sepp, 1989, S. 129ff.; Husserl Manuskript, B I 27, 50; Renato Cristin, *Phänomenologie und Monadologie. Husserl und Leibniz*, in:Stud.Leibn., Bd. XXII/2, 1990, S.165.

第八章　若きデューイのライプニッツ研究

序

アメリカ哲学の「プラグマティズム」を代表する一人で、「道具主義」（instrumentalism）を標榜したジョン・デューイ（John Dewey, 1859–1952）が、その二〇歳代の時期にセント＝ルイス学派に関係したり、またスピノザやカントを研究し、彼の師であるG・S・モリスを通じて、ヘーゲル主義にも接近していたという事実は、彼の「道具主義」や教育思想、あるいは後年の実際的諸活動に比べ、それほど知られてはいないであろう。しかしもっと知られていない事実は、弱冠二〇歳の若きデューイが『ライプニッツの人間知性新論――批判的解説』（*Leibniz' New Essays concerning the Human Understanding. A Critical Exposition*, Chicago 1888）という二七〇頁余りに及ぶ大部の著書を刊行していたことである。[1] ライプニッツ研究に新時代を画し、とくに英語圏の論理主義的ライプニッツ研究の先導となったとされるB・ラッセルの『ライプニッツ哲学の批判的解説』（*A Critical Exposition of the Philosophy of Leibniz*, London 1900）に一二年も先行している。しかも後者の本文が二〇二頁であったのに勝る力作でもあった。内容的にみても、デューイの解釈は、英語圏の反形而上学ないし経験主義の傾向に対し、むしろドイツ人の哲学者としてのライプニッツのおかれた状況とその動機や意図に理解を示している。そして、「有機的（organic）結合」、「内的（internal）関係」、「精神的（spiritual）原理」などの概念を中核としながら、ライプニッツの哲学体系をそのダイナミックな発展相において解明しようとした、（その限りでヘーゲル的、歴史主義的ともいえる）きわめて特色ある試みである。にもかかわらず、デューイ研究者はおろか、ライプニッツ研究者のあいだでさえ、デューイのこの『ライプニッツの人間知性新論――批判的解説』（以下、ライプニッツ書）は長い間ほとんど忘れ去られていたといえよう。(2)

そのうえ、このライプニッツ書は、デューイの一八八〇年代の他の諸論文ともども、彼の生前には結局再刊されないままに終わった。(3) しかしながら、一九六九年に Dewey: *The Early Works*, 5 Vol.（Editorial Board: George E. Axtelle, J. A. Boydston, Carbondale-Edwardsville, Southern Illinoy Uni. Press, London/Amsterdam 1969）の、その第一巻 *Early Essays and Leibniz's New Essays concerning the Human Understanding* として、標記の時期に執筆され発表された他の一五篇余の論文と共に再刊されたのである（pp. 251–435）。こうして同書の全貌が再びわれわれにも明らかとなったのである。

以下の本章では、まず第一節として、一八八〇年代のデューイの哲学活動のなかでこの『ライプニッツの人間知性新論』が成立したその経緯を歴史的ないし発展史的に明らかにする。次に第二節において、同書の形態や構成、及び同書に展開されているデューイのライプニッツ解釈の内容を紹介し、それらの特徴について検討する。第三節では、ライプニッツ研究史における、デューイの解釈の特色とその意義について考察する。その場合にとくにラッセルのライプニッツ解釈との比較、もしくは対決を試みたい。そして最後に第四節として、若きデューイのライプニッツ研究と、その後に展開される彼固有の思想的立場との内在的関係について、換言すれば、デューイのプラグマティズムの思想形成に対して彼のライプニッツ研究が有した意味について考えてみたい。

一　一八八〇年代のデューイの哲学修業と著作活動――ライプニッツ書の成立に至るまで

（1）『思弁哲学雑誌』への投稿

一八七五年にバーモント大学に一五歳で入学したデューイは、大学図書館の記録によれば、同年三月に『思弁哲学雑誌』（The Journal of Speculative Philosophy（略記 JSP）vol. I, 1867）を借り出している。一八六七年創刊のこの『思弁哲学雑誌』は、一八六六年にセント＝ルイスで組織された「セント＝ルイス哲学会」（The St. Louis Philosophical Society）の会誌であり、一八九三年の終刊まで、アメリカにおけるほとんど唯一の哲学雑誌として大きな役割をはたした。セント＝ルイスには当時、一八四八年のドイツ本国の政治的社会的混乱を避けたドイツ移民が多く住んでいたが、彼らを中心に、ヘーゲル等のドイツ観念論哲学に関心を寄せる在野の市民グループがこの会を結成したのだった。彼らは、大学という狭い枠にとらわれない、生き生きとした哲学運動を進めようとした。そのリーダーは、「ヘーゲルに拠るべし」と説いたブロークマイヤー（Henry Conrad Brokmeyer 1826–1906）とハリス（William Torey Harris 1835–1909）であって、ハリスが『思弁哲学雑誌』の編集を務めた。そして南北戦争後の混乱、科学の自然主義、宗教の伝統主義などを一挙に克服しうる哲学としてヘーゲル哲学に期待が表明されるのである。『思弁哲学雑誌』創刊の目的としては、「〔アメリカ的思惟のトーンを高めるためには〕われわれは、古代や近世における最も深遠な哲学者たちに近づく便宜を〔アメリカに〕もたらさねばならない。すなわち翻訳と解説を用意することがわれわれの目的である(4)」と宣言された。したがって初期に出た巻の多くは、フィヒテ、シェリング、ヘーゲルの著作の英語訳で占められている。それは、従来主としてイギリス哲学の伝統に依拠していたアメリカ哲学を多様化し、自立独歩させることにもなったのである。また、理性による宗教の哲学的基礎づけも意図されていた(5)。ちなみに、日本にヘーゲル哲学を本格的に紹介した最初の人はフェノロサ（Ernest Francisco Fenollosa 1853–1908）であるといわれる。フェノロサはハーヴァード大学とその大学院において哲学を修め、最初スペンサーに心酔したが、その後『思弁哲学雑誌』を通じて知ったヘーゲル哲学に傾倒してゆく。彼が来日し、当時東京開成学校と東京医学校の統合により発足したばかりの「東京大学」において（文学部第一科）、哲学、政治学、理財学などを担当し始めるのは一八七八（明治十一）年のことである。ただし彼は一八七六年頃から美術史に関心を移しつつあった(6)。

さて、大学卒業後（一八七九年から）高校の教師をしていたデューイだが、一八八一年ペンシルヴァニア州オイル＝シティから、躊躇しつつも、ハリスに原稿 *The Metaphysical Assumption of Materialism* を送付し、その判定を仰いだ。ハリスの反応は好意的で、その論文は翌一八八二年四月『思弁哲学雑誌』第一六号に掲載された。以来デューイはハリスと親交を結び、続いて彼のデビュー作とも言うべき以下の三篇の論文が同誌上に相次いで発表されるのである。それらの論文とは、*The Pantheism of Spinoza*, JSP. Vol. XVI, July 1882, *Knowledge and the Relativity of Feeling*, JSP. Vol. XVII, Jan.1883、*Kant and Philosophic Method*, JSP. Vol. XVII, April 1884 である。

ハリスから受けた激励と援助は、デューイが大学院に進学して哲学の勉強を続けることを、さらに彼が哲学を生涯の仕事とすることを決意するにあたり、決定的であった。

（2） モリスとの出会い

デューイのライプニッツ書の成立、およびデューイの当時のヘーゲル主義を考える上で、もう一人看過できない人物がモリス（George Sylvester Morris 1840–1889）である。一八八二年から八四年までデューイはジョンズ・ホプキンス大学大学院に在学する。そして一八八四年には学位論文「カントの心理学」（*The Psychology of Kant*）を提出する。このとき彼はモリス教授のもとでドイツ哲学史、とくにライプニッツを学んだのである。同じ頃デューイはまた当地の Metaphysical Club において *Hegel and the Theory of Categories* などの論稿を発表したりもしていた（1884.4.10）。モリスはドイツ留学時にトレンデレンブルクの影響を受けた。モリスはまた、ヘーゲル右派を自任しライプニッツ著作集 Opera omnia philosophica（1840）を編集・刊行したエルトマン（Johann Eduard Erdmann 1805–1892）にも一八八五年にハレで会っている。モリスは英国の功利主義や経験主義に反対し、アメリカにおけるヘーゲル主義の旗手であった。(7) デューイは一八八四年に学位を取得した後、ミシガン大学においてモリスの助手になり、一八八六年にはモリスの主導する哲学科の助教授に昇進する。ここに至りモリスは、自らが主宰する「ドイツ哲学古典叢書」（全八巻）のなかでまだ決まっていなかった「ライプニッツ」の巻について、その執筆者としてデューイを推挙した。(8) この叢書の正式な名称は、German Philosophical Classics for English Readers and Students である。出版社であるシカゴの S. C. Griggs and Company 社はもともと大学教科書を主とし、文学、歴史、科学書等を出版していたが、一八八〇年から一八八六年にかけての時期には、哲学を第二番目に大きなジャンルとしていた。同社は、一八八七年から一八九六年に至る間には、デューイのライプニッツ書も含めて計四二点を出版し、その中では哲学書が優勢であった。そして執筆者に指名されてから二年目にあたる一八八八年には、早くもデューイの『ライプニッツの人間知性新論』は完成し、叢書の第七回配本として刊行されたのである。(9)

ちなみに、デューイの執筆活動が多産になるのは、ちょうど一八八六年からであるが、それは、この同じ時期に彼がタイプライターの使用を始めたこととも関連がないわけではないらしい[10]。

（3）「ドイツ哲学古典叢書」について

モリスの主宰する本叢書は、その全八巻の編集方針として次の四点を掲げていた[11]：

一、「批判的解説」（critical exposition）であること[12]

二、明晰で魅力的な陳述を提供すること

三、哲学的探究の歴史的な、かつ承認された結果へ言及すること

四、いかなる仕方で、ドイツ思想は、イギリスの思弁への補完、矯正を含むのかを示すために、歴史的な考察とは別に、長所や短所について独立の価値評価を下さねばならないこと。

いまデューイのライプニッツ書の内容を先取りして見るなら、デューイは上記のモリスの編集方針にきわめて忠実に、彼の分担をはたしたことが確認できる。すなわち、ライプニッツは、ロック等イギリス思想の典型と対決したドイツの哲学者としてアプローチされており、さらに経験主義や唯物論の形式主義的硬直に対置して、デューイ自身の積極的な評価がライプニッツに繰り返し与えられている。テクストに丹念に当たり、コンテクストに配慮した内在的な評価を試みたデューイの叙述は、その平明な文体ともあいまって、叢書の意図をよく実現し得ているのではないだろうか。

ところで、一八八九年モリスが急逝した際には、デューイは叢書の最終巻に予定されていたハリスの『ヘーゲルの論理学』（*Hegel's Logic*）の編集・指揮を委託された。デューイはこの書についても、翌一八九〇年には出版にこぎつけ、ハリスの長年の温情に報いた。

二　デューイのライプニッツ解釈

（1）デューイ著『ライプニッツの人間知性新論』について

一　まず本書の題名は、本書が数多くのライプニッツの著作のなかでとくに、その『人間知性新論』を取り上げるということを端的に示している。そうしたデューイの選択の理由としては、さしあたり次の二つの点が考えられよう。第一に、思想的内在的な理由があるだろう。周知のように『人間知性新論』（*Nouveaux essais sur l'entendement humain*,1704）は、英国哲学の経験論の伝統を体現しているロックの『人間知性論』（*An Essay concerning the Human Understanding*）に対する、ライプニッツの立場からの主題的・明確・逐一的な論駁書である。ゆえに、これを取り上げることにより、反経験論・反唯物論のドイツ哲学の典型、つまりヘーゲル哲学に至る発展の基本性格を示しやすいと思われたからであろう[13]。第二に、外的あるいは歴史的な事情がある。一八六七年七月『思弁哲学雑誌』創刊号にF・H・ヘッジによる『モナドロジー』の最初の英語訳が発表され、デューイは直ちにこれを読んだが[14]、しかしこの英訳は一般にはあまり反響を呼ばなかった。そして他のライプニッツ原典の英語訳も依然として皆無に近かった。しかるに、モリスからデューイに対してライプニッツ書担当への推挙があったその前年の一八八五年七月に、A・G・ラングレイが『人間知性新論』の初めての英語訳を『思弁哲学雑誌』に、いくつかの部分に分けて、発表し始めたのである[15]（それらはまもなく一巻に纏められ、一八九六年に出版された）。英語圏のライプニッツ研究が当時にいたるまできわめて低調だった理由のひとつに、フランス語とラテン語の習得が困難だったことが挙げられているが、デューイはその両方に堪能でもあった。デューイ自身は、『人間知性新論』のテクストとして、エルトマン版ライプニッツ哲学著作集（Opera philosophica omnia）所収のフランス語原文に依拠していたから、[16] 英語訳の有無にはほとんど左右されなかったであろう。しかしともかくこのラングレイの英語訳が『思弁哲学雑誌』に発表されたことは、同誌の読者デューイに少なからず刺激を与えたに相違ない。

二　さてデューイの本書『ライプニッツの人間知性新論――批判的解説』を実際に読み進んで行くと、それが必ずしも『人間知性新論』だけの解説や注釈にとどまらず、それ以外の著作、すなわち『弁神論』、『モナドロジー』、『理性に基づけられた、自然と恩寵についての諸原理』、『クラークとの往復書簡』等からもふんだんに引用されていることがわかる。[17] デューイは教授法的な配慮も交えながら、ライプニッツの哲学思想の全体的な特徴を分かりやすく説明しようとしているのである。この点についても、“Science” と “Mind” の両誌において好意的な反応を得た。例えば、後者における匿名の新刊紹介によれば、デューイの目は、同時に、ロックに典型的に示されている説、そしてライプニッツに典型的に示されている説――これらはライプニッツの『人間知性新論』では必ずしも常にそれとして明記されているわけではないが――の双方を注視している、と評価されている（Mind, XIII, oct. 1888, p. 612）。ただし、後に触れるように、デューイのこの本書には引用箇所や引用テクスト等の記載はない。そのため、一九六九年の “John Dewey, The Early Works” の編集者は巻末に、自前の詳細な “Checklist of References” を付している。

右に触れた点、つまりライプニッツの単に一つのテクストの解釈にとどまらず、ライプニッツの哲学思想の全体像をバランスよく紹介するという配慮は、この『ライプニッツの人間知性新論――批判的解説』の内容目次を瞥見しただけでも良く確認できる。

第一章　「人間」（哲学者ライプニッツについての簡潔で要を得た伝記）
第二章　「彼の哲学の諸源泉」
第三章　「問題、及びその解決」

つまり第一章から第三章までは、明らかに、ライプニッツ哲学全体との取り組みを意図しているのである。したがって本書は、アメリカでは最初の、そして英語圏全体でもほとんど最初の、〈ライプニッツの生涯と思想〉についての入門・解説書になっているともいえよう。

第四章　「ロックとライプニッツ——生得諸観念」
第五章　「感覚と経験」
第六章　「衝動と意志」
第七章　「物質、及びその精神への関係」
第八章　「物質的諸現象とそれらの実在性」
第九章　「いくつかの基礎的な諸概念」
第一〇章　「知識の本性と範囲」
第一一章　「ライプニッツの神学」
第一二章　「批判と結論」

（2）『ライプニッツの人間知性新論』各章の概要

それでは次に各章の内容の概要を見ていこう。その場合、他の多くのライプニッツ・モノグラフィーには見られぬような論点を主に取り出して、そこにデューイ自身の立場や哲学観の特徴もまた遺憾なく発揮されているということを浮き彫りにするように試みる。

まず第一章「人間」では、青少年期のライプニッツが、少なくとも哲学に関しては「独学」だった点をデューイが高く評価しているのが注目される。すなわち、ライプニッツはそのように「自由」だったからこそ「自己発展」（selfdevelopment）の観念を得たのであり、また、デカルトなどと違って、伝統的教育への反対などをわざわざ表明する必要もなかった。ライプニッツの思惟の連続性は、個体モナドの段階的発展の、その生きたモデルであった、とデューイは言う。[18] さらにまた、ライプニッツが、哲学に適した言語としてのドイツ語に注目していたことや、ドイツ（神聖ローマ帝国）の団結を促したことにもデューイは言及し、ドイツの哲学者としてのライプニッツの側面を強調している。

次に第二章「彼の哲学の諸源泉」では、デューイは、ライプニッツは思想の「歴史」への関心において同時代人に例を見ないほどであり、――自然科学では彼には先行者も後続者も多数存在したが――、ライプニッツは二百年も進んでいたと述べる。[19] そして合理主義という方法が、その適用においては常に彼の歴史的考察によって制御されているところにデューイはライプニッツの特色を認める。ライプニッツの受けた影響のなかでは「生物学」が、機械論や数学にもまして最も重要だが、ライプニッツの「生命」や「有機体」の概念はむしろ彼自身の形而上学からきている。なおも注目すべきことに、デューイは「運動」（motion）概念に関して、哲学は「事実」（fact）のその意味を知らねばならない（仮にそれが究極の事実であっても）と言う。そして「力」（force）や「活動性」（activity）の概念（これらはさらに「生命」に基づいている）を強調するのである。

第三章「問題、及びその解決」では、デューイは、ライプニッツが時代の諸問題を総合する場合、それは継ぎはぎではなく、常に経験ないし実在の「統一」への探究によって導かれていた、と見る。スピノザの唯一実体説は、ライプニッツには多様性や差異の切り捨てと思われたから、まさに個を個として活かしつつ、宇宙とどのように調停するかが課題となる。まさにこのような統一の原理がモナド概念であって、その統一は精神的(spiritual)なそれである。デューイはライプニッツの差異・多様性の哲学に賛同する。

ところでモナドは個別的存在だが（但し、表出されている内容は普遍・法則・世界であり、個々のモナドにとって共通の対象である）、しかし同時に全体的秩序に組み込まれている。デューイも、ライプニッツとともに「宇宙」を関係、あるいは法のネット・ワークと見る。興味深いことに、無窓的モナドの相互独立性という性格に基づいてデューイは、個と普遍、個の尊厳と個による法の代表というような事態を、「真の民主主義」のモデルとして解釈する可能性を示唆している。[20] この世界には「予定調和」が支配しているといわれるが、宇宙はすなわち調和しているのだから、「予定された」とは本来不必要な修飾語であり、強いていえば「存在的」と同義である。「調和」は単なる想像の表現ではなく、確かな事実の表現なのである。さらにデューイはモナド世界の表出関係に「有機的」(organic)という性格を付与する。デューイの解釈の特徴は、「世界-内-存在」する諸モナドを interorganic member of system と解し、そのなかでも意識をもつ人間に応分の地位を認める点にも見出されるであろう。

第四章「ロックとライプニッツ――生得諸概念」では、始めに、「批判」という概念に関して、デューイは、今日しばしば見受けられるような、前提と帰結との論理的整合性だけを問題にするような批判でなく、ライプニッツが実践したような、自らの体系的な立場からの批判を行なうのだと宣言する。ロック（あるいはニュートン）の経験論・知覚因果論的な考え方はアングロ・サクソンに馴染んだもので、これへのライプニッツの論駁はまさに英独宿命の対決である、とデューイは述べている。生得観念を否定するロックでは「知覚とは意識されてあること」だとされるが、ライプニッツは観念を、むしろ表出する心の活動性と解し、観念の先在は、われわれが実際にそれに気付くと気付かぬとにかかわらず確かなことであると主張する。このときデューイがライプニッツの方に共感していることは明らかである。

第五章「感覚と経験」では、冒頭、デューイは自らの哲学観として、感覚（sensation）は自然世界と魂の国との境界線上にあり、したがって科学の進歩と哲学の進歩は感覚についての教説に変化をもたらさずにはおかない、と述べている。ロックでは精神を受動的と考えるのに対し、ライプニッツでは、精神は活動的モナドであって、自らの内に世界を表出＝鏡映するのだとされる。さらに、ロックでは感覚と知性（understanding）とは「外的」な関係にあるが、ライプニッツでは、知覚は一における多の包含であり、そして知覚が判明になり、気付かれると感覚になって行く。観念は第一次性質と第二次性質という差別なしに対象を表出している。つまりライプニッツは度合い、または程度的な見方を導入することにより、感覚（混雑した観念を所有している状態）と経験（そうした混雑観念の連合）との差別を克服している。デューイは、「因果性」（causality）は物理学にのみ妥当し、観念（idea）の場面に使用してはならないとも指摘している。

第六章「衝動と意志」では、まず、精神の“state”なるものはなく、ただ“tension”＝“pushing forward”があるのみであり、そしてideaは必ずvolitionである、というデューイの優れた解釈が示される。ここでもライプニッツの程度的、漸進的な見方にデューイは共感している。意識的行為を決定する（あるいは無意識的衝動impulseから意識的欲求desireへ移行する）諸要素からその選択に至るネット・ワークは複雑だが、そこに働いているのは機械的必然ではない。デューイは「偶然性」を「自発性」と同義と見なし、この自発性が、意識された行為と目的との結合のなかで道徳的内容を得るのだと言う。そしてこのようなライプニッツの議論は、道徳と理性と自由の統一というプラトン的な立場に近いとも指摘するのである。

第七章「物質、及びその精神への関係」ではデューイは、ヴォルフによるルクレティウス的あるいは通俗的なモナド理解を退け、モナドはまさに「思惟される実体」であって、可感的な物体でも、物質の直接的成分でもないと強調する。モナドは物質のむしろ fundamentum なのであって、そういうモナドをして物質を構成させるものはそれの受動性だとする。つまり、モナドが他のモナドとの ideal な相互作用のなかで他者から限定されてくることとの、その表現こそ「物質」なのである。逆にいえば、organic connexion という思想が物質＝受動性を要求する、とデューイは言う。物質は、精神または観念の現象であり、顕現であるから、それ自身は精神に対立するものではない。物質の活動の源泉は、精神の spiritual な自己活動なのである。

第八章「物質的諸現象とそれらの実在性」でまず注目されるのは、謂わば先に二つの物体があり、その後に運動（motion）の過程（process）が生じるというのではなく、二つの物体は運動という同一のシステムにおける二つの要素であるとして、デューイがシステム理論的ないしはホーリスティックな物体論・運動論を示唆している点である。さらにデューイは物質的世界を、徹底して相対・変化・交替の世界と見なし、絶対的に安定した物体というものは無く、したがって不可分な物体すなわちアトムも有り得ないと言明する。そして無限な環境のエネルギーの中心としてアトムをとらえなおす新しいエネルギー説を引き合いに出す。諸物体の離在や自存は、それらの全体への関係に基づけられる。さらに、物体相互の関係としての空間と時間（これに対して延長と持続は現実的な個々の物体に係わる）の観念性ということ（これがライプニッツ対クラークの論争主題の一つであったことは周知の通りである）についてもデューイは次のように論じている。われわれの経験は単に断絶的なものではなく、いつでも或る一定の秩序をもつ。われわれに自然的対象の reality を結論せしめるものは、そういう秩序の恒常性と規則性なのであって、この秩序は、永遠真理として、神の知性の中にそれの観念的な真理性を有し続ける。この問題こそ若きバークリのものと同じである、と。

第九章「いくつかの基礎的な諸概念」では、まずロックの「実体」(substance) 概念が批判される。もしロックの言うように、実体とは不可知の基体だとすると、われわれは実体そのものを知ることはできず、ただその現象=偶有を知るのみという帰結に陥る。だがデューイは、ライプニッツではむしろ逆に実体こそ具体的であり、偶有(性質)こそ抽象的なのだと強調する。だから個体化の原理はただ「内的」で、個体の全体に関わるものでなければならない。デューイはさらに、個のリアルな同一性は諸知覚の連続的連結であるとして、ライプニッツのモナドの「同一性」は実体のそれでもなく、心的状態に伴う意識でもなく、むしろカントのいう綜合統一にあたると指摘する。そして、自己とは経験の抽象的な統一ではなく、最も organic な統一だと言うのである。「精神的」(spiritual) ということの意味については、それは「可感的なもの」の、その activ で organic な土台、意義、または目的のことであり、dynamic という性格に基づいているのだ、というデューイの特徴ある解釈が提示されている。

第一〇章「知識の本性と範囲」では、まず「『知識』は観念の一致・不一致の表象である」というロックの定義が批判される。ロックでは、「観念どうしの一致」と「観念と対象の一致」ということが混同されており、この混同を除去することがバークリの課題でもあった、つまり「現実存在」は、観念と(知られざる)対象との一致などではなく、むしろ観念そのものの中に求められて行くようになる、とデューイは見る。こうして、reality を形成するのは客観と自我との協同であるという洞察において、ライプニッツは既にカントを先取りしている、とまでデューイは評価するのである。さらに、デューイの判定によれば、ロックの困難は、「知る精神」と「知られた宇宙」との organic な unity を認めず、むしろ両者を分断したがために不可知論に陥ってしまったことによるのだという。科学の目的は個別のデータにではなく、それらの dynamic な統一としての「個体」にこそ存する。個体性は、ロックの言うような simplicity などではなく、逆に一切の関係の結合であり、認識の材料または端緒などではなく、むしろ認識のゴールである。同時にまた、宇宙の連関を発見する程度に応じてわれわれは可感的経験を合理化することができる。そしてデューイは、知識の最終段階として、自己知（self-consciousness）を挙げ、これこそがわれわれ人間の知性が神の知性と同一であることの認知だとするのである。

第一一章「ライプニッツの神学」では以下の三点が注目されよう。まず第一には、デューイの判定では、ライプニッツは自然法と自然道徳を切り離すことにより、ドイツの倫理学にひとつの基礎的な形式を与えたのだ、とされる点である。第二に、デューイによれば、ライプニッツ思想の（再）発見は、一つには、法律・慣習・実定法から独立した道徳の学が存することの、もう一つには、自然的・実定的道徳の、その共通の基礎が、単なる神の意志ではなく、永遠真理を内容とした理性を伴うということの（再）発見である。そして第三には、この章の終りに、デューイが the instrumental という語を用いて、精神が自然を完成するのは、それが自然を道具とすることにおいてであり、そして自然を単なる物質的力の受動的パノラマにせずに、正に生きた精神の顕現となすということにおいてであろう、と宣言していることである[21]。

最後の第一二章「批判と結論」では、その冒頭でデューイは、批判を行なう際の態度として自分は内在的な解釈を行なうのだという旨を改めて確認する。そのうえでデューイは、ライプニッツに見出される最も基本的な矛盾とは、彼の採用した方法、すなわちスコラの形式論理（矛盾律、同一律）と、彼が掲げた主題、すなわち方法がそれに適用されるはずの思想的態度（科学的思考からくる「相互」、「関係」の観念）との間の矛盾だと強調する。つまり論理学に従えばモナドは孤立するが、しかし観念的な次元ではモナドはその鏡映作用により全宇宙と連関する。かくて、この双方を調停せんがためにDeus ex machinaが必要となってしまったのだとデューイは述べている。デューイの見るところ、誤りはライプニッツの個体主義にではなく、「個体」の概念そのものに潜んでいる。つまり、いかにして神＝普遍から個＝差異が帰結しうるのかの説明がライプニッツでは困難と言わざるをえない。そこでデューイは差異ということのリアルな原理としてヘーゲルの「否定」概念を高く評価するのである。[22]

この章の終りにデューイは、カントはヒュームの警告によってライプニッツ哲学の方法ばかりか、そのモチーフまで棄てたかのように見なす解釈があるが、そのような解釈は偏向しており、むしろライプニッツは、ヘルダー、レッシング、ゲーテなどに連続して行く面を持ち、カントの先駆者なのであると強調している。

三　デューイのライプニッツ解釈の特徴とそのライプニッツ研究史上の意義

(1)　ライプニッツ書への書評から

デューイのこのライプニッツ書は一八八八年五月に刊行されると、直ちに、同年終盤から翌年初頭にかけて書評誌に好意的な記事が掲載された。それらがどのような言葉で評しているかを、やや立ち入って見ておこう。

まず好意的なものとして、New Englander and Yale Review誌にL. G. T.Laddがあらわした書評が挙げられるだろう（New Englander and Yale Review, L.Jan.1889, pp. 66–68）。まず冒頭にはこう述べられている：“The different numbers of the series of Philosophical Classics to which this book belongs, differ in merit; but among the more excellent none is better than this one by Professor Dewey"。次いで目次の概略を紹介し、本書を構成する諸章が「並外れてよく出来ており」、ために本書によって大学の上級生のゼミを行ない、彼らを「偉大なドイツの思想家の実際の言説についての明快な概念によって」本書のさらなる側面にいざなうことができるだろうと述べる。続く文章も引用しておこう。

"The excellence of clear exposition renders this book particularly valuable; for Leibniz himself produced no body of philosophical writings, which set forth his views in a systematic way; and even the "Nouveaux Essais", as Professor Dewey says, "is a compendium of comments, rather than a connected argument or exposition". Leibniz, then, has peculiar need of popular and yet critical exposition".

また G. C. Robertson の手になる Mind 誌上の新刊紹介にはこう言われている（Mind, Oct. 1888, No. 52）。：

"In explaining the famous controversial treatise, Prof. Dewey has to keep his eye at once on Locke, against whom it is directed, and on the manifold occasional（none of them systematic）expositions of Leibniz's characteristic ideas, which are all through implied but seldom expressly declared in the *Nouveaux Essais*. The result is that he manages to make of the volume a very welcome guide to the comprehension of Leibniz generally…." (p. 612）.

デューイのライプニッツ書は「ドイツ古典哲学叢書」の他の巻に較べても評価は上々であった。また七年後

J・H・タフツもシカゴ大学学長ハーバーに宛て、“It is more than a clear historical exposition” と賞賛している(23)。

しかしながらデューイの本書に問題がないわけではない。まず内容にかんして、また書評を最初に見ておこう。先ほど挙げた New Englander and Yale Review 誌上のL・G・T・ラッドの書評では、讃辞と同時に若干の批判が述べられている。それは、ライプニッツがカントの『純粋理性批判』に与えた肯定的な影響をデューイが過大視しているとする旨の批判である。同著「反省概念の多義性」の箇所をみれば、カントがライプニッツの方法も原理的な結論も完全に断ち切ろうとしていることは明白だという。だからエーベルハルトが、ライプニッツ哲学は近代人と同様に理性の批判を含んでいると主張してきたとして、カントが一見それを肯定するかのような言い方をするのは、じつは皮肉であって、カントは言外にエーベルハルトを否定しているのだ(24)。当時、古い保守派が新しい批判主義に抵抗して破れた後についに転向し、批判主義の結論が自分たちのものだと言い張ったのだとすれば、エーベルハルトの場合がそれの最初または最後の機会だった、とこの評者はいうのである。

これより丁寧な批判をわれわれは Science, vol. XII, No. 298, October 19. 1888, p. 188f. に見出す。まず評者は、英語読者のための「ドイツ古典哲学叢書」という企画は、哲学者の思想を完全に叙述することよりも、主著の一部を念頭においている点に、その長所とともにまた短所を持つ、と指摘する。とくにライプニッツのように多岐にわたる活動をした哲学者の場合には、そのような企画はまさに諸刃の剣であるだろう。それでデューイも計画を拡大する必要に気付き、『人間知性新論』にあらわされていないライプニッツの教説についても若干の説明をしているという。しかし、評者のみるところ、デューイはモナド論と予定調和論に多くを割きすぎたのに比し、神の善性と悪の存在とを調停するライプニッツの試みには触れていない。そしてライプニッツとロックとの論争である本書を扱いながらデューイはじつは彼自身の哲学的立場を開陳しているのだ、と評者は批判する。「彼（＝

デューイ）はカントとヘーゲルの弟子であり、ライプニッツを両者の先駆者と見なすのに対し、ロックの著書は彼の眼には誤謬の織物と大差ない。ロックについてもっと高い評価をするわれわれのなかには、デューイ教授がこのイギリスの哲学者に意図的な不正を加えたのではないと確信してはいるものの、その思想を必ずしも正しく紹介していないと考える人々もいるかもしれない。また彼は、ライプニッツの思想を彼自身のそれと結びつけたいという強い願望を示しており、これをやろうとして、しばしば少し誇張にみえるような解釈を行なっている」(ibid.)。それであるから、デューイのこのライプニッツ書の読者としては、筆者デューイの哲学的立場を応分に割り引いておけば、同書によって、ライプニッツの主な教説をロックに対して、同時に後のドイツの思想家たちとの関係においてうまく理解できるだろう。とにかく「ドイツ古典哲学叢書」は英語しかできない読者にドイツ思想の成果に親しく触れさせてくれる点できわめて有益であろうと、評者は締めくくっている。

いま、評者のこの批判が所謂客観的にどの程度当たっているかは別にして、この Science 誌の評者の眼には、デューイが「カントとヘーゲルの弟子」であり、同じ英語圏のロック哲学に対して、他意はないであろうがきわめて否定的であり、そして（カントとヘーゲルの先駆者でもある）ライプニッツの思想に自らを重ね合わせたいほどきわめて好意的であると映っていることが重要であるだろう。

(2)　デューイのライプニッツ書の形式・方法上の不備

以上が出版当時の書評に見えるデューイのライプニッツ書への批判であるが、それとは別に同書は、いまわれわれが見ても、すでにその形式面にいくつかの問題を含んでいる。

本書を通覧して何より目につくのは、本書にはライプニッツの複数の著作から引用が数多く、しかもしばしばかなり長い部分が引用されているにもかかわらず、出典や引用箇所などの記載が一切ないことである。デューイが依拠したライプニッツ原典についても明記されていないために、より厳密にいえば、エルトマン版ライプニッツ哲学全集を用いたはずだという推定に留まるのである。[25] この点について、われわれは先に挙げたMind誌の短い新刊案内の最後にも言及されていたことを看過することはできない。[26] すなわち、そこでは、当時ゲルハルト版ライプニッツ哲学著作集の第五巻として一八八二年に出版されたばかりの『人間知性新論』の新しいテクストについて、デューイがこれを使う機会をもたなかったようだと記されているのである。

ともあれ、テクスト及び引用箇所が明記されていないことは、読者や研究者にとって不便であり、残念である。本書の学術的な価値を損ないかねない要因であることは間違いない。ちなみに、ほぼ同じ時期にデューイ自身が執筆し、ハリス主宰の『思弁哲学雑誌』に掲載された諸論文を見るならば、スピノザ論文では（　）付きで、『エチカ』の各定理等の番号が記載され、カント論文では脚注に、ローゼンクランツ版著作集を用いた旨と、その頁付けが明記されているのである。

にもかかわらず、何故このライプニッツ書では出典・引用箇所などの明記がなされていないのであろうか。三つの理由が推定されよう。第一に、デューイがこの「ドイツ古典哲学叢書」の趣旨を、文字通り「英語圏の読者及び学生のための」(for English Readers and Students) 所謂一般向けの〈啓蒙書〉と解して、出典・引用箇所の記載などをあえて割愛した可能性が考えられよう。第二に、既述の如く、デューイの本書執筆当時（一八八六―一八八八年）、ライプニッツの著作の内、英語訳の出来ていたものは、一八六七年『思弁哲学雑誌』創刊号(pp.129–137) に発表されたヘッジによる『モナドロジー』、及び一八七一年の同誌第五号に出たE・クレーガーによる『唯一の宇宙精神の教説に関する考察』（原題：*Considerations sur la doctrine d'un esprit universel*

[27] *unique*）があるだけであった。しかも後者にはW・T・ハリスが注を付し、読者に理解されなかった先の『モナドロジー』の内容を改めて解説しているほどである。（なおG・M・ダンカンの画期的な英語版選集が出るのは一八九〇年のことである）[28]。ラングレイによる『人間知性新論』の英語訳にしても、一八八七年一〇月の時点ではBook II, chap.1＋2までが完成しただけで、まだ半分以上は未完成であり、したがってデューイのライプニッツ書の執筆にもほとんど助けにはならなかった。（ラングレイの訳業が一巻にまとめられて出版されたのはようやく一八九六年のことである）。このような状況にあって、「英語圏の読者と学生」のための本叢書本巻において、仮にライプニッツ原典の引用箇所等を併記したとしても、はたしてどれだけの効果が期待されるであろうか（ほとんどの学生はフランス語もラテン語も知らない）――そのようにデューイが考えなかったと断定する理由をわれわれは持たない。そして第三に、時間的な逼迫が考えられる。一八八六年にモリスから執筆の依頼を受けた後、本書は遅くとも一八八八年六月八日には製本され、国会図書館に届けられている。とすれば、執筆期間はどんなに長めに見積もっても二年を超えることはなかったであろう。僅か二年弱で二七〇頁余のモノグラフィーを脱稿したことになる。これは元来多作といわれたデューイにとってもあまりにも短い。そのため引用箇所などをそのつど確認し明記するだけの時間的余裕がなかったのかもしれない。

　以上のように本書は出典や引用箇所の記載を欠くものの、だからといってデューイのライプニッツのテクストの読みそのものが不十分だとか不精確なものだったわけで決してない。デューイはエルトマン版ライプニッツ哲学全集所収のいくつかのフランス語、ラテン語の論文を読みこなしていた。ラングレイなども、彼の『人間知性新論』英語訳のなかで、ゲルハルト版ライプニッツ哲学著作集第五巻（一八八二年に刊行されたばかりであった）における『人間知性新論』のフランス語原文のうちの或る箇所の解釈に関して、われわれもすぐ次項（3）で見るように、エルトマンやデューイの先行業績を指示しているほどである。

（3） ラングレイ訳『人間知性新論』とデューイのライプニッツ書

ラングレイの英訳書 *New Essays concerning Human Understanding*, by Gottfried Wilhelm Leibnitz, Together with an Appendix consisting of Some of his Shorter Pieces. Translated from the Original Latin, French and German, with Notes, by Alfred Gideon Langley, 1896, 3rd Edition 1949 は、詳細な訳注を付した本体の訳六二九頁に続いて、ライプニッツのさまざまな小論文を収めた「付録」九〇頁、「補遺と訂正」五五頁、詳細な「索引」八五頁を加え、総計八六一頁に及ぶ大作である。全巻中、「デューイ」は八箇所で、いずれも彼のライプニッツ書に関して言及されている。ラングレイは訳出にあたって、デューイのライプニッツ書を精読し、その解釈を随所に参考にしているのである。

いまその一例としてラングレイの訳書一二八頁を見てみよう。『人間知性新論』第二巻（「観念について」）第四章（「固さについて」）におけるテオフィル（ライプニッツの代弁者）の台詞の冒頭にある文 "But I hold at the same time that the ideas of extension and solidity, like that of scarlet-color, do not consist in an *I know not what*"[29] における "I know not what" にラングレイは次のような訳注（同頁訳注3）を付している。「ライプニッツの表現は「それが何かを私は知らないようなもの」（un *je ne sais quoi*）である。シャールシュミットはそれを「思惟され得ない或るもの」（ein undenkbares Etwas）と訳している。それは無規定な何ものかと同義であるように思われる。これは事物の最後の本質であり、個物の原因であり、個別化に際して個物になるのである。そしてライプニッツは、延長と固さの観念は判明である、と言おうと考えている」。ここでデューイのライプニッツ書の（ドイツ古典叢書版）一三四頁が指示されている。[30] この箇所は第七章「物質、及びその精神への関係」で、冒頭、ロックによる物質と複合観念の説明、そして英国経験論の自然の特徴の哲学的定礎について述べたのに続いて、空間と物質が二つの完全に判明な観念であることを述べる文脈である。ロックによれば真空は存在し、空間は必ずしも物体の充実である必要はない、物体は空間を充たすものであるが、空間が充たされていようがいまいが空間には無差別である、空間は物質によって占有されるが、両者のあいだに本質的な関係はない。この限りでライプニッツにはロックを否定する理由はない。二人とも、空間（延長）を物質と同一視したデカルト[31]に反対である。しかしライプニッツはそういう空間と物質とが、それが何であるかわからないような或る一つのもののうちに存するのではなく、相互に判明な観念であると主張するのである。デューイは次のように書いている。「「空間の観念は、それがスカーレット色の観念から判別されるのと同様、固さの観念から判別される。たしかに、固さは延長なしには存在できず、スカーレット色も延長なしに存在できないが、しかしこのことは両者が判明な観念であることを妨げない[32]」」（傍点部分が強調されている）。

ちなみに、今引用したラングレイの訳注で言及されているシャールシュミットのドイツ語訳を見ておこう（*Neue Abhandlungen über den menschlichen Verstand*, hrsg. v. Carl Schaarschmidt, Leipzig 1873, S. 101, 2. Aufl. Leipzig 1904, S. 97）。そこでは次のように訳出されている："Ich nehme aber zugleich an, dass die Vorstellungen der Ausdehnung und der Dichtigkeit nicht, wie die des Scharlachs, in einem undenkbaren Etwas bestehen"。懸案の言葉「それが何かを私は知らないようなもの」（un *je ne sais puoi*）はそこでは、繰り返すように、「思惟され得ない或るもの」と訳されている。

後に出たカッシーラーのドイツ語訳（*Neue Abhandlungen über den menschlichen Verstand*, übersetzt, eingeleitet und erläutert von Ernst Cassirer, Leipzig 1915, Nachdruck: Hamburg, Phil. Biblio. 1971）は、全体としてシャールシュミット訳を参照している。だがいま問題になっている箇所（S. 105）を見ると、"in einem undefinierbaren Etwas"「定義され得ない或るもののうちに」と訳されているのである。けだし、この「定義され得ない」という独自の表現には、「汎論理主義」（Panlogismus）に属するといわれているカッシーラー自身の立場がよく示されているように思われる。

（4）イギリスのライプニッツ研究史

現在のイギリスを代表するライプニッツ研究者の一人G・M・ロスは、従来イギリス或いは英語圏では一般的にみてライプニッツは冷遇され無視されてきたと述べ[33]、その理由として次の三つの点を挙げている[34]。

①　ショーヴィニズム、孤立主義の雰囲気（微積分発見をめぐる、ニュートンとの、国民感情をも巻き込んだ優先権争いの後遺症もあるであろう）。

②　オッカム以来の反形而上学、ノミナリズム、経験主義、唯物論の傾向。ただし、この②については、英国哲学史のなかで二つだけ例外があるという。一つは十七世紀ケンブリッジのプラトニズムであり、もう一つは十九世紀後半のカント主義とヘーゲル主義である（当時のデューイのヘーゲル主義もこれに関連している）。

③　イギリスの大学教師や学生は、フランス語もラテン語も出来ないことが多いのに、とにかくライプニッツの著作の英訳がなかなか為されなかったという事情（上記のように、ヘッジが最初の英訳『モナドロジー』を発表したのが一八六七年。ダンカンの選集は一八九〇年まで待たねばならない[35]）。

ちなみに、デューイが依拠したと推定されるライプニッツ原典は、既述の如く、エルトマン版、そしてゲルハルト版全七巻の一部である。ただしこれも先述のように、『人間知性新論』についてはゲルハルト版は使用していない。またクラークとの往復書簡を収録しているゲルハルト版第七巻が刊行されたのは、ようやくデューイのライプニッツ書の二年後一八九〇年のことである。

(5) ラッセルのライプニッツ書の刊行(一九〇〇年)

さて、デューイに遅れること一二年、ついに一九〇〇年、B・ラッセルの『ライプニッツ哲学の批判的解説』(*A Critical Exposition of the Philosophy of Leibniz. With an Appendix of Leading Passages*)がロンドン(Cambridge University Press)で出版される。[36] 類型としてみた場合、ライプニッツの哲学の内容をなす全ての細かな定理は少数の公理から論理的に演繹されうるというその主張は、一九〇一年のクーテュラ、[37] 一九〇二年のカッシーラーのライプニッツ研究書とともに[38]「汎論理主義」(Panlogismus)という新しい傾向を標榜し、ライプニッツ研究史を画する業績となる。ラッセルの論理主義的解釈は、少なくともその後の英国及び英語圏のライプニッツ研究に甚大な影響を与え、「論理家」(logician)としてのライプニッツ」という理解が支配的になる(最近ではG・H・R・パーキンソン、[39] N・レシャー等)。

ラッセルの『批判的解説』を見て目立つのは、引用箇所、使用テクスト等が詳細に明記されていること、そして巻末付録においては、ライプニッツの原典から、本文の項目内容に合わせてその抜粋が、しかもすべて英語訳で印刷され、また事項と人名の索引も設けられているなど、研究者に多大な便宜をはかっている点である。それだけでも、このラッセルのライプニッツ書がデューイのライプニッツ書より多くの読者を得たことの理由になりうるのである。
しかしラッセルの右のような方法も結論も、デューイがまさに批判した論点を含み、デューイの立場とは全体的結論でも個々の論点でも際立った対照を呈している。先に見たように、デューイは彼のライプニッツ書の最終章「批判と結論」において、ライプニッツがその方法としてスコラの形式論理を採用し、これに固執したが故に、鏡映によって宇宙と organic に連関しあう「モナド」という彼固有の形而上学が損なわれ、絶えずスピノザ主義かアトミズムに陥る危険に曝されていると批判している。しかるにラッセルは、まさに論理学の、前提と帰結の演繹的関係こそライプニッツ哲学の真の価値であるという、ちょうどデューイとは正反対ともいうべき批評を下すのである。その他、ラッセルの個別的な論証にも、デューイが否定したはずのものの焼き直しが至る所で見出される。いま例を挙げるなら、ラッセルが idea と idea の関係として考えているものは、明らかに、デューイが external と評したロック的なそれである。[40] さらにまた、idea を知られたもの、構成されたものと見なすラッセルの見方は、デューイがロックについて批判していたその当の見方に他ならない。[41]
それはともかく、一九〇〇年のラッセルの『ライプニッツ哲学の批判的解説』刊行以後、すっかり目立たなくなってしまった感のあるデューイのライプニッツ書であるが、いま公平に見るなら、デューイの洞察や議論がライプニッツ研究全体の蓄積と射程に貢献している点も、少なからず存すると言えよう。以下、簡潔に列記しておく（まず、デューイがヘーゲル哲学の立場から、inter-monadic な関係を organic なそれとして強調する、有機的でダイナミックな歴史主義的解釈の可能性を示したことが挙げられるかもしれないが、これについては次の最終節で述べる）。
一、phaenomena bene fundata ということの意味に着目し、モナドを物質的要素と同一視するような解釈（ヴォルフに遡る）の誤りを正したこと（Dewey, p. 347f.）。

二、カントへ至る哲学史的な連続ないし発展を明確に取り出した点（例えば、無限分割のアンティノミーの観念性、現実存在と主観の関係等）。

三、「物体」、「運動」の概念のなかにシステム理論的な、あるいは organic な性格を発見した点（p. 361）。

四、ロック自身は世界と人間精神との実体的存在を信じており、ライプニッツと信条を共有していたのだ、という歴史的視点、もしくは解釈学的ともいえるような視点（p. 382）。

五、諸モナドの「一致」と「差異」の関係のその実質として、デューイは「デモクラシー」における「法」と「市民の尊厳」との関係を示唆するが、これによりライプニッツのモナド論の含む政治哲学的、社会哲学的なパースペクティヴが開かれてこよう（p. 295）。

しかし以上の積極的に評価されうる諸点の存する一方で、疑問を禁じ得ない点も若干存することをわれわれは認めねばならない。ここではそのうち次の二点にだけ言及する。

（a）デューイは、ライプニッツにおけるいわゆる optimism を単なる楽天主義と同等視して、ショーペンハウアーの pessimism と対置せしめている。これはデューイらしい解釈ではあるが、ライプニッツの真意は、神によって唯一現実存在（existentia）へ移行せしめられるこの世界が、無数の可能世界のなかでは「最善」（omtimus）であるという点に存するのであるから、ライプニッツ解釈としては誤りと言わざるを得ない(42)。

（b）『人間知性新論』の第三巻（Des mots）におけるライプニッツの多彩な言語哲学に関してはデューイの関心が薄いように見えるが、この点は今日の哲学全般の傾向はもちろん、またライプニッツ研究の新しい成果と動向を見るなら、たしかに物足りない感は否めないのである(43)。

四　デューイの哲学的立場とライプニッツ書

（1）　若きデューイのヘーゲル主義

デューイのライプニッツ書の二七〇頁余の叙述のなかで繰り返し用いられ、彼のモナドロジー解釈の鍵概念ともいうべき最大のものは“organic”、次いで“relation”であるように思われる。「モナド」が「世界‐内‐存在する」とは、例えば後の現象学的解釈の系譜におけるように、主観がノエシス―ノエマの「志向的関係」として活動すること（フッサール）でもなく、現存在が「配慮」（Sorge）においてそのつど既に自己を見出していること（ハイデッガー）でもない。そうではなく、まさに個体が宇宙の organic な（全体組織の）部分で有る、という意味なのである。この他にもデューイのライプニッツ解釈を特徴づける鍵語として、spiritual, internal, ethical, genetic, connexion, unity, life 等が挙げられるであろう。

（2）　ヘーゲル主義の文脈におけるライプニッツ解釈

いま右に挙げた鍵語を通覧して明らかなのは、これらの語が単にライプニッツを解釈するためだけのものではなく、いずれもデューイ哲学そのものより発する根本概念でもあるということである。ここでは、若きデューイのヘーゲル主義とプラグマティズムの自然観という二つの点に絞って考える。

まずヘーゲル主義は、ライプニッツ書の至る箇所で表現されている。例を挙げると次の通りである。

一、reality は system を構成するという体系観（p. 316）。

二、物質は精神の現象であり、物質の活動の根源は精神（spirit）である（p. 353）。

三、個体モナドも差異の実在的なる原理であるとして、ヘーゲルの（単なる欠如ではない）「否定」概念がデューイによって非常に高く評価される（p. 420）。

このとき、デューイは自分がライプニッツを解釈することを通じて、ヘーゲル主義に立つ自分を見出している。

“…, his clear perception that it was the negative element that differentiated God from the universe, intelligence from matter, might have brought him to a general anticipation not only of Kant, but of Hegel. But instead of transforming his method by this conception of negation, he allowed his assumed（i.e., dogmatic）method to evacuate his conception of its significance. It was Hegel who was really sufficiently in earnest with the idea to read it into the very notion of intelligence as a constituent organic element, not as a mere outward and formal limitation”（p. 420）.

これらのコンセプトは、実在（＝自然）を何よりも、生きた歴史的な全体的統一として捉えるデューイ自身の立場でもある。形式論理や論理的整合性はデューイにとって、具体的生命の活力から最も隔たったもの、つまり「抽象」に過ぎず、それゆえ何の価値もないものである。ただし、ヘーゲルの「絶対」概念はデューイ自身の立場においても、また彼のライプニッツ書においても決して受容されていない点を看過してはならないであろう。

次にプラグマティズムの自然観であるが、デューイにとって「自然」とは物理的自然をその一部として含むところの、より広く根源的な生命体の連関である。そしてそういう「自然」は人間精神の外部にあってこれに対峙するのではない。むしろ自然は、精神的なものの自己超越、自己実現のための契機であり、そのような意味で「道具」(instrument)なのである。ライプニッツ書終盤にある次の一文はきわめて示唆に富んでいる。「自然はそれが機能を形成し、目的を実現することにおいて道具的であり、そして、自然なくしては精神や有機的なものは空虚な夢である、という意味において道具的である」(p.413)。

(3) ラッセルのライプニッツ書における「ヘーゲル」

ラッセルのライプニッツ書には「デューイ」は一回も言及されていないし、彼がデューイの書を読んだ形跡もない。そもそも僅か一二年前に同じ英語圏アメリカで刊行されたばかりのライプニッツ・モノグラフィーの存在を知っていたのだろうか、あるいは意図的に無視したのだろうか。いずれにしても驚くべきことである。

これに比し、デューイがそこから養分や刺激を汲み取っていたヘーゲルについては、ラッセルは十分に意識していた、ただしデューイとはまったく反対の仕方で。ラッセルは『ライプニッツ哲学の批判的解説』のなかで「ヘーゲル」の名を二箇所で挙げている。(44)

まず同書第九章「連続の迷宮」(The Labyrinth of the Continuum)の冒頭において、ライプニッツが一方で物質の恣意的な限りない分割を認めながら、同時にモナドの「現実的無限」(actual infinite)――これは一般には承認し難いものと見なされている――を信じたがために「連続の合成の迷宮」に陥った、とラッセルは断定している。つまり、「ライプニッツは、自分は諸モナドの現実存在と本性を、主に連続を説明する必要から演繹するのだ、と公言している」(ibid. p. 108)にもかかわらず、というわけである。

これに続けて、まさにこのライプニッツの誤謬の再来として衆目の一致する哲学がヘーゲル哲学である、という仕方でヘーゲルに言及するのである。すなわちラッセルは、現実に分かたれた無数の諸モナドという想定は、「ヘーゲル主義者なら偽の無限（the false infinite）と呼ぶであろうもの」、「後にヘーゲルによって使用された真の無限と偽の無限との区別（the distinction between the true and false infinite）」（p. 109）を先取りしていると言いたいのである。そしてヘーゲルとのこうした類似こそがライプニッツの論証を理解する役割をはたすかもしれないと言う。かくてラッセルの結論は、第一に、ライプニッツは「連続」の問題において、抽象は反証であるという本質的にヘーゲル主義的な見解を含むように思われる、第二に、モナド論の演繹は弁証法的な論証に酷似している、というものである（p. 110）。要するに、ラッセルのライプニッツ解釈においてヘーゲルが言及されるのは、ライプニッツの連続論が誤謬に陥っていることを示すためなのである

ラッセルが「ヘーゲル」を名指しているもうひとつの箇所は、ラッセルが、ライプニッツが諸モナドについて考えた際に、汎神論が神に与えた高位から神はおとしめられねばならないだけでなく、神は少なくとも諸モナドの一つとして語られているとして、ライプニッツの二箇所の文章（GP. III, 636, VII, 502）を「不注意」（slip）だとしている文脈である（p. 187）。「モナドのモナド」という伝統的な言い方はライプニッツのテクストには見当たらないとラッセルは指摘する。そしてライプニッツが「モナドのモナド」という言い方をしたとヘーゲルも誤って想像してしまった、しかもヘーゲル以後の著者たちも「ヘーゲルの想像に何らかの権威があるものと早合点していた」ように思われると言うのである（p. 188）。モナドが連続と関係させられている以上、そのモナドとして神を定義するのは明らかに矛盾である。「神とほとんど同じモナドがあり得ないことは明白である」（ibid.）。このように続けてラッセルは、ライプニッツが自分の神学によって陥った矛盾を枚挙しようとするのである。このようなラッセルの言い方そのもののなかには、デューイとはまったく異なるヘーゲル観――一言でいえば、否定さるべ

き誤謬としてのヘーゲル哲学という観方――が見出される。

ヘーゲルに対するデューイとラッセルとのあいだのこうした温度差というよりトーンの相違は、そのままライプニッツに対する両者のトーンの相違でもある。ラッセルのライプニッツ書の最終第一六章「ライプニッツの倫理学」はまさにその批判的というより悪意に満ちたとすら言えそうな周知の文章で終わっている。「しかし彼(＝ライプニッツ)は罪と地獄を支持するほうを選び、教会に関わる事においては、無知と反啓蒙主義の闘士にとどまることのほうを選んだ。これこそ、彼の哲学の最善の部分が何故に最も抽象的であり、また最悪の部分が何故に人間生活に最も身近にかかわる諸部分であるかということの理由である」(45)。

これに対し、デューイのライプニッツ書の最終第一二章「批判と結論」の最後の段落は、方法に関してライプニッツがおかした失敗が、彼の輝かしい成功(his splendid achievements)を帳消しにすると考えてはならないだろうという書き出しで始まる。そして、実体が活動性であり、そのプロセスは目的によって測られるという思想、宇宙は相互に関係づけられた統一であるというアイディア、有機体論、連続、法の一様性(uniformity)などの思想は不滅(imperishable)だと言う。彼の思想の開かれた大きさ(open largeness)、無尽蔵の豊饒性(unexhausted fertility)に関してはライプニッツに比肩する名は思想の歴史には三、四人しかいない。そして広い意味で、カント及びその継承者たちの仕事は、ライプニッツの客観的観念論を正当化する(justify the objective idealism of Leibniz)ような方法の発見であった、とデューイが結論するとき、デューイはラッセルの正反対の位置にある。

デューイにおいても、ライプニッツが方法として採用した論理学、あるいは論理的前提というものと、彼のモナド論の形而上学とのあいだに齟齬があることは、すでにわれわれが本章二節(2)で述べたように、もちろん看過されているわけではない。しかし所謂「汎論理主義」(Panlogismus)の立場からその齟齬を否定的に見るラッセルに対し[46]、デューイはライプニッツの形而上学の諸契機をむしろ正当に評価しようとする。そして、しかし哲学が単に真理を所有するだけでは満足せず、これを論証しようとすることが知性の真面目さにとって責務となるという見地からすれば、カントやヘーゲルのドイツ観念論は、ライプニッツの論理学に代わる方法を模索しつつ、ライプニッツの思惟契機をさらに深め活かそうとする真摯な努力なのであると、デューイはライプニッツ書の最終章において評価するのである[47]。

ライプニッツ研究史では、デューイのライプニッツ書は一二年後のラッセルのライプニッツ書、それに続くクーテュラ、カッシーラーらの汎論理主義的研究によって表舞台から消えて久しい感があった。しかし一九九〇年以降の世界のライプニッツ研究は、そうした論理学や数学など狭義の合理主義に偏った従来の段階から脱して、従来は少なかった合理主義以外の研究が活況を呈するようになってきているのである[48]。二〇〇六年七月二四日から同二九日までにハノーファー大学（同年七月一日より「G・W・ライプニッツ大学」に改称）で開催された第八回国際ライプニッツ会議でも、実践哲学、倫理学、政治哲学、弁神論などが活発に研究されている現状が肌に感じられた。アメリカから多数参加した研究者も、形而上学や哲学史を主な領域としており、かつての一九六〇―八〇年代の分析哲学全盛の彼の地の傾向はラッセルのライプニッツ書とともに過去のものとなりつつある[49]。

このような展開（実践的転回とでも言えようか）のなかで近い将来デューイのライプニッツ研究の再評価が少なくとも欧米の学会で現実のものとなりそうな気配は十分にあるように思われる。

ところで、先にも引いたG・M・ロスは、先に掲げた論文の中で、ライプニッツにおける内的にorganicなものとしての物質的世界という見方は、原子論的唯物論を、より全体論的な自然理解によって置き換えようとする最近の一群の科学者や哲学者たちによって再評価されるようになってきていると述べている。このことは十九世紀に新たな物理学の登場に際して活発な論議があったことにも既に示されており、ライプニッツの潜在的な貢献については、J. C. Smuts, *Holism and Evolution*, 1926 や A. N. Whitehead, *Science and Modern World*, 1926 においても述べられている、(50) と指摘している。もしそうだとすれば、デューイのライプニッツ解釈は、ラッセル以来のイギリスの伝統となった観のある論理主義よりも、むしろ最もモダンな面を含むとさえ言うことができるだろう。

こうしてわれわれは再び「哲学史」及び「哲学史研究」との意義への問いに還ってくる。ライプニッツを始めとする（ドイツ人の哲学者カント、ヘーゲルらの）哲学史についての一八八〇年代のデューイの一連の研究は、若きデューイの思想遍歴の一こまであり、風疹のように一過性のものに過ぎないのであろうか。或いは、それは当時のアメリカ社会における、ドイツ移民とドイツ文化の流入という外面的社会的事情に相応したものでしかなく、思想的哲学的にはいわば無視しうる挿話なのであろうか。いずれも否である、とわれわれは言いたい。デューイ自身の思想的傾向のなかに豊富な歴史感覚というものがあり、実在の連続・発展・変化という歴史の把握が存したのである。ゆえにヘーゲル哲学への親近感は主として内在的なものであった。

したがってデューイの立場は、「過去は誤謬に満ちており、学ぶ必要はない、それはデパートの陳列品のようなものだ」といった非歴史主義とも違う。あるいは「ライプニッツ」という名のもとでわれわれは或る教説においてよく似た一人の可能的な哲学者に言及するのであって、歴史上の実在人物とは必ずしも同一である必要はない（ストローソン）[51]などという極端な反歴史主義とも違う。つまりイギリス哲学の思考枠からまったく自由な所に、アメリカの哲学者デューイの思索空間は開かれていたのである。そして一二〇年近くを経た今日のアメリカ哲学界における、ライプニッツをはじめ、スピノザ、カント、ハイデッガー、あるいは中世哲学などとの多岐にわたる旺盛な哲学史的取り組みは、デューイの右に見た歴史観と無関係ではないようにも思われる。

（付記）

マルヴァニの上記論文[52]は、今日ではほぼ忘却されたヘッジとトーリーを中心とした十九世紀後半期アメリカにおけるライプニッツ受容について、多くの資料を駆使して、彼らのライプニッツ研究が有していた特徴を精神史的、文化史的な背景も交えながら明らかにしている。ヘッジやトーリーの精神主義、反感覚主義、『弁神論』への注目、あるいは彼らにおけるヘーゲルまたはカントの肯定的受容など貴重な指摘を多く含む。ただデューイについては、Vermont transcendentalism や American personalism に属するトーリーと、その弟子デューイとの関係に言及するに留まり、デューイのライプニッツ書への言及は全くない。一九八七年のレイトナーの論文 Sidney Ratner, *John Dewey's Critique of Leibniz ansd Locke*, in: Stud. Leibn., XIX, 1987 は、デューイ研究の視点からデューイのライプニッツ書を、その内容に立ち入って考察し、後のデューイの思想発展に、ライプニッツの有機体的な、そしてロックの心理学的経験的な実在論が影響を及ぼしたと結論する。しかしデューイのライプニッツ研究を十九世紀後半のアメリカ哲学の地盤に置いて見るという視点はない。

私は本章において、当時のアメリカのドイツ哲学、あるいはライプニッツ哲学に関わる受容史的、そして精神史的状況のなかから、デューイのライプニッツ書がどのように成立したのか、そしてまたデューイは『人間知性新論』をはじめとしたライプニッツ原典を読みつつ、ライプニッツの思惟にどのように向かい合い、これと対決し、自らの独自の立場を構築する発想を懐胎していったのかを明らかにしようとした。

デューイのライプニッツ書の存在を私に教えて下さったデューイ研究者の行安茂・岡山大学教育学部名誉教授に御礼を申し上げる。

注

（1） German Philosophical Classics for English Readers and Students, edited by George S. Morris. *Leibniz's New Essays concering the Human Understanding. A Critical Exposition*, by John Dewey, Chicago, S. C. Griggs and Company 1888. pp. i–xvii (contents, preface)+pp. 1–272.

（2） Leibniz-Bibliograhie.Die Literatur über Leibniz bis 1980, begründet von K. Müller, hrsg.von A. Heinekamp, Frankfurt a. M. の初版（1980）にはデューイの本書は収録されていない。またデューイ研究者も、デューイのそのライプニッツ研究ばかりか過去の哲学者の学術的研究に無関心であった点を Sidney Ratner, *John Dewey's Critique of Leibniz and Locke*, in: Stud. Leibn., XIX, 1987 が詳説している。

（3） 出版された一八八〇年国会図書館（Library of Congress）に二部が届けられたが、それも後に失われたのである。しかし、一八八八年の初版本のリプリント版が一九六一年に五百部だけ印刷され、Hillary House Publ. Ltd. New York から刊行されている。ただし、初版本の冒頭に印刷されていた「ドイツ哲学古典叢書」としての扉表紙、及び叢書の既刊案内等は除かれている。

（4） Muirhead, J. H., *How Hegel Came to America*, in: The Philosophical Review, vol. XXXVII, 1928, pp. 226–240.

（5） The Journal of Speculative Philosophy, vol. 1, 1867, p. 1 ("To the Reader" by Editor).

（6） 酒井修「ヘーゲル哲学の本邦渡来——その『論理学』の研究のために」、京都哲学会編『哲学研究』第五五五号、一九九〇年、二一―二二、三九―四〇頁参照。

（7）　G・ダイキューゼン、三浦典郎・石田理訳『ジョン・デューイの生涯と思想』清水弘文堂、一九七七年参照。

（8）　カリフォルニア・パーソナリズムに属し、ライプニッツを崇敬していた Gerge Holmes Howison が『叢書』のこのライプニッツ巻の執筆を切望していたという事情をマルヴァニが紹介している。Robert J. Mulvaney, *Frederic Henry Hedge, H. A. P. Torrey, and the Early Reception of Leibniz in America,* in: Stud. Leibn., XXVIII, 1996, p. 179.

（9）　デューイの本書の巻末に Jo Ann Boydston が付した A Note on the Texts を参照。

（10）　山田英世『J・デューイ』清水書院、一九六六年、六四頁以下。

（11）　デューイのライプニッツ書（一八八八年）の扉裏に印刷された「ドイツ哲学古典叢書」の案内には、モリスの責任編集のもとで「ドイツ思想の傑作を批判的に解説する」ために刊行された七巻が挙げられている。書名と著者の名を掲載順に紹介しておこう。

Kant's Critique of Pure Reason, by G. S. Morris
Schelling's Transcendental Idealism, by John Watson
Fichte's Science of Knowledge, by C. C. Everett
Hegel's Aestheticism, by J. S. Kedney
Kant's Ethics, Noah Porter
Hegel's Philosophy of the States and of History, by G. S. Morris
Leibniz's New Essays concerning the Human Understanding, by John Dewey

（なお、デューイのライプニッツ書の次に予定されていた最終巻 W. T. Harris, *Hegel's Logic. On the Genesis of the Categories of the Mind. A Critical Exposition* については、まだここでは予告されていない。）

（12）　デューイの本書「序文」にも言明されている。Dewey, p. 253. Preface.

（13）　"I have also endeavored to keep in mind, throughout, Leibniz' relations to Locke, and to show the *Nouveaux Essais* as typical of the distinction between characteristic British and German thought" (p. 254, Preface).

（14）　Mulvaney, op. cit., p. 179.

（15） Preface, Bk. I, Ch. 1: Journal, vol. XXI, July 1887.
Bk. I, Chs. 2–3: Journal, vol. XXI, July 1887.
Bk. I, Chs. 1–2: Journal, vol. XXI, Oct. 1887.

New Essays, New York/London 1896.

（16） 当時ゲルハルト版の『人間知性新論』が出たばかりだったが、デューイはエルトマン版を使用した。Mulvaney, op. cit., p. 174.

（17） しかるにレイトナーは、『弁神論』について触れていない。Ratner, op. cit..

（18） Dewey, p. 258: Ch. I: “The man”.

（19） op. cit., p. 271: Ch. II: “The Sources of His Philosophy.

（20） op. cit., p. 295: Ch. III: “The Problem, and Its Solution”.

（21） op. cit. p. 413: Ch. XI: “The Theology of Leibniz”.

（22） op. cit. p. 420: Ch. XII: “Criticism and Solution”.

（23） George Dykhuizen, *The Life and Mind of John Dewey*, intr. by Harold Taylor, ed. by Jo Ann Boydston, Southern Illinois Univ. Press, 1973, p. 56, 340.

（24） Immanuel Kant, *Über eine Entdeckung nach der alle neue Kritik der reinen Vernunft durch eine ältere entbehrlich gemacht werden soll*, Akad. Ausg. Bd. VIII, S. 185-251, bes. S. 187.

（25） Gottfried Wilhelm Leibniz Opera omnia philosophica, hrsg.v. Erdmann, Berlin 1840.

（26） 本章二・一・一頁参照。

（27） *Considerations on the Doctrine of a Universal Spirit*, trsl.by A.E.Kroeger, in: Journal of Speculative Philosophy 5 (1871).

（28） The Philosophical Works of Leibniz, trsl. & ed. by G.M.Duncun, New Haven 1890. なおデューイ以前の、ヘッジとトーリーを中心とした、十九世紀後半のアメリカ哲学におけるライプニッツの受容史については、先に挙げたマルヴァニの論文 *Frederic Henry Hedge, H.A.P.Torrey, and the Early Reception of Leibniz in America*（1996）に詳しい。

（29） ライプニッツの原文は、“Mais je tiens en même temps, que les idées de l'etendue et de la solidité ne consistent point dans un je ne say quoy comme celle de la couleur de l'écarlate"（GP. V, 115）である。

（30）本章における引用が依拠している John Dewey: The Early Works, vol.1,1969 では三四三頁以下。

（31）Descartes, *Principia philosophiae*, pars II (AT. VIII–1).

（32）この引用文は、それがライプニッツのデューイによるテクストからの引用であることを意味するのだろうか。しかしライプニッツの『人間知性新論』にはこの通りの文章は見当たらない。GP. V, 115f.

（33）たしかに、イギリスのライプニッツ研究はドイツ、イタリア、フランス、アメリカはおろか、スペイン、イスラエル、中国、ロシアのそれに較べても、研究者の数でも劣り、低調との感は拭えない。筆者がこれまで参加した五度の国際ライプニッツ会議（1988, 1994, 2001, 2006, 2011）でもイギリスからの出席者は少なかった。一方米国のライプニッツ研究は盛況で、現在は Rescher, Garber, Kulstad, Brown, Harts, Riley, Jolly, Razzerford らが活躍している。また年一回発刊の研究雑誌 The Leibniz Review も二〇一二年一二月には第二二号を数える。さらに近年は国際学会やシンポジウムもアメリカ各地で活発に開催されている。

（34）George McDonald Ross, *Leibniz' Role as a Type in English-Language Philosophy,* in: Stud. Leibn. Suppl., XXVI, 1986, S. 376–384.

（35）『形而上学叙説』等を収めたG・R・モントゴメリーの選集は一九〇二年に刊行される。

（36）同書の総頁数は三一一頁であるが、本文は二〇二頁にとどまる。二〇五—二九九頁には「付録」としてゲルハルト版ライプニッツ哲学著作集からの抜粋が主題別に印刷されている。三〇一—三一一頁は索引である。

（37）Louis Couturat, *La logique de Leibniz*, Paris 1901.

（38）Ernst Cassirer, *Leibniz' System in seinen wissenschaftlichen Grundlagen*, Marburg 1902.

（39）G. H. R. Parkinson, *Logic and Reality in Leibniz's Metaphysics*, Oxford 1965. 他にも次の書が注目される。Hide Ishiguro,*Contingent Truths and Possible World*. In: *Leibniz Metaphysics and Philosophy of Science*, ed. by Woolhouse, R. S. Oxford 1981; Benson Mates, *The Philosophy of Leibniz*, Oxford 1986.

（40）Russell, op. cit., p. 161.

（41）op. cit., p. 166.

（42）ライプニッツの「最善世界」(mundus optimus) 概念の内包と外延については、拙著『世界と自我』第Ⅲ部第四章第三節、及び「オプティミズムとペシミズムの彼岸――ライプニッツの場合」（『悪』実存思想論集、第XIV集、理想社、一九九九年）を参照されたい。

（43）クーテュラ以来、シンタックス的要素や記号論理への関心が強かったが、一九八〇年代後半以降、ライプニッツの言語論における主にセマンティック的要素への関心から、とくに『人間知性新論』第Ⅲ巻に代表される「自然言語」――実在的な意味を有する――を扱った研究がA・ハイネカムプやM・ダスカルらによって展開される。

（44）Bertrand Russell, *A Critical Exposition of the Philosophy of Leibniz*, London 1900, New Edition 1937, p. 109f., 188.

（45）“But he preferred to support Sin and Hell, and to remain, in what concerned the Church, the champion of ignorance and obscurantism. This is the reason why the best parts of his philosophy are the most abstract, and the worst those which most nearly concern human life” (op. cit., p. 202).

（46）Russell, op. cit., Preface (Sep. 1900), chap. 1, etc.

（47）Dewey, op. cit., p. 435.

（48）このような、狭義の合理主義には属さない、より広いライプニッツ研究の導火線の一つとなったのが、マルセロ・ダスカルの提唱する“soft rationality”である。二〇〇一年の第七回国際ライプニッツ会議でも論議を呼んだ。そしてアメリカの研究雑誌 The Leibniz Review, vol. 13, 14, 2003, 2004 誌上での、ダスカルとハインリッヒ・シェーパースの興味深い論争にも発展した。「必然真理」の完全な認識は人間には不可能であるとして、従来の必然真理に依拠した数学、論理学を合理主義のモデルにしてきたやり方をダスカルが批判するとき、そして有限な人間、そして社会において他者とともに生活する人間にとっての真理、必然、神を捉え直そうとダスカルが試みるとき、デューイの視点との距離はもはやそれほど遠くはないようにも思われる。

（49）本書第Ⅴ部4「第八回国際ライプニッツ会議（二〇〇六年）報告」。

（50）G. M. Ross, op. cit., S. 383.

（51）P. F. Strawson, *Individuals: An Essay in Descriptive Metaphysics*, Garden City, 1963.

（52）注（8）を参照。

第九章　ライプニッツの自然言語論
――その哲学的前提によせて――

序

「十七世紀の万能人」と称されるライプニッツの多彩な業績のなかでも、その言語哲学はきわめて豊かで独創的な内容をもつ。しかし二〇世紀初頭のラッセルやクーテュラの汎論理主義は人工言語の研究を専らとしたし、戦後も一九六〇―八〇年代まで、とくに英語圏のライプニッツ研究はそうした（狭義の）記号言語論に再三言及してきた。それに従えば、例えば「人間は理性的動物である」（Homo est animal rationale.）という命題は｛A est B｝すなわち｛YB est B｝として、また複合概念は素数の積（例えば、a r あるいは2×3、または6）（C. 50）などとして表記される。ライプニッツは言語及び論理学の形式化・抽象化の推進者と見なされ、現代の記号論理学の先駆者の一人であると目されてきたのである。

しかしライプニッツその人は、ドイツ語、フランス語、ラテン語をはじめとした自然言語にも、十分な、否それ以上の関心を注いでいた。「目」、「優しい」、「ライン川」等の自然言語は、恣意的でなく実在的意味をもつことを、彼は語源研究によって実証しようとさえするのである（『人間知性新論』第三巻）。諸民族の言語は一本の系統樹をなし、それらは「アダム言語」に遡る。このようなライプニッツの豊かな自然言語論については、ようやく一九八〇年代頃からハイネカムプ[1]やダスカルらによって注目されるようになってきた。それはたんに言語哲学や語源学にとどまらず、倫理学、形而上学、宗教論とも絡んでおり、それゆえ、一九九〇年代以降の世界のライプニッツ研究のいわば〈脱合理主義的転回〉にもリンクしている。ライプニッツ研究という劇場でも自然言語論は漸く表舞台に立つ。

本章においては、ライプニッツの自然言語論の膨大な仕事の逐一に立ち入ることは、紙幅の関係もあって不可能であるが、しかしその基本的な内容的前提を整理し、現代の思想・文化的状況との可能な連結について展望し、この分野での今後の日本における研究のための道案内としたい。

一　人工言語にこめたライプニッツの意図

人工言語と自然言語の関係については、大別すれば、(A) 相互に依存する (Peirce)、(B) 相違にもかかわらず構造的な共通性をもつ (K. Döhmann, Chomsky)、(C) 効果は異なるので、二者択一になる (形式言語で詩作はできないし、自然言語で数学の証明を書くことはできない) (H. Scholz, Wittgenstein)、という三通りの説が行なわれている。しかしライプニッツは、この二種の言語の間の重要な共通性と相違を共に洞察していた。

(1) はたらきの相違

カッシーラーは、ライプニッツは論理的分析の道具としての言語に向かうだけで、音声や語といった特殊性は無視した、と言うが、これは正しくない。[2] ライプニッツは、心の動きを表現できる自然言語の意義を重視していたのであり、口語表現を全て人工言語に移せるなどとは思っていない。自然言語においては、表現の意味は人工言語にくらべ緩やかで固定しておらず、だからこそ異なった事物や状況にいわば変幻自在に対応できる。対して人工言語の記号には固定した意味しか付け加わらないので、自然言語から翻訳するときにロスが生じる。「真理値保存則」（salva veritate）だけでは不十分なのだ。

記号言語が理解されるためには、自然言語がある程度成立しなければならない（*NE*. III, chap. 6, §25）。自然言語は「人工言語のアプリオリ」といわれる（K. A. Opel）。ライプニッツは普遍言語だけを夢見ていたというルブランの説は誤りだ。(3) 人はどのみち自然言語に依存しており（哲学ですら！）、その背後に遡行できない。記号で表記できるのは部分領域でしかない。たしかに、神存在の数学的証明は可能になるかもしれない。けれども数学が唯一のモデルであって、これに哲学も従属するとはライプニッツは決して考えなかったのである。

（2）構造の相違

ライプニッツ言語論の基礎は、現代の論理学が考えるような「文」ではなく、むしろ「（単）語」（Wort）である。つまり、判断より概念が優先するのである。彼は、人工言語と自然言語の双方に奉仕できるような「一般記号論」を求めた。

記号であるための条件としてライプニッツは二点を挙げる。①可感的であること（ダスカルによれば、これは十七世紀の記号論全般の特徴だという(4)）、②この可感的なものに、以前の経験に基づいて、他のものが結合されていること。記号のはたらきとは、別の特定の表象を記憶のなかに呼び戻すことである。そうだとすれば、語が情報としての価値をもつのは、語に結合されたその表象に基づく。語や言語は一方でたしかに思惟の支えに過ぎない。しかし他方でライプニッツは、語や言語は思惟（想起、伝達）の単なる補助であるだけでなく、また同時に構成的な契機でもあると考えていた。これよって、記号は「発見術」（ars inveniendi）ないし「判断術」（ars judicandi）の道具となる。

一六八四年の『認識、真理、観念についての省察』において、「明晰判明」な観念を「適合的」か「不適合的」かに区別するライプニッツは、さらに前者を「直観的認識」か「盲目的、記号的認識」（cognitio caeca, symbolica）かに区別する。後者は、われわれが図形や言葉の意味をよく見たり理解したりするかわりに（すなわち、概念の構成要素間の関係を縦横に認識するかわりに）、語や記号を用いて行なう認識だという。この記号的認識をライプニッツは、ただ直観より劣ったものとしてのみ挙げるのではない。記号的認識はわれわれの日常を機能させてくれる不可欠かつ有意義な認識でもある。と位置づけているのだ。換言すれば、神ならぬ有限な人間的認識の制約が、概念の分析を無限に進める代わりに、記号の使用を必要とさせるのである。記号は描写、固定、短縮、整理の機能を有し、その使用は精神の負担を軽減する。

たしかに、そうした機能を記号が満たせるのも、記号が観念または物を表現（repraesentare）しているからに他ならない。しかし、思惟するとは記号を処理することでもあるとすれば、優れた記号システムを持つことに合理的発見術である思惟の前進もかかっている。微積分計算の発見にしても、無限を認識するための、その記号の意味を反省したことから画期的な進展をみたのだった。記号や言語は「理性の道具」（instrumentum rationis）なのである。だから、ホッブズの、言語は“nota”、つまり想起のための微表であり、“signum”としての機能は二次的だとの考えには、その限りでライプニッツは賛同するのである。

そういう記号システムの理想からすれば、自然言語は同名異義語を多く含むから不十分である。ライプニッツが有効な記号体系を作ろうと生涯努めた所以である。その努力は、「普遍記号法」（characteristica universalis）、形式論理学と数学の計算、「理性文法」（grammatica rationis）、という三つの方面に及ぶ。このうち、普遍記号法についてみておこう。ライプニッツの普遍記号法は、同時代のそれと異なって、異言語間の意思疎通に奉仕するだけのものではなく、まさに「哲学言語」、「発見術」、「判断術」である。記号は諸観念の構造を精確に模写しているとされ、したがって先ずは、観念の構造を精確に知ることが前提となる。

概念分析の道具は「定義」であり、「第一次的な可能」、「還元不可能な諸概念」に至るまで分析は続けられる。なぜなら根本諸概念（「人間的思惟のアルファベット」）まで来て初めて、当初の概念が矛盾を含むか否かが証明されうるからである（根本諸概念が得られたら、今度は逆にそこから「総合」によって全ての概念が得られるであろう）。分析された概念には記号が配当される。根本概念と記号とは、ちょうど個人と固有名詞のように一対一で対応する。多義的な記号や同義的な記号——これらは自然言語の特徴なのだが——は排除しておかねばならない。そして、物を概念が模写している以上、物、概念、記号のあいだに或る同形性が成立している。一六七九年の草稿などでは、根本概念と複合概念は、それぞれ素数と素数の積によって表されている（Couturat, 42-92）。概念分析の結果、記号の整理がつくと、与えられた結合が真なる命題の条件（「述語は主語に内在する」）に対応するか、そしてどのような信頼に足る結合が形成されうるか（すなわち命題は証明可能か）が看取できる。

ライプニッツは、しかし、そのためのプログラムや定義表を残しているだけで、概念分析への予備作業で終わっている。だがそれは当然でもあった。というのも、記号法は本来、全ての概念が根本概念にまで分析されることを前提するが、それはもう「百科事典」の仕事である。しかもそれは、良く組織された広汎な共同作業、すなわち「アカデミー」の実現を要するであろう。それに、無数の根本概念への分析ということが、そもそも人間に可能かも疑問であることは、彼自身『認識、真理、観念についての省察』でも認めてはいる。

にもかかわらず、「普遍記号法」の計画そのものはライプニッツの理想に一致していた。思惟が記号操作に制限されるとすれば、記号を見るだけで、どの主語述語結合、すなわち判断・命題が誤りかが判るのだ！　数学内部での意見の差異は計算によって提示されるが、それと同様、他の領域、例えば形而上学や神学などにおいても、記号法の助けを借りれば、論争などしないで、ただ「計算しよう」（Calculemus!）と言えばよいであろう。

二　なぜ自然言語なのか——言語の発展は人間の欲求に基づく

ライプニッツの普遍記号法では、上述のように、各記号の結合は、各観念の結合に精確に対応するとされていた。しかし自然言語では、そういう記号と観念の一対一対応はない。その理由は、自然言語は、人間の欲求や生活関心に合致して変化するからであり、さらに利害などは時代と共に変化してゆくからである。したがって自然言語は、記号言語と違って、次のような二つの属性をもつ。

①　自然言語は歴史的な現象である。

②　それは一つの言語ではなく、多くの言語である。

だから、言語の内部で開示されるものは、概念の非時間的な構造というより、人間の言語創造の時間的な歴史なのだ。言語が歴史の重要な証人であるのは、そこから異なった諸民族の類縁関係を（民族大移動期を縦断して）

推論できるからというだけでなく、諸民族の精神的で文化的な発展を証拠づけることができるからである（NE. III, chap. 1, §5)。

さて、「理由律」に従えば、語の意味（或る語と或る特定の物との適合関係）にも「十分な理由」がなければならない。これはライプニッツの言語論が（広義の）合理主義的前提に基づいていることでもある。たしかに大半の語の意味は、人工言語におけるように恣意的に制定されたものであり、スコラ哲学、ロック、さらにはソシュールの言語論も基本的にこの立場に拠る。しかしライプニッツは、自然言語の場合には、意味は自然的もしくは道徳的な理由によって決められると主張するのである。このようなライプニッツの実在的意味の理論は、興味深いことに、プラトン『クラテュロス』の名前（ὄνομα）論をわれわれに想起させる（390E）。そこでは、名前は事物の本性に似ていなければならないこと、言葉と事物は一対一対応すること、つまり複合的な言葉も事物も、単純な言葉や諸事物からなること等が述べられていた（424Dff）。プラトン同様、ライプニッツも「語源学」を重視し、そのうえ実際に言語の歴史的起源の探究に従事した。ライプニッツは、『創世記』に依拠し、当時流行していた、諸民族及び諸言語は唯一つの起源から発生したという説を採用する。「原言語」（**lingua primogenia**）、すなわち「アダム言語」（ヤコプ・ベーメ）が存在するという主張がそれである。

もっとも原言語は既に失われて久しく、また既存の自然言語はどれもそのままでは原言語であることを要求できない。原言語の残滓は保存されているが、既存言語との比較から原言語を再生するという試みは、自然言語がその完全性を失っている以上、不可能である。堕落であるにせよ変遷は自然言語には不可避である。ライプニッツは、既に最初の人間たちも原言語から逸れ、自分たちの欲求に合わせて新語を造っていた、と言う。だから現存の自然言語はどれも原語と新語から成っている。けれども、全ての言語には、導出の仕方は各言語によって違いこそすれ、同一の語源が存する、とライプニッツは確信していた。「ほとんど全ての言語は、同じ根のしばしば錯綜した変様に過ぎない。ただ、そのことを確認するのは、多くの言語をまとめて比較しない限り、難しい」(Collectanea etymologica, Dutens, VI, ii, 185)。語源となりうるのはなにもアダム言語だけの特権ではなく、自然言語はどれも「新根本語」を形成する力をもつ(*NE.* III, chap. 2, §1)。ライプニッツはその実例として、ラテン語の動詞coaxare(蛙がケロケロ鳴く)を挙げ、この語から多くの語、例えばドイツ語のerquicken(力づける)、低地ドイツ語のQuäken(雑草)、英語のquickly(速く)等が導かれる、と説明する(ebd.)。

ただし、そうした語の歴史的起源を問う語源学だけが彼の主眼ではない。彼の関心は、自然言語の単に時間的な始まりというよりは、むしろ、言語の構造的な要素を問うことにあった。つまり、人工言語がこれ以上分解できない単純概念に至るのと同様、自然言語の語源または派生についても、これ以上遡及できない要素、すなわち語源を想定しなければならない。なぜなら無限遡進は不十分な説明でしかないからだ。ゆえにライプニッツにとって、語源学は、言葉の歴史的な起源、また同時に、構造的な要素への問いを意味するものでなければならなかった。

三　自然言語の対象野としての日常的生活世界——意味の実在性をめぐって

(1)「オノマトポイエシス」(ὀνοματοποίησις)とは何か

原始的言語において言葉と事物は直接対応するというライプニッツの自然言語論は、『人間知性新論』で提示されているとおりだが(III, chap. 2)、ただ直接的対応といっても、言葉のもつ「オノマトポイエシス」、すなわち具体的な言語形象を媒介とすることはいうまでもない。

「オノマトポイエシス」とは、それ以上分析することも定義することも不可能で、その意味がそれ自身から理解可能でなければならないものをいう。ライプニッツは、語意の理由を可視的ならしめるはたらきをもった語根をそう呼ぶ。語根は自然的な意味をもつ。語根において、現実についての知覚が直接に言語へ変形されている。語根は、言語と現実とが直接に出会う点を形成しているのである。

「オノマトポイエシス」と彼が呼ぶところの、語根と表示対象との関係には三種類のものがある。

① **音声模写語（擬声語）**　前掲のquaken（蛙が鳴く）の他にも、Kuckuck（郭公）、meckern（山羊が鳴く）など、動物や、その鳴き声などの名称において顕著である。この音声がその意味機能を受け取るのは、発音する主体によるのだが、しかし語と物のあいだには内的な連関が成り立っている。擬声語に従って子供たちは新語を発明したりするのである。

② **単声音**　オノマトポイエシス的な性格は、語だけでなく、一々の文字ないし音声にも付与される。語根的な意味を伴った音声は、分子の如く、音節や語へ組織される。このとき語の意味をなすのは音声の機能である。個々の音声の意味が合わさって語全体の意味が説明されるケースは少ない。たいていの場合、一つの音声またはごく少数の音声が語根の意味を決定する（その他の音声は隷属する）、とライプニッツは考えていたようだ。

注意してよいのは、語根のうち、少なくともいくつかの場合には、自然の基本的な物音が模倣されているわけではないことである。例えば、L（エル）の意味は、優しい運動とされるが、音響自体が対象であるわけではない。アナロジーは、おそらく、そのような優しい運動を発話器官が模写しようと試みる点に基づいているであろう。

③　語根としての間投詞および不変化詞

ライプニッツは、間投詞と不変化詞が、特定の語の起源であるにとどまらず、およそ言語一般の起源であると見ていたようだ。最初の人間（アダム）が、先ず、分節されざる音声を発していた、そしてそこから、分節された間投詞が成立し（後にコンディヤックが展開する説）、さらに間投詞から語が生じた。その例として、ライプニッツは、oi や hoi は悲しみの音声であり、イタリア人は "Hoi me" と嘆き、ギリシア人は οἰζύς（困窮）や οἶκτος（憐憫）という名詞を持っていたと指摘する。

言葉の起源は間投詞に求められるとするテーゼにおいては、何よりも言語は人間の相互作用の手段として見られている（*Unvorgreifliche Gedanken*, 5）[5]。ライプニッツが動詞の原型として命令形を指しているのも、このことと符牒する。間投詞は「心の運動」（animi motus）を表現し、そしてその表現力は現在の自然言語のなかにも保たれている。人工言語に比べ、自然言語は人の心を動かす信じ難いほどの力をもつ。

以上の三種類のオノマトポイエシスに共通なのは、それらがいずれも知覚可能なものの領域に関わるということである。また、言語の起源は、感覚的に知覚可能なものの中に探されねばならない、というのがライプニッツの考えである。言語は感覚レヴェルから始まって、他の領域、とくに精神的な領域へ拡張して行く（Couturat, 151）。例えば、ギリシア語の *πνεῦμα* がそれであって、「風」や「息」から「霊」までの意味射程をもつ（*NE*. I, chap. 3, §8）。しかしだからといって、人間自体も感覚的事物から始め、次第に感官を超えたものに向かう、あるいは、オノマトポイエシスが「原始的単純項（名辞）」（terminus simplicis primitivus）[6]に相当するなどと考えるなら誤りであろう。ライプニッツは、単純で定義不可能な感覚所与（オノマトポイエシス）を「原始的単純項」（ens, non ens, res, modus, substantia...）と区別しているからである。感官の単純な所与とは、例えば白、赤、黄、青などであるが（*NE*. II, chap. 18, §6）、ひとはそれらについて、「延長、強度、形態」などの理性的概念に基づき、なにかを言い表す、すなわち諸現象の自然学的説明を与えることはできる。だがそれでこれらの性質の本質が示されたわけではない。(7)

しかしまた、こうした可感的観念をライプニッツは、「現れにおける単純体」(*NE*. II, chap. 2)、あるいは「われわれの第一次思考対象」(protonoemata secundum nos)(8)と呼ぶ。それらの現れは、われわれの知覚器官の性状に依存するからである(Couturat, 190)。生来の盲目の人は、「赤」の本質を捉えることはできず、また名目的定義も与えられ得ない。それは、せいぜい指示によってか、または実際に知覚することによってのみはっきりさせることができる。経験世界の分子的構造も、諸観念の構造も、言語によって厳密に模写されるわけではない。経験の一々の単純要素に一々の語根語が対応するわけでもなく、また複雑な経験に合成語が対応するわけでもない。つまり、音声を模写しているような語根が、事物の単純な性質を示しているわけではないし、また、L、R、S、Wなどから直接に単純な運動性質が想定されるわけでもない。このこともライプニッツは見ているだろう。

ところで、このように音声そのものが帯びている性質、すなわちオノマトポイエシスが直接、ないしは象徴的なやり方で意味を伝えるという面(擬音語、擬態語)に注目するのが川田順造である。(9)川田によれば、ソシュール以来言語研究の中心におかれていたのが、音声と意味との関係を恣意的と見なし、言語を約束による記号体系だとする見方(例―ウマ、horse, cheval, Pferd, …)だったのであり、対照的に、音声と意味のあいだに理由ないしは連続を認める所見(例―カラス、crow, corbeau, Krãh, …)はほとんど注意されてこなかった。川田は、フッサール『論理学研究』の「本質直観」の理論を受け継いだロマン・ヤコブソンの音象徴論に再三言及し、文字を持たないアフリカの部族の言語を調査する。川田には残念ながらライプニッツへの言及は見られない。しかし川田のオノマトポイエシス論が、少なくともその発想に関して妥当だとすれば、一方で語根(音声)と意味との、語と意味の関係の恣意性や制度性を中心的とみる経験主義的な、あるいは唯名論的な言語論が、〈ソフィスト―スコラ―ロック―ソシュール〉という太い系譜として再確認される。そして同時に、それへの批判ないし対抗軸として、音声または語とその意味との関係の実在性に注目しようとする〈プラトン―ライプニッツ―（フッサール↓ヤコブソン）―川田〉というオノマトポイエシス論の一見細く、しかし確かな水脈が見出されるのだ。しかしこの地下水脈のさらなる詳細と射程に立ち入ることは、すでに本章の課題の範囲を超えている。

それはともかく、自然言語は経験の構造に厳密に対応するものではない。なぜなら、物の命名は、物そのものによってのみ決定されるのではなく、物と命名者（人間）との共同作用、例えば、物への関係、感情、欲求によっても決定されるからだ。しかも人間は、物を模写しようと試みるだけでなく、諸性質の中から特定のものを摑み出し、この性質に因んで命名する。例えばKuckuck（郭公――鳴き声）やLucks（大山猫――並外れて鋭い視力）などの語がそれだとライプニッツは指摘している（*NE*. II, chap. 29, §7）。ただ、何分にも個体は無限（な諸性質）を含むから、同一のものを名づける場合でも、異なった人間が異なった性質を選ぶことは十分ありうる。ヘルダーと同様、ライプニッツにとって、命名とは物の性質の受動的な反映ではなく、むしろ形成し、特定の徴表を能動的に摑み出すはたらきなのである。(10)

（2）語根から導出されて出来る語

名前をつけるということは、多くの場合、共通する徴表の抽出によって起きるから、名前はしばしば事物の固有な性質に対応する（例：植物の名称）（*NE*. III, chap. 9, §5）。語根においては、非言語的なもの（自然）が言語へ移されるわけだが、それに比して派生語では、既成の言語素材から新語が形成される。その際、新しく命名される事物と、基幹語によって表示された事物とのあいだには或る類似性が存する。ライプニッツの挙げる例（ただし言語史的には正しくない）は、Auge（眼）である。すなわち、まず語根aは軽い息を表示するが、aを重ねることにより、aha（水）という語が形成される。なぜなら、水は流れ、物音を引き起こすから（*NE*. III, chap. 2, §1）。さらに平地にあって周りを囲まれたものがAugeと名づけられる。そこからドイツ人は水に浮かぶ粒状の油もAugeと名づけた。かくしてドイツ語のAugeは、ラテン語のoculusと同様に、「眼」を意味する。

「普遍記号法」では、ライプニッツは単純記号と複雑記号を区別し、後者は、対応する概念がそこから合成されているところの諸要素を認識させるのだと説く。自然言語では、要素的な表現（語根）と派生語とが区別される。いくつかの派生語では、それの意味は、それの諸要素のもつ意味の機能であるが、しかし普通は、派生語は、表示された物の諸要素を示してくれてはいない。だからほとんどの場合、記号をみても、それが何を意味しているかわからない。ほとんどの語の意味は、別個に学習されねばならない。意味は使用によって決まるのである。(11)母国（ドイツ）語でGold（金）と言っても、人間性の金、すなわち理性や秩序に関わりうることを知る鍵とはならない。前のAugeの例においても、この語が、それによって指示されている「目」なる対象とその諸要素を再生しているかと問うなら、それはナンセンスであろう。その場合問いうるとすれば、ただ、或る特定の言語共同体（例えば、ドイツ人）では、特定の器官（目）に或る名前（Auge）を付けたのは何故かということだけだ。

（3）命名原理としてはたらく「自然の力」（impetus naturalis）

要するに、ライプニッツは、事物と言葉のあいだに確実で必然的な結合があるという見方も（それなら、事物は一つしか名前をもたぬはずであろう）、また言語は純粋に恣意の産物だという見方も採らず（なぜなら、「理由律」

に従えば命名にはきちんとした理由があるはずだから)、いわば両者の中間的な立場を採るのである(Couturat, 151)。実際に言語研究に従事した者としてライプニッツは、語はそれほど恣意的に出来たわけではないと確信していた。ただし、そうはいっても、語と物の結合の必然性は或るときは「自然的」だが、また或るときは「道徳的」であるだろう。「道徳的理由」とは、記号言語でも、自然言語でも、人間が意識的に選択を行なう場合に言われる。その他の場合にはライプニッツは、自然的な理由を想定しているが、偶然の役割を重視する(もちろん、「理由律」により、偶然や機会にもちゃんと理由は存する。ただ、その理由が当該の事物や言語の外にあるのだ。例えば、他の言葉や他の言語からの影響、あるいはそれらとの混合など)。ところで、われわれの注目を惹くのは、自然的な理由のなかで、殺到する非反省的な「本能」がライプニッツの初期から解されており、後の時期でも、そういう「自然本能」(instinct naturel)は言語発展の決定力だった点である。つまり、語根のオノマトポイエシス的な性格のゆえのみならず、言語発展を支配している「自然の力」のゆえに、ライプニッツは、記号言語よりも自然言語のほうに「自然における基礎」(fundamentum in natura)を帰属させてよいと考えたのである。しかし重ねて言うが、ライプニッツの「ラチオ」主義(ratio-nalism)においてはこの「自然の力」も単に恣意的なものではない。「いかなる言語にあっても、永遠の合理性は、通俗的な根から形成されると予想してはならない(12)」。

言葉の意味を作るのは単なる恣意でも、単なる必然でもない。しかし次のことは言える。「音声は、語源または、そこから音声が成立しているところの文字から独立に意味を作ることはない」(Couturat, 352)。語源研究は多くの場合証明できず、推測に依存している。それどころか同一の語に異なった説明がなされ、どちらももっともらしく見えることがある。われわれは、或る語が何を意味しているのかを知りたければ、たしかにいくつかの語については、それの意味は語源研究から解明できるものの、一般的には、ひとつの言語共同体のなかで通常であるような使用法を観察する必要があるだろう。そのような意味でライプニッツは、意味を「使用」（usus）として定義するのである。[13]ライプニッツは、後期ヴィットゲンシュタインで中心的役割を演じる「言語ゲーム」理論を既に先取りしていた、と言えるかもしれない。[14]

結　語

ライプニッツは人工言語と同時に自然言語にも学的対象としての価値を認め、人工言語との共通性や、差異・緊張とを通じて特徴づけを試みているが、その根本にあるものは、唯名論的意味論だけにも、実在論的意味論だけにも自分を制限せず、両者を包含したダイナミックな言語観であり、また言葉の意味は使用であるという驚くほどプラグマティックな視点でもあった。そこからライプニッツは、自然言語についてのきわめて実証的な語源学に向かう。その原理論的考察の一端は、既述のように、『人間知性新論』第三巻第二章に披瀝されている。さらに語源学の調査報告の一部として『語源集成』（*Collectanea etymologica*）[15]があるが、もはやそれについても立ち入る余裕はない。

しかし最後に、ライプニッツの自然言語論の下部構造には、「創造」の形而上学が存することに一言しておく必要があるだろう。神は、その無限知性に思惟された観念のなかから、自らの自由意志にしたがって最善のものを選択し、これを現実存在に移した。神の内なる個々の事物の観念、そしてそれらの共可能的な系列、それらを形象化したものこそ「語」であり「言語」にほかならない。してみれば「自然言語」こそは神の世界創造の秘密〔「理由」〕がそこに書き込まれた〈謎解きの鍵〉である。そして、自然言語論は、いやしくも「哲学」なるものが、ライプニッツが生前繰り返したように「人間の幸福、社会の利益、神の名誉」に資するものである限り、避けて通れない／通るべきでない試みだったのである。

注

（1） Albert Heinekamp, *Natürliche Sprache und allgemeine Charakteristik bei Leibniz*, in: *Leibniz' Logik und Metaphysik*, hrsg. v. Albert Heinekamp und Franz Schupp, Darmstadt 1988. 多大な教示を受けたことを故ハイネカンプ教授への謝意と共に記す。

（2） Ernst Cassirer, *Die Philosophie der symbolischen Formen*, 1925, Bd. 1: "Die Sprache".

（3） J. Le Brun, Rezension zu A. I, 11 (Jan.-Okt 1695), Akademie Verlag Berlin 1982, in: Dix-septième Siècle 39.1=Nr. 154 (1987), p. 60.

（4） Marcelo Dascal, *Leibniz. Language, Sign and Thought*, Amsterdam/Philadelphia 1987.

（5） Leibniz, *Unvorgreifliche Gedanken betreffend die Ausübung und Verbesserung der deutschen Sprache*, hrsg. v. Uwe Pörksen, Reclam Stuttgart, 1983.

（6） Leibniz, *Generales Inquisitiones de Analysi Notionum et Veritatum*, 1686, Couturat 360.

（7） Leibniz. *Meditationes de cognitione, veritate et ideis*, GP. IV, 432.

（8） An Vagetius, 2. Dez. 1679, A. II, 1, 497

（9） 川田順造『聲』筑摩書房、一九八八年。

（10） Herder, *Abhandlung über den Ursprung der Sprache*, II. Teil. 1772, 2. Aufl., 1789.

（11） Leibniz, *Unvorgreifliche Gedanken, betreffend die Ausübung und Verbesserung der deutschen Sprache*, 1717, Dutens, VI, ii, 47（103）.

（12） Dutens, VI, ii, 148.

（13） "Usus est significatio vocis communiter nota eadem lingua untentibus"（Nizolius Vorrede, GP. IV, 139）

（14） Sigrid von der Schulenburg, *Leibniz als Sprachforscher*, Frankfurt 1973, 209f./Wittgenstein, *Philosophische*

Untersuchungen,1953.

（15）Leibniz. *Collectanea etymologica*, Dutens VI, ii, 1-231. ライプニッツが『西帝国編年史』執筆のために生前刊行し、好評を博した史料集の一つに中世史の史料集『ブラウンシュヴァイク史料集』（*Scriptores rerum Brunsuicensium*, 1707–1711）三巻がある。民族大移動の時代を明らかにし諸国民の起源を探究するためには比較言語学が必要であると考えたライプニッツは、この第三巻にニーダーザクセンの言語と口承を収録し、これを『語源集成』（*Collectanea etymologica*, 1711）と題して出版した。

第Ⅳ部　比較思想とライプニッツ

第一〇章　アナロギアの論理と現代世界
——多様性と調和の学的創造に向けて——

序——問題の所在、主題の設定

西洋合理主義の伝統に属するG・W・ライプニッツの哲学思想に、東洋の、華厳経に対応する面のあることをいちはやく見抜いたのは、村上俊江（一八七一—一九五七年）であった。村上が明治二九年、東京帝国大学（文科大学哲学科）に提出した卒業論文『ライブニッツ氏ト華厳宗』を読むと、「ライブニッツ氏ノ元子論ト、華厳宗ノ事々無礙論ト殆ンド異ナルコトナキヲ了スベシ」[1]というその論旨もさることながら、彼の『モナドロジー』（ドイツ語訳）の理解の正確さには驚嘆させられる。村上の試みはそれ自身、比較研究を含んでおり、東から西への比較思想と言えよう。[2]

しかし既にライプニッツ自身も、西から東へ、すなわち中国の哲学・宗教・文化に積極的な関心をもち続け、イエズス会宣教師達（Grimaldi, Bouvet 等）を通じ詳細な実証的知識を有していた。彼は、理—気—太極という朱子学の体系や、また易の陰陽原理の内に、自らの「モナド」や「予定調和」への、そして0と1の二進法への対応を見出すのである。ライプニッツのいわゆる中国学の概要については、昭和四年に出た五來欣造の『儒教の獨逸政治思想に及ぼせる影響』以来、日本でも少しずつだが紹介されてきている。[3]

本章ではしかし、彼のそうした中国学の内容を叙述するのではなく、ライプニッツがそのように比較思想を遂行する場合の、むしろその方法的な論理について考察したい。そして、そのことを通じて現代における比較思想の可能な貢献について展望しよう。峰島旭雄教授は、*Comparative-phenomenological Method. An Essay on the Methodology of Comparison* と題する論文において、「比較」は常に主観と客観の二面をもつが、従来、看過されがちであった主観の面こそ重要であり、「比較」を厳密なものたらしめる、と述べておられる(4)。そうだとすれば、ライプニッツの「アナロギア」こそ、かかる「比較」の論理をまさに主観面について方法論的に、現象学的に反省させる概念であるといえよう。そして、見通しをあらかじめ言うなら、もしライプニッツが比較思想の先駆者であるとしても、それは中国学が彼に存在するからというよりも、むしろ彼の多方面にわたる比較、学際、歴史研究を貫く、その方法論としての「アナロギア」論理のゆえである、と言っても過言ではないであろう。

一　ライプニッツにおける「アナロギア」概念の規定

ライプニッツによれば、そもそも存在者（実体＝モナド）の他者への関係は因果関係などではなく、「表出」（expressio）の関係である。どの個体も、そして個体についての認識も、それのなかに他の存在者、ひいては全世界と、そしてその認識（＝観念）を「表出」している。では、「表出」とはいかなる関係であるか。スピノザを批判し、観念の能動性を主張した前期の論文『観念とは何か』（一六七八年）において、「或るものを表出するとは、〔表出する側のものが、〕表出されるべき事物の諸条件に対応する諸条件を持つことである」（GP. VII, 263）と定義される。その際大事なことは、「表出するものが表出されたものに似ている（similis）必要は明らかになく、〔ただ〕何らかのアナロギア（quaedam analogia）が保たれていれば、それで〔表出関係の成立には〕十分だ」と言明されている点である（ibid.）、かくて「表出」の関係は「アナロギア」のそれである。

しかし注意すべきは、ライプニッツがここで言う「アナロギア」は、通常のように「類比」と訳されてはならないことである。なぜなら、類比とは本来「類」や「種」、あるいは「形相」において似る、つまり類‐似を意味するが（例えば子は親に「人間」という類または種において似るといわれる）、ライプニッツは、認識論や存在論に関してはノミナリズムの立場をとり、類や種という普遍の自存を認めぬからである。だから彼にとって「アナロギア」とは、「似ている」というより、そのギリシア語源（ἀνά+λόγος）どおり、むしろ条件やシステムのあいだの「対比」（proportio）を意味するのである。[5]「ヨーロッパ人が〔a〕と呼んでいるものを、中国人は〔b〕と呼ぶ」という仕方の言い方をライプニッツがするとき、[6]それは〔a〕と〔b〕のあいだに、或る対比（x : a = y : b）、すなわち「恒久的法則的関係」（GP. II, 112）が存するという意味であり、そこでは「類型」も「理念型」も必要としない。さらに「表出」の関係には、多様なものがある。ライプニッツがそこで挙げる実例は、機械の模型と機械そのもの、平面図と立体、演説と思考、記号と数、そして代数方程式と円（または他の図形）であり、一方の諸条件の考察から他方の特質の認識を得ることができる。

二　「アナロギア」論理とライプニッツの比較・歴史研究

類似に制限されぬ対比としての「アナロギア」は、いま改めてこれを見ると、ライプニッツの狭義の哲学のみならず、この「十七世紀の万能人」の広範囲で学際的な研究活動のなかに、いかに積極的に活かされ、展開されているかがわかる。ここでは次の四点に絞って述べておこう。

1 「連続性の原理」に関して。「表出」概念は、ライプニッツにおいては、同時に「連続性の原理」とも連関している。[7] つまり世界において、神から、人間、動物、植物、下等生物に至る異なったモナドは、それらがいずれも「一における多の統一」という体制をもつ以上、必ずそこに中間的な形相が介在し、かくして「自然は飛躍せず」と主張される(GP. II, 168)。したがって、多様な各生命体のなかに、一における多の統一という構造、すなわち「表象」作用に対応する条件を確認する作業が重要となる(GP. V, 126)、ライプニッツは、植物、昆虫の「アナロジー」の探究を繰り返し肯定し、これをもたらす「比較解剖学」(anatomie comparative)に文字どおり言及しているのである(GP. V, 455)。

2 「連続性の原理」と絡んで、「アナロジーの規則」(la régle de l'analogie)はさらに、われわれの観察の実証が及ばぬもの(例えば別の天体上の物体)の推測にも「蓋然性」(probabilité)を保証し、そのことにより蓋然性は「合理的仮説」の基礎である、とライプニッツは述べている(GP. V, 453)。これはカントが『純粋理性批判』の後半で、理性の「仮説的使用」を要求してくる経緯と考えあわせ、興味は尽きない[8](B797–810)、「アナロギア」は発見術(ars inveniendi)として、われわれの認識を拡張するという、実践的な性格をも帯びる。

3 「アナロギア」は、特殊を手がかりとして特殊を知ることにおいて、また歴史学(historia)の方法でもある。ライプニッツが生前刊行し、好評を博した史料集のひとつ『歴史補遺』(*Accessiones historicae*, 1698–1700)の第一巻序文で(Dutens. IV, 53)、歴史研究に期待するものの第一に、「特殊なものを知る喜び」が挙げられている。つまり事実真理(永遠真理と異なり、その反対も可能である)としての歴史的真理への奉仕ということが示唆され、これが近代歴史学の理念と隆盛を可能にする。[9]「特殊なもの」を認識する彼の「アナロギア」論理は、後にマソン＝ウルセルがその『比較哲学』（一九二三年）で、方法論としての、横から横へ、特殊から特殊へ推論するアナロジーの論理を明示していることの、その先取りとも言えよう(10)。

4 「類似」ではない「アナロギア」は、当然「可感的事物と非可感的事物とのそれ」をも含んでくるが、このことが『人間知性新論』第三巻「言葉について」の冒頭での、場所的概念に由来する前置詞は、場所的関係に比例した意味をもつ云々、の考察に活かされている。さらにライプニッツは、自然言語における意味の実在論を展開し、古今東西の比較言語史的な知識を誇示する。しかしそれは、言語現象の多様の根源に或る共通的なものを見出そうとする態度に基づくのであって、単なるディレッタンティズムからではない（GP. V, 257–65）。

三 比較思想の自己検証

しかしながら、多様な観念のあいだの対応は、また安易な無差別や恣意的な思いつきからは区別されねばならない。まず比較が専らその対象に関わる場合、ライプニッツはいま挙げた『人間知性新論』での比較言語史的な研究、なかでも語源探索について、「きちんとした確証なしに」、「安易な飛躍をしてはならない」と戒めている（GP. V, 264）。こうした〈実証的な比較〉は、実際に資料を入手しさえすれば、正当化されることが出来る。したがって、例えば、儒教をめぐるライプニッツの知識は、二次資料、それも宣教師という偏った情報源にしか基づいていないという類の批判は、あまり意味をもたないだろう。なぜなら、そのような欠如は、仮にライプニッツがもっと別の資料に当たれば、容易に修正され得ただろうからである。むしろ、どのような資料にたまたま接したにせよ、そこから異なる現象の対応を判定する能力、すなわちアナロギアの論理を彼が備えていたことの方がはるかに重要である。

これに対し、「アナロギア」の正当性が、比較を遂行する主体に関わる場合、ここにライプニッツの論理学ないしは「普遍学」が、新たに比較思想に対してもつ課題が存するのではないだろうか。彼がそもそも永遠真理と事実真理を区別し、矛盾律に充足理由律を対置したのは、数学や（狭義の）論理学のみならず、歴史的命題もまた真理の領域に含まれると考えたことによる。だがそのためには命題ないし観念はあらかじめ「分析」され、その構成要素のあいだに矛盾がなく、「可能」であることが示されねばならぬ。つまり矛盾を内包するような認識は排除されねばならないわけである。そうしたうえで、真なる命題（S est P）が「証明」（demonstrare）されるとは、主語の中に述語が、前件の中に後件が含まれていることを明示することである（GP. VII, 44）。異なった諸現象のあいだに、恣意的ではない対比を結論しうるためには、比較の主体は、同時にいわば禁欲的に観念の可能性そのものを検証する必要があるだろう。

ところで、表出を通して多様な対比関係を肯定し、それにより比較思想を遂行する主観は、形而上学的にみても、ライプニッツの言うように、一定の「視点」（point de vue）に依存せざるを得ない。神ならぬわれわれの主観は身体と結合され、そのことによって一定の「パースペクティヴ」（perspective）をもつ。『形而上学叙説』第九節における「同一都市の比喩」が示すように、同一世界を表出するモナドが、個性や多様性を得るのは、この「パースペクティヴ」という概念にも基づく。これは、クザーヌスでも萌芽的に見出され、世界を対象化し自らに従わせようとする近世的主観の特徴でもある。しかしわれわれの比較思想は、その際、己の観点を絶対化しないだけの自己抑制を求める。ライプニッツでは、「パースペクティヴ」が必ず死角を伴うことに基づく「形而上学的悪」という概念がこれに当たる。(11)

異をどこまでも異として確保しつつ、そのあいだの調和を保証する「アナロギア」論理は、ライプニッツの場合、さらに単に学問上の方法であるばかりでなく、彼の終生のテーマでもあった〈一と多〉に関わる。そしてそのことによって、比較思想は、単なる比較のための比較でも、理論的観照でもなく、まさに切実な〈実践〉の問題に直結していた。

四　比較思想からプラクシスへ

1　教会再統一の問題　ライプニッツにとって、比較思想は、全欧州的に対立抗争にあったプロテスタントとカトリックを和解させ、分裂したキリスト教世界に再統一を実現するという課題に結びついていた。「対応」や「一致」という論理的・哲学的概念は、現実世界にその表現をいつでも見出していたのだ。ライプニッツの提案は、寛容を旨とし、教会の統一を「一様性」から区別し、むしろ多様で異なる部分の「調和」によってこれを実現しようというものであったが、しかしボスュエらの頑な拒絶を前に挫折せざるを得なかった。

2　ヨーロッパの政治的平和　マインツ選帝侯やハノーファー公爵・選帝侯に仕えたライプニッツは、種々の政治や政治改革のアイディアを献策したが、これも多数の小勢力が分裂・抗争し、帝国の地位と平和が（隣国フランスから）脅かされることへの、彼の現実の危機意識より発している。一例を挙げると、皇帝の至高性（majesté）と諸侯の権限（souveraineté）とを矛盾させず、両立させようとした彼の構想は、今日の「連邦制度」に当たるもので、漸く彼の死後になって、一七七六年アメリカ合衆国の独立で、そして一九四九年ドイツ連邦共和国の成立において実現した、といえる(12)。

3　アカデミーの建設　一七〇〇年三月ブランデンブルク選帝侯によってベルリン天文台・諸学協会が認可されたが、この設立計画に関するライプニッツの覚書からうかがえるのは、理論と実践の総合への、そしてこれにより文芸や学問のみならず、国家と国民の利益となることへの期待である。そこでは数学と物理学を中心とし、それぞれに四部門が配属された。彼は、学問の多様とその有機的統一、そして〈学際的〉研究への道を拓くために、多方面の情報連絡、そして協会事業を支える財政などに尽力したのである。(13)

結語――アナロギア・比較思想・現代世界

教会再統一へのライプニッツの努力が失敗に終わった理由として、当時の国益優先の冷厳な政治力学のほかに、両教会の神学的な差異が（教養そのものにもまして）大きすぎたことや、党派間の和解への原理的反対の存在（例えばPietist）等が挙げられる。けれども境界や対立をもはや強調しないライプニッツの思想は、今日のカトリック教会のエキュメニカルな自己認識（Karl Rahner 等）と大いに一致する面をもっている、と言われる。(14)ところで、一九九〇年代に入って、政治・社会では統一的な方向が力を失い、思想においても脱構築、相対主義、脱規範主義が優勢である。強大な全体主義国家は崩壊し、独立国家共同体となった。ヨーロッパ統合も、ここへきて各構成国に、全体に対する個性や自己主張の比重が過剰に意識され、不透明感を増している。それどころか旧ユーゴスラヴィア地域の民族抗争や宗教対立は、新旧教徒間の抗争や有力諸国の戦争に明け暮れた十七世紀とどれだけ違うといえようか。異を異として承認しつつ、至る所に「調和」的統一を志向し、縦横に「比較」(ver-gleichen)を可能ならしめる「アナロギア」論理が、今日再び要請されるべきであるように思われる。そもそも「ヨーロッパ」とは、ライプニッツにとって、単なる地理的呼称であるどころか、「一における多」としての「モナド」概念の、文化・社会・政治的表現であった。中国も、ライプニッツにとっては、多様な地域や民族から成るという意味で、「或る種の東洋のヨーロッパ」(quaedam orientalis Europa)[15]なのであり、またそれだけ「身近」な主題でもあり続けた。しかし彼の中国学は単なる異国趣味の発露でも、ヨーロッパ中心主義の投影でもない。ライプニッツはイエズス会宣教師達とは違って、「対応」を超えて「同一」まで求めはしなかったのである[16]。

さて、特殊の認識に価値を置く比較思想は、すぐれて歴史研究でもあるが、同時に「悪しき相対主義」や「無気力」とたたかわねばならない。そしてこの場合も「多様性」と「調和」との緊張に満ちたそのつどの思想的営為を支える論理は、「アナロギア」以外には非現実的であるように思われる。いわゆる現代思想の諸潮流は（ニーチェ、ハイデッガー、フランクフルト学派、ポスト・モダン、コミュニケーション理論等）、いずれも近代批判に立ち、他者性と多元性を標榜しているが[17]、われわれの比較思想は、「多様性」と「調和」を根本的な価値範疇としつつ、しかしそれらの現代思想の多くが直面している没価値主義や、偽装されたニヒリズム、あるいは現実傍観的な科学主義にも陥ってはならないであろう。つまり、その〈比較〉――異のなかに対応をみとめるという働きの遂行――ということ自身が、学という見地から（自己抑制的に）問いなおされ、吟味されねばならない。そうだとすれば、ライプニッツの「アナロギア」の論理は、事象のあいだの「一致」ということのその実質について、改めて基礎からの反省をわれわれに提示しているかぎり、今日既に一定の市民権と成果を獲得している比較思想にとって、そのさらなる可能性と現代的射程を示しており、十分に考慮されてよいと思われる。

注

（1）川田熊太郎監修、中村元編集『華厳思想』法蔵館、一九六〇年、四六八頁。

（2）中村元「なぜ奴隷の学問か——わが国における思想研究の反省」、『比較思想研究』第一七号、九頁参照。なお、酒井は、村上俊江の受容について、モナドロジーの仏教的解釈の可能性という観点から、第六回国際ライプニッツ会議（一九九四年七月於ハノーファー大学）において発表した。Kiyoshi Sakai, *Monadologie in buddhistischer Sicht. Zur Leibniz-Interpretation bei Toshie Murakami*, in: VI. Internationaler Leibniz-Kongress. Vorträge II. Teil, Hannover 1995, S. 255–264.

（3）本稿の発表（『比較思想研究』第二〇号、一九九四年）後、五來以来の記念碑的業績ともいうべき堀池信夫教授の上下二巻からなる『中国哲学とヨーロッパの哲学』（明治書院、一九九六、二〇〇二年）が出版された。同著の中で、ライプニッツについては『中国自然神学論』を中心に七〇頁近くにわたり論じられている。（下巻四〇八—四七六頁）

（4）大正大学比較宗教哲学研究全編『比較思想』第四号、一九六八年、Ⅱ—Ⅲ頁参照。

（5）ギリシア語のλόγοςにはproportio（対比）、ratio（比例）等の意味がある。ちなみにトマス・アクィナスも、そうした伝統を意識しながら、analogiaを〈関係〉とか〈対比〉と解し、彼のanalogia entisの思想に用いている。*Summa Theologiae*, I, q.4, a.3を参照。

（6）G. W. Leibniz, *Léttre de M. G. G. de Leibniz sur la philosophie chinoise, à M. de Rémond*, in: Dutens, IV, 188.

（7）「連続性の原理」については、Brief an Varignon, in: G. W. Leibniz, Hauptschriften zur Grundlegung der Philosophie, überst. v. Buchenau, hrsg. v. Cassirer, Hamburg 1966, Bd. II, S.559, およびGP. VI, 321. 拙著『世界と自我——ライプニッツ形而上学論攷』創文社、一九八七年、第Ⅱ部第三章第四節を参照されたい。

（8）自然法則の妥当性の問いに満足せず、理性の「統制的」または「仮説的」使用により、個体の内的合目的性を認識しようとする議論が、カント『判断力批判』への展開に他ならない。

（9）上原専禄「ライプニッツの歴史研究」（一九五五年）、『上原専禄著作集』第三巻、評論社。

（10）峰島旭雄「比較思想学の課題——比較思想を超えて」、『比較思想研究』第一七号、一四頁。P. Masson-Oursel, *La philosophie comparée*, Paris 1923, pars I, cha.3.

（11）GP. VI, 121f. 酒井、前掲書、二〇六—〇九頁参照。「形而上学的悪」とは、およそ被造者がその「不完全性」のゆえに、必ず「パースペクティヴ」または「位置」というあり方をとらざるをえず、このことが「欠如」つまり「悪」の実質であるとの謂いである。

（12）H. -P. Schneider, *Denker oder Lenker? Leibniz zwischen Einfallsreichtum und Erfolgsdrang*, in: V. Internationaler Leibniz-Kongreß Vorträge, Hannover 1988, S. 869.

（13）E.J. Aiton, *Leibniz A Biography*, Bristol 1985, p. 251ff.

（14）Paul Eisenkopf, *Leibniz und die Einigung der Christenheit*, Paderborn 1975, S. 225ff.

（15）G. W. Leibniz, *Novissima Sinica*, hrsg. v. Deutsche China-Gesellschaft, Köln 1979, S. 8.

（16）キルヒャー（一六〇二—八〇年）の中国学（Athanasius Kircher, *China illustrata monumentis*, Amsterdam 1667）がライプニッツに及ばぬとすれば、この点であろう。

（17）新田義弘「世界のパースペクティヴと知の最終審——現象学と近代思想」（岩波講座 現代思想第一巻『思想としての二十世紀』一九九三年、三—五頁）。

第一一章　宮澤賢治のモナドロジー

序——賢治の詩に見出される「モナド」概念

宮澤賢治二六歳の詩「青森挽歌」は、前年に早世した妹への美しい追憶として知られるが、注目すべきことに、その冒頭を飾る一節には、「モナド」という、明らかに西洋哲学の伝統に属する術語が用いられている。(1)

仮睡硅酸の溶け残ったもやの中に
つめたい窓の硝子から
あけがた近くの苹果の匂が
透明な紐になって流れて来る。
それはおもてが軟玉と銀のモナド
半月の噴いた瓦斯でいっぱいだから
巻積雲のはらわたまで
月のあかりは浸みわたり

それはあやしい螢光板になって
いよいよあやしい匂か光かを発散し
なめらかに硬い硝子さへ越えて来る。
……〔以下省略〕（「青森挽歌　三／一九二三、八、一、」全集　第二巻、二三六頁）

この他にも「モナド」の用例は、「銀のモナドのちらばるそらと……」（「春と修羅　第三集」の「一〇五八電車／一九二七、五、九、」）とか、「ましろき指はうちふるひ、銀のモナドはひしめきぬ」（文語詩稿「砲兵観測隊」）など、彼の作品のあちこちに見出されるのである。(2)

いま挙げた諸例を見てすぐ気付くのは、第一に、「モナド」は、いずれの場合も書き出しという最も目立つ、しかもそれぞれの詩全体の性格やコンテクストを決定するような箇所に使用されており、また第二に、「モナド」には殆どの場合「銀の」という形容詞が冠せられているが、「銀」とは賢治の愛した色であった、という事実である。つまり「モナド」は、単なる比喩とか、言い換え、あるいはハイカラな西洋語の披露などであるどころか、賢治が彼の哲学的な問題意識と強い思い入れと共に投じた鍵語なのである。

一　賢治の「モナド」理解

賢治の詩のなかで「モナド」は、まず「微粒子」として登場している。周囲の大気も、全宇宙も物質的 - 精神的な微粒子モナドに満ち満ちている。モナドは、そのそれぞれが生きた有機的な心的な性格において、宇宙の多をそのつど或る限定された仕方で表出し、これにより宇宙全体と一致せしめられている。「モナド」は賢治得意の語法であったが、次のような一連の語と自由自在に言い換えられている。「光素」、「分子」、「原子」、「アトム」、「電子」、「真空」、「コロイド」、「極微」、「微塵」。このうち最後の「極微」と「微塵」は、元々仏教で微小な不可視の物質を意味し、最初の「光素」から「コロイド」までは自然科学から取られた術語である。

ところで、「モナド」は、ギリシア語の μονάς（一なるもの）を語源とし、それ自体は既にピタゴラスや新プラトン主義、さらにはルネサンスのブルーノ、ファン＝ヘルモント等において見ることができるが、「モナド」概念を基に独創的で体系的な形而上学を樹立したのは、ライプニッツである。ライプニッツが最晩年に、自らの哲学体系の概要を箇条書きにまとめた無題の短編は、後に「モナドロジーの諸命題」と呼び慣わされるようになる。(3) その第一命題には、「われわれがここで語るモナドとは、複合体のなかに入っている単純な実体のことにほかならないのである。そして単純とは部分がないという謂いである」（*Monadologie*, §1）と宣言されているのである。

一つ一つ不可分のモナドにはそれ自体誕生も死滅もなく、ただ生命体の身体を構成しているモナドの、その数の増加または減少があるのみである。モナドは自己のうちに世界全体を知覚・表出する「生きた永続的な鏡」（miroir vivant perpétuel de l'univers）であり、その表出作用の判明度に応じて個別化される。全てのモナドは、原生動物のような生物から植物、動物、人間を経て神に至る、一つの連続的な系列を形成する。

このようなライプニッツのモナド概念に沿いつつも、賢治は自らのモナドに物質・延長的性格をはっきり帰属せしめている。したがって賢治では、「モナド」は常に「小さい」という連想を伴い、それゆえ「微粒子」・「微塵」・「極微」であったし、また物体・物質概念であるデモクリトス流の「アトム」とも言い換えられている。これは賢治の不注意などではなく、「アトム」の物体性を知りながら、敢えてそれにとらわれず「モナド」に換えた、と思われる。これに対しライプニッツのモナドでは、「不可分で部分をもたぬ」ということが主眼であり、それは延長性を持たぬ以上、大でも小でもなく、したがってまたとくに微細である必要もなかったのである。ちなみに、当時既にモナドの訳語として「単子」が流布していたが（例えば波多野精一『西洋哲学史要』（一九〇一年）も「単子」を採用している）、しかしそれによってモナドは、物質的な「原子」と混同される恐れがないとはいえない。その点、賢治は（そして次節で述べる大西祝も）「モナド」という音訳で通しており、彼の判断の確かさが窺われる。(4)

二　大西祝『西洋哲学史』におけるライプニッツ解釈

賢治は「モナド」についてそもそも何処から知識を得たのだろうか。それは、ライプニッツの原典ではなく、小野隆祥、原子朗氏らによれば(5)、大西祝著『西洋哲学史』（一九〇三／〇四年）であり、賢治はこれを盛岡中学、盛岡高等農林時代に愛読し、これに影響されてすらいたという。そう言えば『春と修羅』の中だけでも、ほかに「アトム」、「本体論」、「現象」等の哲学的術語が散見されるのである。

『西洋哲学史』は、大西の東京専門学校における講義（一八九一―九八年）が弟子綱島栄一郎等により口述筆記され、一九〇〇年大西が三六歳で病没した後に、全集の第三、四巻として編集・出版されたものである。上下二巻一一〇〇頁余におよぶ記述は、J. E. Erdmann 等を参照しているとはいえ(6)、日本人による初めてのアカデミックな、しかも古代から近代までの通史であり、緻密さにおいても抜群で、広く読まれ、版を重ねた。

「ライプニッツ」についても、大西は五〇頁（下巻、一四九―一九五頁）近くを費やし、彼のソリッドな解釈を展開している。しかし同時に、そこにはライプニッツ解釈としては必ずしも問題なしとはしない点も含まれており、賢治の「モナド」概念の受容に及ぼした影響がいくつか考えられる。以下、四点に絞って述べておこう。

（1）「連続律」の解釈――大西は、ライプニッツの「連続の法則」（lex continui）を重視し、それが単に数学的なものではなく、宇宙における全存在者に関わる存在論的概念だということを正当に強調する。どのモナドも「宇宙の鏡」であり、「故に一物は凡べて他物と異なりながら又必ず相似たり」（一六四頁）。このように諸モナドの差異に対して同質性（類同性）の方を強く取る大西の解釈は、おそらく賢治にも影響し、彼のモナドロジーを〈全存在者間の類比〉という世界観の方へ吸引する誘因となったのではないだろうか。

（2）「表出」の解釈――ライプニッツの言う「表出」（exprimer）は、大西では、むしろ通常の心理学的な意味で捉えられており、存在論的に解された「力」（vis）、すなわち世界の多様を表象しつつ統一するような脱自的衝動を指摘するのではない。「恰も吾人が事物を想念すといふは我が心の中に多なるものを表現するの謂ひなる如く各モナドが全宇宙を表現する活動は想念の活動なり」（一六五頁）。これに呼応して「世界」も、超越論的ではない、経験的な想像力によって思い浮かべられた世界像に過ぎない。だがライプニッツは、表出するモナド存在のその意味を、実体の実体性への問いの上で捉えていた。ともあれ、大西の「表出」解釈に接した賢治は、既に懐胎していた「メンタル・スケッチ」という彼の方法論に自信を深めたに相違ない。なぜなら賢治にとって実在とは、彼の意識のうちにそのつどアクチュアルに思い浮かべられたもの、すなわち「心象」に他ならなかったからである。

（3）「予定調和」の解釈――大西がモナド論の中核に「予定調和」（l'harmonie préétablie）を見据えているの

は正しい。だが、ライプニッツの言う「調和」とは、そこにおいて全ての存在者が関係しあうような世界の存在論的構造（la liaison et l'ordre des choses）を意味するのに対し、大西は「調和」を「円満完全」[7]という経験的な語彙――平和、協調的、完璧云々の意――で呼ぶ（一八六頁）。そのうえ「ライプニッツは人と為り調和を好めり」（同頁）とさえ言っている。だがライプニッツ自身において「予定調和」は、日常における友好的関係とか、近づきやすい人柄などを意味するための用語ではない。こうした大西の心理学的ないし道徳的ともいえる「調和」解釈は、しかし賢治にはポジティヴに受け取られたであろう。賢治生涯の理想は、宇宙の生きとし生けるものの幸福であり、それは賢治が早くから傾倒した法華経にも沿うものだったからである。

（4）キリスト教的人格神論の解釈――ライプニッツのモナド論を通じ、とくに世界と自我の関係の根拠として決定的な役割をはたしているのが、彼の人格神論である。けれども大西は、このキリスト教的伝統の契機を排除することによって、モナドロジーの全体系をひとつの純粋に論理的に一貫した建築と見なし、価値体系や宗教等の面にはさほど考慮しなかった。かくして、大西は、ライプニッツのモナド論を、一種の「美術的結構」（一九二頁）、「美術趣味」（一九三頁）等と呼び、そこでは神は非本質的、あるいは余計ですらあると断定する。[8]このような大西の脱キリスト教的解釈は、しかし仏教者賢治（そしてまた当時の日本人の多く）にとっては好都合だったろう。そのおかげで賢治は、ライプニッツに共感しても、その哲学の背後にあるキリスト教信仰と係わりあわずとも済んだからである。[9]

さて「モナド」という語はライプニッツだけのものではなく、大西の『西洋哲学史』でも、この他「ブルーノ」の項（下巻、一六―一七頁）にも、短いながら、われわれにとって重要な記述が見える。しかも賢治はこの箇所も確実に読んでいた。再び小野隆祥氏によれば、『銀河鉄道の夜』の主人公カムパネルラの名は大西の本書から採られたというが、[10]「カムパネルラ」の項（一七―一八頁）は実に「ブルーノ」の項に直続しているのである。しかし大西の叙述を見れば，賢治がこれらについても十分認識していたことは既に明らかであろう。

三　なぜ「モナド」なのか――ライプニッツと賢治

ライプニッツ（あるいはブルーノ）のモナド論のなかで、賢治から見て最も積極的な意義をもっていたのは、実在モナドが「一における多の表出」（expressio multorum in uno）として規定されるという議論であろう。どの個体モナドも自己のうちに全体を或る一定の仕方で代表する「宇宙の鏡」なのだ。そうしたモナドには「窓」がないとされるが、[11]それはモナドが自発自展する活動体で、「窓」を要しないことをさしあたり意味している。しかしさらにハイデッカーの画期的な解釈により、モナドには空間的な意味では内も外もなく、むしろそれは既に世界へ脱自的（ekstatiach）に出ている、と指摘されたのである。[12]つまりモナド的自我は自身のうちに留まるのではなく、はじめから自身を脱して世界へ曝し出されており、世界もそれ自身に留まるのではなく、自我のうちに入りこんでいる。

このようなモナドと世界の関係に、賢治が好感を覚えたことは自然であろう。そうした賢治のコスモロジーは、彼と華厳仏教の係わりという面からも浮き彫りにされよう。賢治といえばその法華経信仰が知られているが、彼自身は「華厳」にも関心を有し、「春と修羅　第二集」のなかでこれに文字通り言及している。[13]モナドの脱自性は、「事事無礙」――現象界の諸事情が互いに融け合ってさまたげず、一即一切となって無尽に縁起の世界を形成している事態――という華厳の根本思想に対応する。

大部の『華厳経』の最後を飾る「入法界品」には、菩薩行を学ぼうとするスダナ童子[14]に、王女マイトラーヤニーが示した宮殿の光景が描かれている。「ひとつひとつの壁の中に、一本一本の柱に、ひとつひとつの円い鏡の中に、その鏡にうつるひとつひとつの姿の中に、……森羅万象の世界とともに、……遂に完全に平安な境地（般涅槃）に達する次第が、影像によって示されているのが見えた」[15]。一々のものが自らのうちに他（＝多）を「鏡」のように映し出して重々無尽であり、事事無礙だという事態は、個体モナドが宇宙の「鏡」として他（＝多）を映し出しているという事態に対応している。こうした一即一切（ライプニッツふうにいえば、個 individuum は小宇宙 microcosmos である）という考え方は、また『銀河鉄道の夜』[16]等に出てくる「本でできた本」つまり、「一」冊の中に「多」数、または「全て」の本の入った本に具象化されているともいう。そしてその原型は、華厳経でいう「インドラの網の明珠」であろうとも言われる。

ところで、賢治のモナドロジーは必ずしも西洋哲学からではなく、賢治が予め華厳経等の仏教思想から刺激を受け着想していたもので、「モナド」という名のみを採用したに過ぎないとする見方も可能かもしれぬ。例えば、吉見正信氏は、賢治は「モナド」を一九二二年頃に——（しかしそれでは賢治は二六歳のときまで「モナド」なる観念を知らなかったということになってしまうのだが）——知るが、それ以前に、モナドロジーに相当する思考を「全く独創的に」身につけており、後から「ふと理論づけられた《モナド》が視野に入ってきたに過ぎない」と断定しておられる[17]。だが、中学在学時より大西の著書等から西洋哲学に親しんでいた事実に鑑みれば、賢治は早くから西洋の「モナド」概念を吸収し、これをまた華厳等のモティーフと自在に結合しながら、彼独自の宇宙論的ともいえるモナド論を形成していった、と考えるのが妥当であろう。

四　賢治独自のモナドロジー――「心象」概念に見えるライプニッツへの親近と差異

賢治が自分の詩作方法として標榜し続けた「心象スケッチ」（mental-sketch）とは、彼が「心象」と呼ぶ、そのつど意識に立ち現れた表象像をありのままに描くことを意味する。賢治にとって、心象こそが「そのまま」実在世界の風景だからである。心象は、論理的な悟性機能、意味付与、可能不可能の判別が加わる以前の、最初のまったく生のイマージュである。賢治はこれを即座にメモに書き付けては、詩作の素材としたのだった。

賢治にとって、心の内なる「心象」がそのとおりの世界であるとすれば、たしかにそこには一方で天台や華厳などでいう「一念三千」や「三界唯心」との、また他方で「宇宙の鏡」たるモナドの知覚作用（perception）という思想との連関も改めて認められよう[18]。「心象スケッチ」は、さらに童話にも適用され、「四次元」や「異空間」というコンセプトとも連関してゆく。「それ（＝心象）は、どんなに馬鹿げていても、難解でも必ず心の深部に於いて万人の共通である。卑怯な成人たちに畢竟不可解な丈である[19]」。賢治は、現実世界とは別の世界が存在すると信じていたし、亡くなった妹も「別の世界」に生きつづけ、なんらかの仕方で交信が可能とさえ考えていた。『銀河鉄道の夜』において、カムパネルラの死を悲しむ主人公ジョヴァンニが天空を旅して見聞きしたものは、即「異空間」の体験であり、世界の四次元性のそれである。それは、三千世界、事事無礙の体験であるとともに、またライプニッツの「可能世界」の議論をも連想させる。実際、ライプニッツの『弁神論』最終部において[20]、女神パラスはテオドルに、「よく似たセクストゥス達」が居るのを覗ける多くの部屋が、ピラミッド状に連なっている光景を示すのである。ただしライプニッツが無数の可能的世界という議論を提示するのは、「偶然」

の概念に論理的な実質を与えるためであり、「別世界」や「ユートピア」なるものが実在すると主張するためではない。賢治の場合も、別世界の実在より、むしろこの現実世界に照準が定められているのではないだろうか。ジョヴァンニにしても銀河旅行からこの現実世界へ戻り、あらゆる人間のために幸福を探そうと決心し、夢から醒めるのである。賢治もライプニッツも、単なる書斎のディレッタントではなく、すぐれて実践の人でもあったことが想起されてよい。

しかしながら、いまわれわれは「心象」概念をめぐって、より本質的な問題に関して、賢治がライプニッツと一線を画している、その所以について見なければならない。

まず、意識の内的領域としての「心象」は、ライプニッツの術語では、「現象」、あるいは「観念」(idea)等に含まれるかと思われる。しかしあらかじめ言えば、周囲世界そのものである「心象」は、同一律にも矛盾律にも拘束されないものであるが、ライプニッツでは、そのような賢治のいう「心象」は、実は「想像的現象」(phaenomenon imaginarium)としか呼べず、とうてい「実在的現象」(phaenomenon reale)たり得ない、と見なされたはずのものである。いま見た「可能的世界」の概念にしても、その内部の構成要素は相互に「無矛盾」(compatibilis)でなければならない。

ライプニッツでは、そもそも真理の本性は、{S est P}なる判断におけるSとPの結合に関して見られる。真なる命題は、それぞれSとPの結合を正当化し、確実にするような「理由」(ratio)をもたねばならない。真理はここに確実性(Gewißheit)という性格を得る。SとPの「結合」は、S概念を分解・分析してPの内在を示すことによって「確実」となる。その分析は、同一律と矛盾律に基づいて行なわれる。かくてライプニッツでは、分析(analysis)に基づいて、真なる概念(実在的現象)を偽なる概念(想像的でしかないような現象)から区別することに、重点が置かれる。そういう実在的現象とは、まず可能（無矛盾、整合的）であり、そしてさらに対象関係的でなければならない。

ライプニッツの言う「現象」とはどんな性質のものか、もう少し立ち入っておこう。

（1）ライプニッツは、『実在的な現象を想像的な現象から区別する方法について[21]』と題する論文において、或る現象は、その内容を論理的に分析して「矛盾」が見出されなければ、「可能」であり、実体モナドに対応することができるという前提に立ち、実在的現象のメルクマールについて説明している。それによれば、現象が「実在的」であることが示されるには、（イ）現象そのものから、（ロ）先行、および帰結する現象から、というふたつの場合があるが、（イ）は具体的には、次の三つのケースを含む。すなわち、（1）その現象が「生き生きとした」とき（光、色、熱などの性質の場合）、（2）「多重的」なとき（諸性質が多様なために、さらに多くの実験や観察を誘発するような場合。こうした観察は、夢、記憶、空想などでは起こり得ない）、（3）「調和的」なとき（一連の諸現象が相互に関連づけて説明されるか、または或る一つの共通した単純な仮説から説明されるようなとき）である。しかし（イ）は（ロ）に究極的には還元されるから、（ロ）のほうがより重要だとライプニッツは結論する。或る現象を「実在的」と判定させるものは、他の現象との論理的な整合的な関係というわけである[22]。だから、もし或る現象が右のいずれの条件も満たさなければ、それは疑わしいものとなる。「羽のはえた馬に跨がって空をかける人間」のごときを見るとすれば、そもそもわれわれが夢をみているのか、目覚めているのかすらも疑わしいものとなろう[23]。だが賢治にとっては、われわれに出会われる現象、即ち心象がオリジナルで生き生きとしているかぎり、それが矛盾を含むか否か、あるいはわれわれが夢見ているか目覚めているか等は、どちらでもよいと言えよう。

（2）ライプニッツの一六八四年の論文『認識、真理、観念についての省察』では、真なる概念の基準について論じられている。[24]その要は、対象に関係する完全なる概念とは、「明晰、判明、適合的な認識」（cognitio clara distincta adaequata）であり、「適合的」（adaequata）な認識とは、概念の部分の間に矛盾がなく、論理的に整合的で調和的な関係が確認されるような認識を指す、という論点である。つまり、デカルトの「明晰判明」知の原理は不十分で、彼の本体論的な神の存在証明にしても、そういう（神なる）概念が「可能」であることを前以て吟味しておくべきだった、とライプニッツは批判する。われわれが自明であるかのように用いている概念（例えば「最大速度の運動」）といえども、じつは矛盾を含み、実在の対象を指してはいないかも知れないのである。かくて、われわれは、賢治の「心象」とライプニッツの「現象」概念との間の一層深い差異に気づく。心象スケッチが主題化しているのは、まだいかなる論理的判断｛S est P｝も、また概念分析も、さらに主観と客観の（反省的）分裂も起きておらず、また起きないであろう、もっと根源的な次元なのである。

（3）さらにライプニッツの「現象」概念からは、そこで常に「主観–客観–関係」ということが抜きがたく前提されていることが看取される。一六九五年の『新説』（*Système nouveau*. GP. IV, 477-87）のなかで、自発的な無窓のモナドは、外界から印象を受け入れる必要はなく、それ自身の中に（アプリオリに）含まれている内容を外へ映し出す、つまり「表–出」（ex + primere）するのみであることが言明される。それでいてこの自己表出は、「主観（意識の内的領域）–客観（外的対象界）–関係」のなし崩しを意味しない。それどころか自己展開は、まさに、それによって主観–客観–関係がそのようなものとして分節されるという仕方で遂行される。[25]つまり「主観–客観–関係」は、表象作用そのものと同時に生じており、それゆえ現象概念に本質的に属している。かかる意味において、自己展開モナドといえども、デカルトからカントを経てフッサールにまで至る、近世の主観性の哲学の系譜に属しているといえよう[26]。

結語　東洋的思惟への展望――賢治の「自我」概念によせて

さてわれわれは、賢治独特のモナドロジーにおける、ライプニッツ的「鏡映」や「現象」概念へのこうした近さと遠さ、あるいは同一と差異という揺らぎが、それ自体何に基づいているかについて、見通しを最後につけておかねばならない。

西田幾多郎は、主観と客観、精神と物質等という対立を、彼の根源的で直接的な「純粋経験」から出発して、統一し克服せんとする。賢治一五歳の一九一一年に出た『善の研究』によれば、「純粋経験」とは、範疇機能や論理的判断がまだ付け加わっていないような根源的な〈生の〉経験のことである。われわれの意識状態を直接に経験するなら、そこでは主観と客観は区別されていない。このとき知（主観）は、知られたもの（客観）と完全に一致する。そのような経験の状態こそ西田は理想的な経験と見る。「純粋経験」に近い哲学として西田自身ウィリアム・ジェイムズの名を挙げているが（もっともこれから影響を受けた可能性を西田を否定している）、両者に共通するのは、直接的で純粋な経験においては、まだいかなる判断（SはPである）も、意味付与も起きておらず、またいかなる「主観-客観-差異」も経験されてはいないという発想である。賢治自身も西田、ジェイムズ、そしてベルクソンの「生の哲学」を知っていた[27]。ジェイムズには、さらに、心の不死、宇宙意識の存在、アニミズム、死者との交信可能性の肯定等、賢治と共有するモティーフが多い。

しかし賢治にはさらに固有な考えがあることに、われわれは注意しなければならない。それは「自我-理解」

に関してである。『春と修羅』「序」の冒頭にこう宣言されていた。

わたくしといふ現象は
仮定された有機交流電燈の
ひとつの青い照明です
（あらゆる透明な幽霊の複合体）
風景やみんなといっしょに
せはしくせはしく明滅しながら
いかにもたしかにともりつづける
因果交流電燈の
ひとつの青い照明です
（ひかりはたもち　その電燈は失はれ）……〔以下省略〕

「わたくし」とは、賢治にとっては「現象」、いや、最も本来的には「心象」なのであり、西洋の自己同一的な、また自己原因的な実体などではない。しかも、「わたくし」は「交流」の——つまり絶えず交錯するような——照明であり、まわりの物と一緒にかろうじて、それも「せはしくせはしく」ともる電燈に過ぎない。それは「因果」的でしかない、はなはだ依存的な「現象」である。(28) 賢治は「交流」、「せはしく」、「因果」等々の語を意図的に用い、彼の非-実体的な自我の概念を提示しようと努めている。これに対してライプニッツは、〈実体の実体性〉という伝統的な問題を真っすぐに受けとめ、その解を、多様を統一する「力」（vis）ないし「衝動」（conatus）に見出そうとした。かかる「実体」を成り立たしめる契機こそ、ライプニッツが「モナド」概念のもとに示し現そうとしたものに他ならない。モナドの一性は、自己のうちに多様をあらかじめ統一するはたらきであり、この統一作用の実質に主観という面が含まれているのであり、その逆ではない。いいかえれば、知覚し、欲求するモナド的主観は、その基礎に、つねに「実体」というあり方をもつ。ライプニッツは、「延長」を属性とするデカルトの実体概念を批判したが、しかし自己同一的基体（subjectum）、自己原因（causa sui）としての実体理解は「モナド」のなかにしっかり継承している。かくてモナド的自我は、「私」という名の実体なのである。

賢治は、自己同一的で変わらざる基体という、西洋的思惟の伝統には最初から立っていない。自我といえども、時間・空間における全ての事物と同様に、現象、すなわち心象として見られたのである。賢治はライプニッツ的モナドロジーの含む重要な前提、すなわち主観−客観−差異、自我（＝）実体という発想については、ついにそれらを受け入れることはなかったのである。賢治におけるきわめて独特なモナド解釈は、その根を、広く日本人の思惟に内在する主観と客観の統一という了解のうちに確かにもっており、詩人が哲学者西田と共有していたのもこれであったように思われる。主観と客観の差異に先行し、より根源的で直接的な次元で動く思惟は、またそこから初めて「自我と世界」という根本的現象が根源的に経験されうるのだが、それは大方の日本人の自然な感じ方の基礎的特質に属していよう。

しかし、再び「モナドロジー」そのものに着目するならば、賢治にとって、ライプニッツは、以上に述べたように、本質的には「コギト」に立脚した近世哲学の性格を帯びるにせよ、西洋哲学のなかでは最も共感できる哲学者であっただろう。モナドがその鏡映的性格によって〈一における多〉を「表現／代表」（repraesentare）するという教説は、賢治には喜んで受容されたことであろう。そして、岩手の故郷詩人の宇宙は、一方でこうした「モナドロジー」の豊かな発想に接近し、他方でその「西洋合理主義」的な側面には距離をおくという両義性、または揺らぎのなかで、生来の創造的な構想力により、きわめて独特な仕方で洗練されてゆくのである。

(付記)

＊　テクスト　校本宮澤賢治全集、筑摩書房、初版一九七三―七七年。

＊　本稿とは別に、賢治をライプニッツの「受容」という面から分析し、賢治の生涯と業績を紹介した拙論（ドイツ語文）が、R. Cristin 教授によりイタリア語訳され、*aut aut* 254-255 号（Milano, 1993）七七―一〇〇頁に掲載されている（Kiyoshi Sakai, *Un incontro monadologico fra Oriente e Occidente. La recezione di Leibniz nel poeta giapponese Kenji Miyazawa*）。なお、ドイツ語原文は、若干の加筆、修正を施し、『岡山大学文学部紀要』第一九号（一九九三年六月）、一―二六頁に掲載されている（Kiyoshi Sakai, *Eine monadologische Begegnung zwischen Ost und West. Die Lebniz-Rezeption beim japanischen Heimatdichter Kenji Miyazawa*）。

＊　賢治全般について懇切な御教示と貴重な資料提供をいただき、また本原稿を閲読され、的確な助言を下さった京都女子大学教授工藤哲夫氏に、深甚の謝意を表したい。

注

（1）　生前未発表の『春と修羅』補遺に所収のヴァージョンから引く。生前出版された『春と修羅』所収の「青森挽歌」では、終わり近く（二、一六四）になって「モナド」が登場し、補遺におけるほど主題的に提示されていない。この理由等について今立ち入る余裕はない。

（2）さらに、「詩ノート」所収の「一〇五八／一九二七、五、九、」（六、一五二）、「春と修羅　第二集」所収の「七三　有明／一九二四、四、二〇、」（三、四六）等にも、「モナド」と記されている。

（3）Heinrich Köhler, *Lehr-Sätze über die Monadologie*, Jena 1720.

（4）朝永三十郎『哲学辞典』（一九〇五年）は、「Atom の訳語原子と混同される恐れ」を考慮し、音訳の「モナド」を示唆している（一一一頁）。ところで、賢治が在学した『盛岡高等農林學校図書館和漢書目録』（一九三七年）にも同辞典は記載されている。

（5）小野隆祥『宮澤賢治の思索と信仰』泰流社、一九七九年、一六三、二一二頁。原子朗「賢治のコスモロジー――地上の世界・天上の世界」（『仏教』一三、一九九〇年一〇月）、一三七頁。

（6）平山洋『大西祝とその時代』日本図書センター、一九八九年、二一九頁。

（7）ただし「円満」は、仏教術語でもあり、大西が仏教からこれを借用した可能性もないとは言えない。中村元『仏教語大辞典』（縮刷版）東京書籍、一九八一年。

（8）さらに大西は、「彼の哲学組織の中に於いて最も不調和を感ずるは神といふ観念なり。彼の所謂神はモナドの調和を説かむが為に止むを得ず外より附け加へたるが如き趣あり」（同一九三頁）とすら述べている。（大西個人はクリスチャンであったにもかかわらず）このような反、または脱キリスト教的な解釈の仕方は、当時の日本人のライプニッツ受容にひろく影響したと推定される。興味深いことに、キリスト教的神概念をモナドロジーにとって非本質的と見なす点では、大西の解釈はほぼ同じ時期に出たラッセルの *A Critical Exposition of Philosophy of Leibniz*, London 1900. に類似している。

（9）船山信一『日本の観念論者』英宝社、一九五六年、一七七頁。

（10）小野、前掲書、二一二頁参照。

（11）*Monadologie*, §7 (GP. VI, 607).

（12）Heidegger, Gesamtausgabe, Bd. 26, Hrsg. v. K. Held, Frankfurt. 1978, S. 271.

（13）詩「一七九／一九二四、八、一七、」（三、一〇八―一一〇）を参照。なお「宮澤賢治所蔵目録」（境忠一『評伝宮澤賢治』桜楓社、一九六六年、四三六―四〇頁）には、「華厳哲学研究　亀谷聖馨　大正十一年　東文英堂」や「国訳大蔵経（和本）国

民文庫刊行会二九巻」がリスト・アップされている。

(14) 松原哲明「庭前の樹子——宮澤賢治の禅的作品」(『仏教』一三)、一〇七頁。

(15) 岩本裕訳『大乗経典(三)』仏教聖典選第五巻、読売新聞社、一九七六年、二〇二頁。

(16) 入沢康夫・天沢退二郎『討議『銀河鉄道の夜』とは何か』新装改定版、青土社、一九七九年、八九—九三頁。

(17) 吉見正信『宮澤賢治の道程』八重岳書房、一九八二年、一八八—八九頁。

(18) さらに、宇宙の一切は「私の」意識だけでなく、「他の」どの意識にも「共通」に見出される(『春と修羅』序、第二三—二八行)。このような「心象」の唯我論的でない相互主観的な性格は、ライプニッツの「パースペクティヴ」や「同一都市の比喩」等の議論に対応しよう。*Discours de métaphysique*, §9 (GP. IV, 434); *Monadologie*, §57 (GP. VI, 616).

(19) 賢治自身によると推定される『注文の多い料理店』広告ちらしから引用(十一、338~9)。

(20) *Théodicée*, §414-17 (GP. VI, 362-64).

(21) GP. VII, 319-22.

(22) デカルトの「明晰判明」知の原理は心理的、相対的でしかなく、論理的、客観的な真理基準を提示し得ていない、というのがライプニッツの見解である。

(23) GP. VII, 320.

(24) この『省察』全体を通じ、「観念」(idea)は、「概念」(notio)、「認識」(cognitio)、「定義」(definitio)等の語により、頻繁に言い換えられている。

(25) "Il faut que ces perceptions internes dans l'ame même luy arrivent par sa propre constitution originale, c'est à dire, par la nature representative (capable d'exprimer les estres hors d'elle par rapport à ses organes) qui luy a esté donnée des sa création, et qui fait son caractere individuel" (GP. IV, 484).

(26) Heidegger, op. cit., S. 271.

(27) 小野氏は、賢治が大正四年、一一年に、それぞれベルクソンの『時間と自由意志』、『流動の哲学』を読んだ可能性がある、と示唆されている。小野、前掲書、一六二—六四頁。

(28) 賢治の多層、多元的な「自我」像に、南方熊楠の「複心」論との類似を指摘する向きもある。鎌田東二「「わたくしといふ現象」宮澤賢治」（『仏教』一三）、六二頁。さらに、（法華経と関連した）共同的な自我理解については賢治の『農民芸術概論』の「結論」、および荻原昌好「賢治の宇宙観――法界と銀河」（『宮澤賢治』4、一九八四年）を参照。

第Ⅴ部　（補遺）世界のライプニッツ研究

1　第五回国際ライプニッツ会議（一九八八年）報告

第五回国際ライプニッツ会議は一九八八年一一月一四日から九日までの六日間、西ドイツ・ハノーファーの市会議センターで開かれた。主催者は、ライプニッツ文書室のあるニーダーザクセン州立図書館に事務局を置くゴートフリート・ヴィルヘルム・ライプニッツ協会で、後援はニーダーザクセン州政府である。これまで四回（一九六六、七二、七七、八三年）いずれもハノーファーで開催されている。既に一年前から送付された正式な案内状には、大会委員としてベラヴァル、ガダマー、メイツ、パーキンソン、レシャー、下村寅太郎、故清水富雄教授等の名も見えた。開会前日に配布された名簿によれば、今回の参加者は実に三〇か国二七二名、会議始まって以来の規模である。国別も西独（一二四）、伊（二六）、米国（二二）、ソ連（一六）、仏（一三）、東独（一一）をはじめ、東欧諸国、イスラエル、豪州、カナダ、アルゼンチン、マラウィ、中国、韓国等五大陸にわたっており、正に「ライプニッツ研究のオリンピック」と呼ぶべき陣容で、女流研究者も五〇名近くを数えた。日本からは私が唯一の参加者であった。

初日（一四日）は午前中開会式が行なわれ、先ず協会副会長のポーザー教授（西ベルリン）が開会宣言。「伝統と現実」（Tradition und Aktualität）という今大会の統一テーマを敷衍する形で、ライプニッツ研究は単に過去への郷愁から為されるのではなく、現在の諸問題との関わりを持たねばならないと精力的に訴えた（ちなみに前回一九八三年のテーマは「著作と影響」であった）。次いで州政府次官と市長の式辞、さらにハノーファー大学、東独科学アカデミー、ソ連科学アカデミーの各代表挨拶の後、シャイベ教授（ハイデルベルク）による記念講演「計算しよう！　論理学と数学との応用の問題」があった。数学と実在の調和等刺激的な話だった。

午後は全体討議がもたれ（司会・ポーザー）、ロビネ教授（パリ）が「ライプニッツの著作における古代、近代、現代の三重の対立――それらの構成率」、ホルツァイ教授（チューリヒ）が「ライプニッツにおける公教性と通俗哲学」、ブール教授（東ベルリン）が「ライプニッツからヘーゲルまでの体系、構成、歴史の関係について」、ジュシュケヴィッチ教授（モスクワ）が「ロシア及びソビエトの歴史文献におけるライプニッツ」、そしてH＝P・シュナイダー教授（ハノーファー）が「思索者それとも操縦者？　着想と成功衝動との間のライプニッツ」と題してそれぞれ報告を行なった。ロビネは予想通りの堅実な歴史眼により、なぜそしていかにしてライプニッツが伝統を踏まえつつ、伝統を越えて自己を表現しようとしているかを描いて見せた。「伝統と現実」のテーマが討議されるようあらかじめ依頼したというポーザーの言を最も証明していたのは、ホルツァイとシュナイダーの報告であろう。前者は、自らの哲学を「通俗的」（popularie）と形容したライプニッツの真意として、所謂通俗哲学とは一線を画した公教性（Exoterik）に拠り、哲学の秘教性（Esoterik）を克服せんとする意図、を読み取るユニークな考察である。後者は、宮廷でのライプニッツの政策助言は定説ほど無力だったわけではなく、データ・バンク、連邦制、アカデミー設立、司法改革等彼の着想はほぼすべて一八、九世紀の間に実現したという主旨で、内容的にはとくに新しさはないものの、「実践」に好んで論及する最近の西独哲学界の趨勢が肌に感じられた。ブールの報告は一転して古典的な思想史研究で、ヘーゲルの言う「体系」の出発点は、ライプニッツ哲学の表出、調和、同一性、普遍記号法等におけるその体系的意図であり、また世界・時間性・歴史の問題性でも両者には連続性が存することを太いタッチで示していた。

その夜は、ライプニッツの遺骨が安置されている聖ヨハニス教会 Neustädter Hof- und Stadtkirche で、一七一六年の同じ日に当地で没した万学の天才を偲ぶ追悼式が催された。彼が折々に作ったラテン語、仏語、独語の詩八篇がロビネ教授らによって朗読され、また合い間には一六九〇年頃のハノーファー宮廷音楽が古式豊かに演奏されて、しみじみとした中にも大会気分を盛り上げた。

二日目から五日目午前中までは各部会に分かれ、毎日朝九時から午後一時まで、そして午後三時から七時まで、合計二八部会、一六七本の研究発表が行なわれた。二八の部会のジャンル別内訳は、哲学史一三、数学三、自然科学三、形而上学・神学二、論理学二、言語哲学二、社会科学一、倫理学一、音楽及び文芸理論一となる。ただ、常に四つの部会が並行しているため、時間が重なって出席を断念した部会もあった。そこで以下では私が実際に聴き得た発表の中から印象に残ったものをいくつか取り出して述べることにする。

先ず二日目午後の第七部会「現代、とくにフッサールにおけるライプニッツの受容」の二つの発表、レムプ教授（ボン）「モナド的知——ライプニッツとフッサールにおけるモナド概念の体系的意味について」とケーラー氏（フライブルク）「フッサールの相互主観性の現象学におけるモナド」に触れたい。周知のように、フッサールは彼の超越論的主観をモナド化することによって客観的世界の概念を得ようとする。しかしその場合、ライプニッツでは主観と対象世界の関係はいわば外からの調和（すなわち神 ultima ratio）に基づけられている点を看過すべきでない。他我を構成するモナドなるものはライプニッツのそれとは立場を異にするのである。このことを十分認識した上でなら、相互主観性を批判的モナド論と見て肯定するか（レムプ）、それとも世界が所詮自我によって構成されざるを得ぬ以上、これも予定調和と同様に、一つの推定（Setzung）でしかないと否定的に見るか（ケーラー）という議論も有意味となろう。

なお同夜は、ライプニッツ・ハウスのすぐ近くにある歴史博物館の二階を借り切って、ニーダーザクセン州科学芸術大臣主催の公式レセプションが行なわれ、盛会であった。

三日目は、午後の第一三部会「様相論」で、「可能的個体と可能的世界——ライプニッツ存在論の概念論理学的再構成」と題してレンツェン教授（オスナブリュック）が、ライプニッツ形而上学を様相論理学で再構成するクッチェラ（Franz von Kutschera）の試みがライプニッツ自身の概念論理学から極端にかけ離れている点を批判し、後者の枠内で個体モナドや可能的世界等の観念を十分に再構成できることを示した。この後第一六部会「ライプニッツの文通者達」でイタリアの新進文献学者カルボンキニ女史の「ライプニッツとクリスティアン・ヴォルフの文通」を聴いた。ヴォルフは自分の哲学に固有の神学的動機があったかのように書いているが、これは一種の偽装工作にすぎない、という指摘は面白かった。会場の質疑からは、ヴォルフの文献学的・歴史的研究の重要性が若手の間に注目され始めていることが窺えた。

この日の夜には、ミッテルシュトラース教授（コンスタンツ）による注目の公開講演「ライプニッツ世界における哲学」があった（司会・ポーザー）。現代は人間が科学と技術を用いてこれを所有するような合理的世界、すなわち「レオナルド世界」である。しかし世界は単にそういうレオナルド世界であるだけでなく、人間がその中で自己を解釈し、「方向づけ」（orientieren）するような哲学的世界、すなわち「ライプニッツ世界」でもある。それゆえ問題は、科学が処理（原因—結果）の知識のみならず、方向づけ（目的—手段）の機能を持ちうるという、ライプニッツにとっては当たり前だったことが現代人に忘れ去られているという事実なのだ。「ライプニッツ世界の哲学と倫理学をレオナルド世界のそれに代えて再獲得することが課題なのです」と結んだこの講演は、教授のゆったりとした話しぶりと一個の芸術作品のような仕上がりの構成とも相俟って、公開講演たるもののお手本を思わせ、聴衆を魅了した。

　四日目午前の第一七部会「ライプニッツ哲学の自己理解」では老練トトク教授（ハノーファー）が「ライプニッツにおける ars, scientia, philosophia の概念」と題する丹念な概念史的研究を発表した。諸学に一層大きな確実性を要請するライプニッツは、数学化と実験の導入によってこれを実現しようと試みるが、そのことに伴い ars（制作知）、scientia（理論的推論）、philosophia（一般的諸学の集合）はアリストテレス及びスコラ以来の区別を失って、ars と philosophia は共に scientia の意味に接近するという示唆に富む結論であった。ライプニッツにおける論理学の位置づけ、さらには近代全体の哲学知の性格変化についても考えさせられた。次にチューリヒの若手ヤウヒ女史による「ライプニッツと婦人哲学――通俗哲学の一特殊相について」というむしろ社会史的観点の発表があった。ゾフィー＝シャルロッテ公妃、スキュデリー王女、マサム夫人等との論議を重視して表現の簡潔さとわかり易さに努めたライプニッツの哲学は、スコラ的専門用語の詮索でなく理性自身で判断せんとする彼女達に支持され、かくて「婦人哲学《ダーメン・フィロゾフィー》」と呼ばれてよいという主旨だった。討論の中で女史は、婦人達との哲学的交際を通じてライプニッツは、男性同盟的に組織された当時の学界を批判し克服しようとしたのだと論陣を張っていた。

　いよいよ五日目午前の第二八最終部会「哲学史におけるライプニッツの受容」で、私の発表「ライプニッツとニーチェにおける遠近法主義について――その現代哲学における可能性を展望しつつ」に番がまわって来た。ライプニッツの「遠近法」（perspective）概念は、実在の多様性を保証するという意義を有し、ニーチェの「力への意志」の遠近法でも受け継がれている。どの生《レーベン》も固有の遠近法に従い世界を違った仕方で解釈する。ところがニーチェの場合、そのように多様な個体間のその関係として、自我中心的に排除し合う闘争的主観の面が強調される結果、一種の相対主義ないしアナーキーな無価値論に陥っている。対してライプニッツでは（ニーチェが拒否し続けた）「目的因」と「予定調和」の故に、個がどこまでも多でありながら同時に様々な仕方で「アナロギア」的に対応し合い、一つの世界に共属すると見る視点に立ち得ている。ともすれば差異や相対性ばかりが優先され、ために分裂と反目が日常化している観のある現代思想の諸困難には、ニーチェの一面的な遠近法主義よりも、ライプニッツの均衡のとれた遠近法主義こそ有効な処方箋を提示しうるように思われる。――熱心な聴衆に加え、司会のマールマン教授（マールブルク）は大へん好意的な論評を披露した。続いてW・エアハルト教授（ハノーファー）、モーデル氏（フライブルク）、ナバイス教授（リスボン）等から、モナドの力動的側面やニーチェにおける世界超脱、或いは amor fati 等に連関して質問が出された。答えとして私は、モナドの「力」（vis）は目的論を肯定する点で「力への意志」とは区別されること、ニーチェが「遠近法」で言わんとしているのは徹底的にこの生《レーベン》の世界であること、そして運命愛はスピノザと似て「必然性」を世界の形式と見るが、予定調和はそうした「必然性」を明確に否定すること等を中心に述べておいた。

さて五日目の午後は締め括りの全体討議がもたれた（司会・ロビネ）。先ずミュンスター大学ライプニッツ研究所長のシェーパース教授が「普遍学」（scientia generalis）と題し、単なる形式としての普遍数学ではない普遍学は一個のオルガノン提供の試みであり、新種の百科全書、哲学言語、普遍的記号計算等をその課題として含んでいたことを論理学史の角度から乾いた声音で叙述した。次いでムニャイ教授（フィレンツェ）が「ライプニッツ、オッカムの蝿と中国の王」と称する奇抜な題の報告を英語で行なった。「関係」概念の論理学的考察であるこの報告は、しかしライプニッツを強い唯名論と見る無理な解釈を前提としており、冗長な運びもあって会場の失望を買った。その後はロレンツ教授（ザールブリュッケン）が「予定調和の論理学について」と題して、普遍数学の記号化の根底にむしろ「実在の図式化」とそのための知覚の問題を見据え、結局個体の構造の内に記号領域と対象領域との「同形性」(Isomorphie)としての予定調和を析出するという、歯切れのよい報告をした。最後にポーザー教授が「今日のライプニッツ」という題で総括をし、今大会の目立った現象として、国境や信条を越えた討論、若手による精緻な専門研究、そして部会発表に看取されるライプニッツの歴史的研究と現代的再構成という傾向を挙げた。

明くる最終日(一九日)はバス遠足で、トトク教授達の案内のもと、一行は、ライプニッツが司書を勤めたヴォルフェンビュッテルのヘルツォーク・アウグスト図書館、及びブラウンシュヴァイクの聖堂と博物館を見学した。

この他、会期中参加者にはライプニッツ・ハウスとライプニッツ文書室が特別公開され、また発表会場ロビーでは書店の協力により世界の新刊ライプニッツ文献が展示されていた。

結びに、会議全体を振り返り、気づいた点を二点だけ記す。

第一に、ライプニッツを現代に即応させるという方向(Aktualisierung)と、専門的個別的研究がますます徹底されるという方向(Spezialisierung)との並在を挙げねばなるまい。前者の例としては、最も噂をよんだ発表に「ライプニッツとビスケット——哲学と広告」というものまであった(おまけに件の地元B社製ビスケットが当日参加者全員にプレゼントされたりもした!)。後者の例は数学、言語哲学、美学、音楽理論、地質学、鉱物学、或いは多岐に及ぶ比較研究(カッシーラー、サルトル、ローティ、朱子、etc.)……それこそ枚挙にいとまがない。しかし、地元紙ハノーファーシェ・アルゲマイネが「皇帝、蝿、そして重要な脚注」(一二日付)、「精神世界が突撃ラッパを吹き鳴らす——方向づけの助けとしての哲学」(一九日付)といった見出しで会議について報じたその中で、右の「現実化」と「専門化」という一見相反する二方向を分裂させずに結合するものは他ならぬ原典研究であるとのトトク教授の論が引かれていたことは注目に値する。

第二に、「理性」（Vernunft）の問題に言及した発表が目についたことである。その場合、現実の危機打開の鍵としての理性という主に実践的な関心（ミッテルシュトラース、ポーザー等西独の学者に多い）と、ライプニッツからヘーゲルに至るドイツ観念論の中で理性概念の展開を跡付けるという歴史的な関心（こちらの方は東独、東欧諸国そして中国からも発表者がいた）との二つのタイプが存在した。

大会運営を切り盛りしたのはハイネカムプ（ライプニッツ文書室長、哲学史）、トトク（文献学）、ポーザー（認識論・科学論）の三教授で、多様・自由・不偏不党の雰囲気に貢献した。なお、次回は一九九三年に開催の予定である。最後に、渡航費を補助されたニーダーザクセン州政府はじめ関係諸機関に対し感謝の意を表したい。

2　第六回国際ライプニッツ会議（一九九四年）報告

報告者は、一九九四年七月一八日から同二三日までハノーファー大学で開催された第六回国際ライプニッツ会議に国際交流基金の援助により出席した。会議からは、近年とくに多様化と専門化が進み、新しい諸要素が現れている世界のライプニッツ研究の現況が窺われた。それはシェリング研究にも直接に間接に関わるであろう。したがって本報告では、まず第一に、第六回国際ライプニッツ会議の概要と特徴について述べ、第二に、一九九〇年以降の主だったライプニッツ研究を、研究史的な観点から従来のものと比較しつつ、それぞれの内容と寄与に関して見る。そして第三に、ライプニッツとシェリングを比較または架橋するような諸研究を概観し、ホルツなどの従来の業績に対して、最近の研究動向を明らかにしたい。

一　第六回国際ライプニッツ会議「ライプニッツとヨーロッパ」について

国際ライプニッツ会議（Internationaler Leibniz-Kongreß）は、ライプニッツ没後二五〇年にあたる一九六六年の第一回以来、五、六年毎に、彼が後半生を過ごしたハノーファーで開催されている。主催者は、当地の「ライプニッツ協会」である。その事務室は、ライプニッツ文書室の設けられたニーダーザクセン州立図書館内にある。現在は会長に連邦憲法裁判所のマーレンホルツ教授、副会長はロビネ教授（哲学史）、ポーザー教授（哲学）、そして書記にトトク教授（哲学史）という体制である。ライプニッツ文書室と緊密な連携のもと、国際ライプニッツ会議をはじめ、ライプニッツに関する様々なシンポジウムの主催や共催、公開学術講演会、そして研究誌Studia Leibnitiana の刊行等を行ない、世界のライプニッツ研究のセンターとしての役割をはたしている。(1)

今回の会議も、ニーダーザクセン州政府の後援、スペイン、北米の各ライプニッツ協会、イタリア哲学機関等との連携のもと、多くの官民諸機関の援助を受けている。配布された参加者リストによれば、出席者はドイツ、イタリア、フランス、アメリカ、スペインをはじめ、ロシア、東欧、アフリカ、南米、オーストラリア、中国、韓国等約三〇か国から二六一名を数えた。なお、会議の公用語は英、独、仏、伊語である。日本人では、名古屋大の山田弘明教授が第一〇部会（認識論）で「真理のデカルト的基準についてのライプニッツの批判」と題して発表され、そして報告者が第四部会（ライプニッツと東アジア）で「仏教からみたモナドロジー――村上俊江のライプニッツ解釈について」と題して発表した。

この度の統一テーマ、「ライプニッツとヨーロッパ」であるが、(2) 欧州統合という時事問題でも、単なる地理的概念でもない。主催者が込めた意味は「一と多」（Einheit und Vielheit）である。初日のポーザー（Hans Poser, Berlin）の基調発表でも触れられていたが、普遍記号法と自然言語、国家の公用語と少数派言語、ヨーロッパ（普遍）と国民国家（特殊）などの問題には、いずれも「一と多」という緊張、又は調和が底在しているのである。

さて二つの全体討議（計九本の発表）、二七の部会（総計一五三本の発表）、二つの公開講演の逐一に立ち入ることは到底不可能であるが、今回の会議全体を俯瞰するなら、とりあえず以下の三点を指摘できるだろう。第一に、数学をはじめ所謂ライプニッツの合理主義的な業績に関する発表が減少したこと。第二に、かわって注目を集めたのは、「神学」、「政治／倫理学」、「論争家としてのライプニッツ」など、従来のライプニッツ研究では触れられることの少なかった諸問題について其々部会が設けられ、いずれも盛況であったこと。第三に、自然科学史とは区別される「自然哲学」（Naturphilosophie）への取り組みも旺盛で、部会が二つも用意されたことである。(3)

そうした部会の発表を以下にいくつか取り上げてみよう。まず政治哲学ではロルダン（Concha Roldán, Madrid）の「ヨーロッパ統一のための政治的前提としての永久平和計画へのライプニッツの態度」。一九九五年はカントの永久平和論が出て二百年であるが、その連邦制構想の先駆はライプニッツである。ライプニッツは国民国家の視点に立ち、平和の保証のための諸条件を（サン＝ピエールと違って）現実的に考え、様々な提案をしている。たしかにライプニッツは一方で啓蒙主義のいう理性の力を信じ続けたが、他方では、永遠平和はあらかじめ彼のアカデミー計画を実現しておくことなしには、ユートピアのままでしかない、すなわち学の普遍性こそ超国民的な感情を媒介すると信じていた。これがライプニッツの「学者の共和国」の理念なのである。

次に、倫理学ではトトク（Wilhelm Totok, Hannover）の「ライプニッツにおける寛容概念」について見る。ルターに比して、ライプニッツは、ひとは自然法に反しないかぎり、自分の良心からのみ行為を決定すべきだとして、信仰も領主の宗旨や社会の強制などの外的な理由からでなく、内面的な理由から選ばれるべきだと考えていた。それは具体的には、魔女裁判やコペルニクス説禁止措置などへの抗議、新しい出版物への好意的反応、ユグノーの弁護、宗教難民への理解等に現れている。だが同時にライプニッツには、異端糾弾の世論や、図書の検閲に賛成するという面がある。トトクによれば、それは、政治的秩序の維持やキリスト教道徳の養成に関心をもつリアリスト・ライプニッツが、その時代の社会の諸状況や人々の考え方に配慮せざるをえなかったからである。このいわば二重のスタンス（良心の自由と、政治的・教育的配慮）こそ、ライプニッツの倫理学、社会哲学、政治哲学を貫く特徴である。

神学からは、分析哲学的手法によるマリ（Michael J. Murray, Lancaster）の「強度の決定論者でも、自由論者でも、整合主義者でもなく」を取り上げる。「人間の自由」をめぐるライプニッツの発言は、a 強度の決定論、b 整合主義、c 自由論のどれでもない。従来は、ライプニッツの本音は b で、a や c はそのつどの相手にあわせたものに過ぎないとか、またライプニッツの考えは発展史的に順次変遷したなどと説明されてきた。これに対しマリは第四の道をゆく。そのためにマリは人間の自由についての counterfactual な神の知、あるいは（神が知る）条件的な未来の偶然的なものについて、モリナ主義とトミズム、そしてライプニッツの立場に言及する。そしてその問題の解決にあたっては、先行意志的条件、充足理由律、自発性の三条件を、整合主義にならずに満たすべきだと結論する。

話題の部会「論争家としてのライプニッツ」におけるダスカル（Marcelo Dascal, Tel Aviv）の「論争ステラテジーと倫理――過ちと他人の立場」にも触れねばならないだろう。普遍知や結合法の理念を掲げ、命題の証明を重んじたライプニッツであるが、同時にまた、数学的に完全な証明が現実には不可能である以上、真理と知は共同作業的なディベイトから生じるとも考えていた。そこで一方で、真理の達成はコミュニケーションの倫理――「報償の原理」と「キリスト教の慈悲」――に従う。しかしまた他方ライプニッツも人間であるかぎり論争に勝とうと欲し、倫理的原理に依拠して「過ち」（du tort）と「他人の立場」（la place d' autrui）という二つのストラテジックな原理を展開した。論争を客観的に判定するようなジャッジは実際にはいないし、コミュニケーションの法廷もない。だから論争の当事者は、内在的な規範を開発してよいわけで、まさにここから、純粋に倫理的な原理をストラテジックに使用することが生じる。ライプニッツは、実際は戦略的でしかないものに、倫理の衣を着せようとするほど戦略的な人ではなかったのである。

一群の自然哲学研究では、まずハーゲングルーバー（Ruth Hagengruber, Koblenz）が「カムパネラとライプニッツの平行」と題し、両者のあいだには、非延長としての点と量、反デカルト的な物体論、物理学と道徳を仲介する数学といった観点で共通性が見られると強調した。次にビアラース（Volker Bialas, München）の「物理学仮説のライプニッツのプログラムへの影響におけるケプラーの自然哲学的諸原則」の概要は次のとおり。ニュートンの重力説を知ったライプニッツは、「惑星の運動の原因についての試論」（一六八九年）において、ケプラーこそ単なる叙述から天体運動の原因の探究へ導いてゆく開始点と見なす。ライプニッツにとって「慣性」の概念は、物質が運動に抵抗することの、あるいはまた重力や粘着のないところでの物体の継続運動に力が使用されるべきであることの、その原因なのだ。彼は『弁神論』（一七一〇年）でケプラーに言及したうえで、「慣性」は被造物の不完全性や悪の起源だという形而上学的意味づけを施す。延長は捨象できるかもしれないが、慣性は物体から捨象され得ない。引力は物塊のない数学的点から生じるのではなく、物塊からのみ生じるとする点で、ケプラーはライプニッツに影響を及ぼした。ミュルゼップ（Peeter Müürsepp, Jr., Tallin）の「非直線的形而上学の先駆者としてのライプニッツ」も興味深い発表であった。ライプニッツが見ていた世界は階層的でとてもシンプルとは言えないが、述語づけは出来るのでその限り古典科学に属する。事実ライプニッツには決定論的な要素も濃い。だが志向としては非直線的形而上学にも踏み出している。世界は外から神によって組織化されずとも、内部から組織化されるが、この力こそ「自己‐組織化」と呼ばれ、プリコジンの前発生的概念の鍵である。しかも自己組織化の発想は、ルネ・トムによって紹介された構造的安定という質的で数学的な概念と整合的なのである。なおこの他にも、ツィムマーマン（Rainer E. Zimmermann, Berlin）「連続体と非連続体――ライプニッツの思弁論理学から思弁物理学へ」、エーデル（Susanne Edel, Frankfurt a. M.）「ライプニッツとカバラ――或るヨーロッパ的文通」[4]などの発表も注目に値するだろう。

総じて、前回（一九八八年一一月）のライプニッツ会議で目についた二つの研究方向、すなわち“Spezialisierung”と“Aktualisierung”のうち、今回は前者の方向が一段と強まり、なかでも受容史研究が推進され、イタリアの研究者達の活躍がめざましい。ライプニッツ文書室長のブレーガー（Herbert Breger）の談では、今後注目される研究分野は神学であり、マリやスレイなど英語圏の研究も活発である、また同文書室のヴィドマイアー（Rita Widmaier）等による、中国学関係のライプニッツの著作や書簡の編集、出版、研究も重要である。

二　一九九〇年代のライプニッツ研究

（1）アカデミー版全集（G. W. Leibniz, Sämtliche Schriften und Briefe）について

従来どおり、ベルリン（第Ⅳ系列：政治著作）、ハノーファー（第Ⅰ、Ⅲ、Ⅶ系列：歴史書簡、科学、数学関係書簡及び著作）、ミュンスター（第Ⅱ、Ⅳ系列：哲学書簡及び著作）の三か所に分かれて編纂が進められ（これをゲッティンゲンとベルリン—ブランデンブルクの各科学アカデミーが共同委員会を作って指揮している）、これまで二七巻を出した。悩みは、旧東独の出版元 Akademie Verlag, Berlin が民営化されて以来、印刷費用が凄まじいことである。そのため、EDV-System TUSTEP の導入が計画され、一部は実施され、またハノーファーの編纂所では、数学的著作に適した EDV-System TEX が予定されている。なお、一九九五年七月現在で編集・出版の作業中の巻は次の通りである。第Ⅰ系列：第一五巻、第一六巻。第Ⅱ系列：第二巻。第Ⅲ系列：第四巻、第五巻。第Ⅳ系列：第四巻。第Ⅵ系列：第四巻。第Ⅶ系列：第二巻、第三巻。

（2） Faszikelとは何か

第VI系列（哲学著作）の今度の番になっている第四巻（一六七七―九〇年の著作群を収録）が上梓に時間を要するため、担当のミュンスター編纂所が、仮綴じのものを順次“Vorausedition”として年一回一〇〇部ずつ刷り（非売品）、希望する研究者に提供しているもので、これまでに計一〇巻を出している。しかし本体のほうが、いくつかの難しい註釈と、最近発見されたばかりの三つの作品の校訂を残してほぼ仕上がってきたので、このファスツィーケルも終りとなる。ちなみに、本巻は大部で高価となるため、電算写植となるかもしれず、また将来の課題としてCD-Rom化も検討される由である。

（3） その他のテクスト編集・出版等

上記のアカデミー版とは別に、最近では以下の文献批判的な単独エディションが刊行された。M. Fichant, *De concursu corporum* (1678), Paris 1994/ E. Knobloch, *De quadrata arithmetica circuli*, Göttingen 1993/ R. Widmaier, *Leibniz korrespondiert mit China*, Frankfurt a. M. 1991/ R. Widmaier, *China im Spiegel der Leibnizschen Schriften und Briefe*（準備中）。

また、近年ライプニッツ協会の関与で開かれた主なシンポジウムは次のとおり。Trieste: 11-14. 5. 1992 “Leibniz und die Frage nach der Subjektivität” / Aix-en-Provence: 13-15. 10. 1993 “La notion de nature chez Leibniz” / Cerisy-la-Salle:15-22. 6. 1995: “L'actualité de Leibniz: les deux labyrinthes”. さらにライプニッツ生誕三五〇年にあたる一九九六年には以下の学会が、同協会が関与して開催される。Leipzig : 9-11. 4. 1996: “Wissenschaft und Weltgestaltung. Gottfried Wilhelm Leibniz 1646-1996 zum 350. Geburtstag” /Paris: 27.-29. 1996: “Leibniz lecteur de

Hobbes".

（4）主要な研究文献

次に、一九九〇年以降に出たライプニッツ研究文献から、ハノーファーを中心に一定の評価を得ているものを四点選び、簡単に紹介したい。

ヘヒト『ゴットフリート・ヴィルヘルム・ライプニッツ　形而上学のパラダイムにおける数学と自然科学』(5)

ライプニッツの思想形成を、とくに自然哲学、自然科学、数学での業績に基づきながら発展史的に、アカデミー版のまだ準備中の草稿をも用いて明らかにした労作。ライプニッツは早くも「無神論者に対する自然の告白」（一六六八年）において機械論の限界を強く意識し、自然哲学の新しい考察を始めている。その最初の成果が一六七一年の二編の論文「抽象運動論」と「新物理学仮説」である。ライプニッツの問いは、実験的な状況下、抽象的に推論された諸規則は、普遍妥当的な運動法則を供給できるか、それとも経験的偶然的でしかない仕方で特殊な物理学的状態が記録されるのか、というものだった。ライプニッツは、点を一切の延長も量も持たぬ純粋に幾何学的な存在として、コナトゥスをベクトル的に規定された速度として定義し、またエーテルを導入している。しかし一六八〇年代に入ると「力」（Kraft）の概念が明確化され、原始的か派生的か、能動的か受動的かにしたがって四種類に差異化される。力概念で表示されているものは、そこにおいて形而上学と自然科学が出会うような実在である。そして実在するのは運動そのものではなく、それぞれの瞬間だけであり、これは変化へ突き動かす力のうちに成立するのでなければならない。運動の連続性に Realität を付与する原理こそ「力」なのだ。ライプニッツが力（vis viva）または運動を、impetus（m·v）とは区別して、$m \cdot v^2$ と表すようになったのは一六七八年の「物体の衝突について」からである。ライプニッツは幾何学と動力学によって一六七〇年代のエーテルをもはや必要としなくなるのである。

フィシャン（編著）『G・W・ライプニッツ　動力学の改革――物体の衝突について（一六七八年）およびその他の未公刊テクスト』[6]　これまで未公刊だった「物体の衝突について」が、この分野で最近活躍めざましいフィシャン教授によって編集され、フランス語訳、序文、解説を付して出版されたもの。従来は一六八六年の「短証明」や「形而上学叙説」があまりに重く見られ、「短証明」などにおける対デカルト批判が先行し、その後にライプニッツの運動理論（＝力学の改良）が来るといった解釈が行なわれてきたが、それは誤りである。対デカルト批判と力学の改良は相補的で、既に一六七八年のこの衝突論に力の尺度としての m・v² が登場しているのだ（フィシャンは、大会初日の全体講演でも、「ヨーロッパ的伝統の収束点における〈動力学〉」と題して発表。当時ヨーロッパの学者のうちで dynamica という術語を受け入れたのはJ・ベルヌイ、ハーマン、ヴォルフであったのに対し、はっきり拒否したのがニュートンであった。ダランベールの *Traité de dynamique* はとても反ライプニッツ的であるが、他方 *Encyclopédie* の「dynamique」の項目では、ダランベールはライプニッツを語源として挙げている）。

ダスカル、ヤキラ（編著）『ライプニッツとアダム』[7]　本書は一九九一年一二月二九日から一九九二年一月二日までテル・アヴィヴおよびエルサレムで開催された国際コロキウム「ライプニッツとアダム」に基づく。その構成は、1（形而上学、論理学、知識）、2（言語）、3（神学と神秘主義）、4（予知と自由）、5（法律、歴史、政治）という部門に分かれ、計二七本の論文が収録されている。ダスカルの序言にはこうある。アダムという聖書像は、ライプニッツの著作に繰り返し出てくるテーマである。それは「個体的実体」であり、「個体概念」の勝れた実例でもあった（形而上学、論理学）。さらにアダムは歴史の始まりであり（歴史学）、最初の言語の創始者であり（アダム言語、ライプニッツの語源研究）、最初の罪科人であり（道徳）、またライプニッツ終生のカバラや錬金術などへの関心のなかにも潜んでいる。ダスカル自身の寄稿は、「ひとりのアダムと多数の文化――可能的世界の最善における政治的プルラリズムの役割」である。ライプニッツは調停者であることをしばしば悪くいわれることがあるが、多と統一のコンフリクトこそ彼の終生のテーマであり、この政治哲学は、彼の他のジャンル（形而上学、認識論、倫理学、法哲学、神学）に対応している。普遍主義（クーテュラ等の解釈）か、個別主義（E・ナエール等の解釈）か、という対立ではなく、むしろ〈普遍即個別〉主義というのがライプニッツの行き先である。二つの立場の両立とか調和といっても、〝見えざる手〟に直行するのでも、また現実主義というだけでもなく、理性の厳しい要求に一致するものでなければならない。

ロビネ『G・W・ライプニッツ　ヨーロッパの均衡による最善世界』(8)　ロビネ教授は「理性に基づく自然と恩寵の原理」と「モナドロジー」の批判的校訂テクスト（一九五四年）やマルブランシュ全集の編集、そしてライプニッツやマルブランシュに関する多くの研究文献などで早くから指導的な役割をはたしてきた(9)。今回教授が標記のような政治哲学の研究を出されたことは、ライプニッツ研究の今後について示唆的である。本書では、鍵語として「ブラウンシュヴァイク」、「帝国」、「ヨーロッパ」という三つの領域概念が提示される。そのうえで個別国家の souveraineté と帝国の majesté という概念が際立たせられ、結局その両者のバランスのうえにヨーロッパの統一と平和をライプニッツが見ていたと指摘されている。

三　〈シェリング―ライプニッツ〉研究について

（1）シェリング自身によるライプニッツ研究

哲学史のなかに自らの哲学を位置づける強い動機をもつシェリングは、ライプニッツにも十分注意していた。ただ一八〇〇年前後はライプニッツのテクストといってもまだごく限られたものしか近付けなかった。シェリングが読んだのは、確実には『弁神論』と『モナドロジー』だけで[10]、他に有り得たとしても『人間知性新論』だけであろう。しかし彼はライプニッツの遺稿の調査や編集の必要を痛感しており、例えば一八四〇年にエルトマン版ライプニッツ全集（Opera omnia）が出た際、エルトマン宛の書簡のなかで喜びを表明しているほどである[11]。

さて、シェリングのライプニッツ哲学への態度は大きく前期・中期・後期に区別されよう。まず前期とは、とくに自然哲学との取り組みを通じて、シェリングが大きな親近性をライプニッツに認めた時期である。一七九七年の『自然哲学考案』でシェリングは「ライプニッツの哲学を再興できる時がやってきた」と宣言する[12]。だが中期になると、慎重にライプニッツに或る距離をおくようになる。一八〇二年の『ブルーノ』では、われわれはもしかしたらライプニッツを正しく理解していないのではないかと述べ、一八〇九年の『人間的自由の本質について』では、ライプニッツの定義する「悪」は積極的なものを含んでいないと指摘する[13]。そして後期には、はっきり批判的となる。一八三〇年代に確定したと思われる近世哲学史講義では「実体」概念を取り上げ、ライプニッツを “verkümmerter Spinozismus”（退化したスピノザ主義）だと決めつける[14]。

（2）　シェリングのライプニッツ受容に関する発展史的研究

まず古典的な業績では、ブレナーの『ライプニッツへのシェリングの関係』（一九三七年）が、ライプニッツが受容される仕方を、スピノザ受容と関連させ、次の八つの時期に細かく分けて論じている。[15]一（一七九〇―九四年）、二（一七九四年）、三（一七九五―九六年）、四（一七九七年）、五（一七九七―一八〇一年）、六（一八〇一―〇四年）、7（一八〇四―一〇年）、八（一八一〇―五四年）。ライプニッツはシェリングによって、第六期まではスピノザと同じように見られていたが、第七期に入ると、観念論者ライプニッツが実在論者スピノザに対し優位をもつと論じられている点が、注目されよう。次に最近の業績では、ツィンガリによる「ドイツ観念論およびヘーゲルにおけるライプニッツ受容」（一九八六年）[16]が挙げられる（ツィンガリも大体三分説であるが、中期に「悪」の問題が入ることを述べていない）。ツィンガリは一七九七年の『自然哲学考案』の親ライプニッツ的な受容が――その場合とくに「力」という形而上学的思弁的概念が、カント二元論やフィヒテ観念論を克服するのに役立つ――、後にはしかしシェリング自身によって様々な変容や批判を受けること（例えば『ブルーノ』）、そして一八三六―三七年のミュンヘン講義では「実体」の観点から、スピノチスムスの変種たるライプニッツ哲学が批判され、その著作は並の思考の遊戯、哲学の骨董品とまで言われることを指摘している。

（3）　ホルツの業績

上記の発展史的研究に対して、体系的関心からの〈シェリング―ライプニッツ〉研究としては、まず古典ともいうべきホルツの二篇の研究論文に言及せねばならぬ。

まずシェリング没後百年の一九五四年の論文「ライプニッツについてのシェリング」[17]で、ホルツはシェリングの近世哲学史講義にのみ依拠し、「実体」概念に言及する（だがシェリングの前期、中期や、彼の自然哲学への視点はまだ出ていない）。ホルツによれば、ライプニッツはスピノザの実体概念を結局は受容し、シェリングからみれば無神論、唯物論である。ただ後になるとシェリングはモナド論を独我論及び精神主義へ変容させてしまう。物体的実体と「精神的」（精神的）な構造との統一こそライプニッツの存在概念、そしてこれに内在する「弁証法」を形成する。ただシェリングの場合、ライプニッツの弁証法を、その唯物論的な基礎から切り離してしまったために、それを自然についての観念論的な形而上学の中へ受容するに終っている。

これより三〇年後の論文「シェリングの思弁的体系における自然概念——ライプニッツのシェリングへの影響について」[18]になると、ホルツはシェリングの『自然哲学考案』を取り上げ、その自然哲学を主題化するが、しかし唯物論的弁証法の視点を持ち込む点では従来とかわりはない。カントの「経験の類推」を敗北と見なすシェリングは、あくまで無制約的なものを、定立された客観と純粋定立とがそれの Unter-schied でしかないような場、すなわち「自然」のうちに求める。ところが反省の哲学は産出と所産の二重性を開示はしようが、除去まではしない。かくて自然哲学は、表象を事物に依存させ、物を原因として、表象を結果として考察するよりほかない、とホルツは強調する。多様もその統一も表象によって供給されるのではなく、物質の内在的な活動的な原理、すなわち「力」から概念把握されねばならない。シェリングは、彼の自然哲学を「動力学的アトミスティク」と解し、単純な実体をひとつの力の点（空間的でなく、ただ内包的に表せるのみの）と捉え、これを Naturmonade と呼ぶとき、直接ライプニッツに続いている。ホルツはライプニッツの『動力学試論』（一六九五年）に拠り、力が vis activa と vis passiva とに差異化されることを強調する（ホルツは、シェリングが能動と受動という相反する二つの力は第三者において止揚・総合されると考えていたと注意する。そしてこの第三者が Geist と解されることにより、同一哲学は唯物論から神学的な神秘化へ逸脱してしまう、と批判するのである）。では、モナドにおいて能動的力と受動的力はどう関係しあうのか。ホルツによれば、シェリングは内包と外延の関係をライプニッツのモデルに従って、活動性と受動性、言い換えれば appetitus と perceptio として捉えているという。だがこの解釈はいまライプニッツのそれとして見た場合正しくない。なぜならライプニッツの言う perceptio は能動的であり、またモナドにおいて能動と受動は、むしろ形相と質料の関係に比されているからであって、ホルツの言うように「絶対的活動性は交互作用の普遍的なシステムだ」とは考えられていないからである。ともあれ、ホルツの結論は、ホルツ自身の唯物論から、シェリングは実際は、主観性の下に自然を従わせ、生産する人間が自然を資本主義的に所有するというスピノザ的ライプニッツ的な思想に影響されてしまったのであり、そしてそこから「生産力」として自然を理解することが生じ、ライプニッツの「力」概念が利用されたのだ、というものである。

（4）ホルツ以後の最近の〈シェリング―ライプニッツ〉研究

ラングターラー『有機体と環境』[19]　その中の「近世自然哲学の主な諸立場に映った「自然の合成論」――ライプニッツ、シェリング、ヘーゲル」と題した一節で、ラングターラーは「弁証法」ではなく、「有機的なもの」(das Organische) を鍵語とし、そしてシェリングとライプニッツを性急に結びつけるのでなく、むしろ両者の差異を指摘し、これをさらにユクスキュルの「環境-世界」(Um-welt) 概念にも関連づけようとする（ただ、「自然の合成論」とあるが、ライプニッツは aggregatum としての自然という見方には立っていない）。ラングターラーによれば、ライプニッツは〈個別自然科学〉の要求と〈自然哲学〉の観点とを区別し、何でも有機化しようとするのではない。純然たる延長物体は機械論に従わせ、目的論と共存させる。この禁欲的二重性こそ、ライプニッツがシェリングと異なるポイントに他ならない。モナド論の自然概念の射程は、心身の統一または自己の統一だけに向けられているのではなく、これとは区別される「普遍的調和」としてのコムニカティーフな自己外統一性にも及ぶ。ふたつの統一をそのように区別してこそ、「内的合目的性」と「外的合目的性」との真なる統一ということと、自然の目的論という観念とが適切に概念把握されうる。ところでユクスキュルは、「自然」を「諸環境世界の全体組織」として特徴づけていて、先に挙げた前者の統一、つまり自己内媒介性との取り組みは不十分である。こちらの問題性はシェリングとヘーゲルでとくに展開されることになる。

ボンジーペン「ライプニッツ、カント、シェリングにおける動力学的原子論の形成とその現代的意義」[20]この研究は、ライプニッツの動力学が、ニュートン物理学に対する対抗案であり、とくにシェリングによって引き継がれることを明らかにし、そしてライプニッツからシェリングへのその連続性を強く見て、その今日の諸議論におけるアクチュアリティを示そうとする。ボンジーペンによれば、シェリングは、具体的な点ではカントの動力学に従うが、斥力と引力をさらにGeistから導出しようとしている。またエーテル論や物理学のスピノチスムスだけでなく、自然の産物のなかには無限の発展への傾向があり、単純な活動でも進化の基礎を示しているというモナドロジー的発想を充当する。さらに、カントの言う「物理的モナド」はヴォルフやバウムガルテンと同様に点的な力の中心であったが、シェリングの「自然モナド」はそういう相対的な斥力—引力ではなく、ライプニッツの意味での純粋エンテレケイアであり、内的に差異化され、個体化されている。ただしシェリングの「モナド」は、「無窓性」は持たず、単純な諸作用のリアルな交互作用が主張されている点で、ライプニッツのモナドとは異なっている。続いてボンジーペンは、ライプニッツのモナド論を活かそうとする試みの系譜として、ヘーゲル、J・H・ヘルバルト、G・Th・フェヒナー、L・オーケン、R・ヴィルヒョウ、精神科学（ニーチェ、ジムメル、ディルタイ）、新カント派、D・マーンケ、H・W・カル、W・クラーマーを挙げ、次のように総括している。すなわち、物質がそれの最後の不可分の単位から成っているという古典的アトム論の主張は、思惟主観の抽象、構成物にすぎない。これに反対して各々のモナドロジーは、経験的実在性の多を偽‐所与（Quasi-Empirie）で補うことを試み、エネルギー概念や数学に関して〝別の思考〟を指示する。ライプニッツは、例えばアルキメデス的数学に対して非‐基準的分析の先駆であり、またシェリングと共に原子論に反対するとき、非線型動力学（I・プリゴジン、M・アイゲン、H・ハーケン）を先取りしているようにも見える。

ヤコーブス「シェリングからみた弁神論の問題」[21]　伝記的文献学的研究を用いて、とくに「悪」の問題に対するシェリングの態度を追跡した論文である（ただ「悪」概念のその内容には立ち入っていない）。シェリングは一七八七―九〇年の時期、ライプニッツの『モナドロジー』をたぶん師のロイヒリンを通じて知った。一七九一年五月ロイヒリンからシェリングは、デ・メゾーの編んだ、ライプニッツ、クラーク、ニュートンの論文集を贈られた。同年三月三一日付の（当時『ドイツ学術者協会哲学雑誌』の編集者だった）ニートハムマー宛書簡で、「ライプニッツについての論文を思っていたようにはお送りできません。もう少し手を入れたいのに、その時間がないものですから」とさえ述べている。だが後年には、ライプニッツの『弁神論』を「緩和されたスピノザ主義」と見なすようになる。両者とも「悪」を「欠如」と捉えているから、というのがシェリングの理解であった。

ブーフハイム『すべてのものの一』[22]　同書第二章「シェリングにおける積極的および消極的思惟方法の区別について」の§2‐aは、「同一性についてのライプニッツの消極的構想」と題される。このなかでブーフハイムは、分析哲学的な手法も取り入れながら、ライプニッツの同一性をシェリングのそれに対比させる。ライプニッツは同一性を、一方を他方で代置しても、すべての文脈や状況において真理値が変わら〝ない〟こととして定義する。

しかしそのように「区別され〝ない〟」というだけの消極的な同一性は、区別という観念的な作用を、現実的なものの非連続的な同一性に先行させてしまう。ライプニッツの言う同一性は、本来は個体についてではなく、それにかんして代入が行なわれるような状況について妥当する。「同一性」という名は sachlich には空虚な固定化であり、そういう固定化や定式化にさして注意をしないのがライプニッツの特徴である。これに対してシェリングは、そういう固定化のなかに、さらに彼が永らく求めてきた「概念から解放された同一性」をも見出し、それを「力」へともたらすのだ、とブーフハイムは言う。

以上のように、従来のイデオロギー的、弁証法的解釈から最近の〈シェリング―ライプニッツ〉研究は、自然哲学や自由論へと、伝記的、文献学的な発見成果も用いながら多彩に展開し、また精緻な概念史的、形而上学的研究も出ている。今後生産的であろう〈シェリング―ライプニッツ〉研究のテーマは、私見では、歴史哲学（アダムの問題、神話の思惟）、社会哲学、政治哲学、理性と信仰、そして自然哲学であると思われる。

（付記）シェリングのテクストは、Schellings Werke, nach der Originalausgabe in neuer Anordnung, hrsg. v. M. Schröter, München 1927. に拠り、頁付けは、オリジナル版に従った。

注

（1） Studia Leibnitiana が年二回、Studia Leibnitiana Supplementa および Studia Leibnitiana Sonderheft がそれぞれ年一回、いずれも Franz Steiner Verlag, Stuttgart から刊行されている。

（2）今回の国際ライプニッツ会議にちなんで、*Leibniz und Europa*, hrsg. v. Albert Heinekamp, Isolde Hain, Hannover 1994が出版された。

（3）全発表原稿は同協会によって二度にわけて出版され、参加者および会員に配布された。VI. Internationaler Leibniz Kongreß Vorträge I., II. Teil, Hannover 1994, 1995.

（4）Susanne Edel, *Die individuelle Substanz bei Boehme und Leibniz. Die Kabbala als tertium comparationis für eine rezeptionsgeschichtliche Untersuchung*, Stud. Leibn. Sonderheft 23, 1995.

（5）Hartmut Hecht, *Gottfried Wilhelm Leipniz. Mathematik und Naturwissenschaften im Paradigma der Metaphysik*, Stuttgart/Leipzig 1992.

（6）Michel Fichant (édition, présentation, traduction et commentaires), *G.W. Leibniz. La réforme de la dynamique. De corporum concursu (1678) et autres texts inédits*, Paris 1994.

（7）Marcelo Dascal, Elhanan Yakira, *Leibniz and Adam*, Tel Aviv 1993.

（8）André Robinet, *G. W. Leibniz. Le meilleur des mondes par la balance d'Europe*, Paris 1994.

（9）Ders, *Melebranche et Leibniz. Relations personelles*, Paris 1955; *Architectonique disjonctive automates systémiques et idéalité transcendentale dans l'oeuvre de G. W. Leibniz*, Paris 1986 ; *G. W. Leibniz Iter Italicum*, Firenze 1988. etc.

（10）シェリングはデュタン版ライプニッツ全集Opera omniaを用いたと推定される。デュタン版全集については、Heinekamp, *Louis Dutens und seine Ausgabe der opera omnia von Leibniz*, Stud. Leibn. Suppl, XXVI, 1986, S.1-28.

（11）Wilhelm G. Jacobs, *Schelling über Nachlaß Leibniz's. Ein unbekannter Brief*, in: Stud. Leibn. Bd. 15/2, 1983. S. 221-223.

（12）Schelling, *Ideen zu einer Philosophie der Natur*, 1. Hauptband, II. 20.

（13）シェリングの批判は、被造物の不完全性と同一視された普遍的見地からの「形而上学的悪」へ向けられたものである。しかしライプニッツでは、さらに「苦痛」における「身体的悪」（mal physique）と「罪」における「道徳的悪」（mal moral）とが区別されていることが重要である。「身体的悪」と「道徳的悪」はそれぞれの個体の多様性と、その自発性とに関連し、われわれにとって切実なものである。「悪徳や犯罪は被造物の自由な内的働きによって生じる」（GP. VII, 346）。

（14）Schelling, *Zur Geschichte der neueren Philosophie*, 5. Hauptband, X.54.

(15) Anton Brenner, *Schellings Verhältnis zu Leibniz. Ein Beitrag zu Geschichte des Wiedererwachens der echten Leibnizschen Philosophie (nach der Herrschaft der Wolffschen Schule) und zur Entwicklung der Schellingschen Philosophie*, Augsburg 1937.

(16) Guido Zingari, *Die Leibniz-Rezeption im Deutschen Idealismus und bei Hegel*, in: Stud. Leibn. Suppl. XXVI. 1986, S. 268-288.

(17) Hans Heinz Holz, *Schelling über Leibniz*, in: Deutsche Zeitschrift für Philosophie, Berlin Bd. 2.1954, S. 755-763. なお、ホルツには次のようなライプニッツ・テクストのドイツ語訳・註釈・編集が存する：G. W. Leibniz Philosophische Schriften Bd. I(Kleine Schriften zur Metaphysik), Bd. 3.1+3.2 (*Neue Abhandlungen über den menschlichen Verstand)*, Frankfurt a. M. 1965, 86^2.

(18) Holz, *Der Begriff der Natur in Schellings spekulativen System. Zum Einfluß von Leibniz auf Schelling*, in : H. J. Sandkühler (Hrsg.), *Natur und geschichtlicher Prozeß. Studien zur Naturphilosophie F. W. J. Schellings*, Frankfurt a. M. 1984, S. 202-226.

(19) Rudolf Langthaler, *Organismus und Umwelt*, 1992, S. 148-166.

(20) Wolfgang Bonsiepen, *Die Ausbildung einer dynamischen Atomistik bei Leibniz, Kant und Schelling und ihre aktuelle Bedeutung*, in : Allgemeine Zeitschrift für Philosophie, Jg. 13, 1988, S. 1-20.

(21) Jacobs, *Die Theodiceeproblematik in der Sicht Schellings*, In: Stud. Leibn. Suppl. XXVI, 1986, S. 225-233.

(22) Thomas Buchheim, *Eins von Allen. Die Selbstscheidung des Idealismus in Schellings Spätphilosophie*, Hamburg 1992, Kap. II, §2-a.

3　第七回国際ライプニッツ会議（二〇〇一年）報告

「第七回国際ライプニッツ会議」は、旧西ベルリン市街のほぼ中央にあるベルリン工科大学を会場として、二〇〇一年九月一〇日―一六日に開催された。本学会は、ライプニッツ没後二五〇年にあたる一九六六年にその第一回が、ライプニッツが後半生を過ごし、現在もライプニッツ文書室（Leibniz-Archiv）ならびにライプニッツ協会（Gottfried-Wilhelm-Leibniz-Gesellschaft）の事務局を置くハノーファーで開催されて以来、一九七二、一九七七、一九八三、一九八八、一九九四年といずれも同地で開かれてきたが、今回初めてベルリンで行なわれた。ベルリン工科大学（Technische Universität Berlin）は工科大学と称しながら、「哲学・科学理論・科学史技術史学科」を擁し、現ライプニッツ協会副会長のハンス・ポーザー教授が活躍している。ポーザー教授といえば、ライプニッツの哲学史的研究において指導的な役割を果たし、これまで多くのライプニッツ関連の学会やシンポジウム、また論文集を組織してこられた、ライプニッツ研究の世界的重鎮の一人である。

参加者は五大陸、三〇か国から四五〇名、そのうち発表者は二八〇名にのぼる。これだけ多数にのぼったのは、今大会が、再統一後まもないベルリンという観光の目玉の地で行なわれたせいもあるらしい。合計五七の部会、二つの公開講演会、二つの全体討議からなる今学会のために、前年の九月から準備チームが発足、二〇〇一年初めから準備作業を本格化させた。その実働部隊は、工科大学及びベルリン-ブランデンブルク科学アカデミーの助手はじめ計四名からなる。

主催者は、ベルリン工科大学哲学・科学理論・科学史技術史学科、ハノーファーのライプニッツ協会、そしてベルリン–ブランデンブルク科学アカデミーである。共催者は北米ライプニッツ協会とスペイン–ライプニッツ協会である。また今学会の後援者として、ベルリンのクラウス・ヴォヴェライト市長の名を冠する。

スポンサーには、ドイツ学術振興会（DFG）、ベルリン投資銀行の支援を受けたベルリン–ブランデンブルク州、プロイセン海運基金、ドイツ科学基金連合、ダイムラー・クライスラー、ロベルト・ボシュ基金、在ドイツ・フランス大使館、アカデミー出版社、ヨアヒム・シュミット博士有限会社が名を連ねている（政府関係の学術予算が、ここドイツでも人文科学系に対し全面的に削減されており、今大会の資金集めも難渋した由である）。準備室は、各方面に援助金を依頼する旨の手紙を「十分な理由づけ」とともに発送し、ベルリン–ブランデンブルク州にはそれが功を奏した。しかし、在ベルリン日本領事館は、日本のライプニッツ研究の発展や研究者の活躍などを挙げて協力を依頼した手紙に対して、梨の礫だったという。また当地の日本協会は、予算締め切りを理由に断りの返事を送ってきたそうである。なお、これらの補助金の主な用途は、大会準備のための人件費と、三巻＋補遺からなる発表原稿集の印刷費用であるとのこと。

とにかく、今学会は私が出席した過去二回（一九八八年一一月、一九九四年七月）に比べて極端に緊縮財政の大会となった。それは、大会参加費が、ライプニッツ協会会員の場合、過去二回は無料だったのに対し、今回は一〇〇マルクであり、非協会員＝一般聴講者にいたっては二〇〇マルクもしたことに象徴されている。また過去二回は、主催者（ハノーファー・ライプニッツ協会）側から各参加者に、かかった旅費の一部に対し補助金が支給されたが、今回は一切なかった（ちなみに、この旅費への補助金は、再びハノーファー開催となった第八回（二〇〇六年）、第九回大会（二〇一一年）には復活された）。

さて、今大会のテーマは、「理由なしには何ものもない――G・W・ライプニッツの活動における人間、自然、技術」（Nihil sine ratione. Mensch, Natur und Technik im Wirken von G. W. Leibniz）と定められた（前々回一九八八年は「伝統と今日性」、前回一九九四年は「ライプニッツとヨーロッパ」であった）。スタッフの一人に尋ねると、今回のテーマはとにかくライプニッツ自身の文言から採ろうということになって、ごく自然にこの文言Nihil sine rationeが選ばれた由である。いうまでもなく、充足理由律としてライプニッツ形而上学の根本を為すこの標語は、多様な専攻諸領域を横断する国際ライプニッツ会議の統一テーマに相応しい。そもそも今大会がベルリンで開催されるにも既に「十分な理由」があった。そのうち二つを挙げると、第一に、これは会議の招待状にも記されていたが、ベルリンは（ハノーファーあるいはパリに次いで）、ライプニッツ自身がその五十代に頻繁に滞在し、アカデミーの設立に尽力した結果、ついに一七〇〇年に「諸学協会」（Sozietät der Wissenschaften）が設置され、彼自らその初代院長に任ぜられた縁の地であることである。またベルリンでのライプニッツは、ゾフィー＝シャルロッテ王妃の理解と庇護の下、最も幸福な時期を過ごし、王妃との哲学議論が後の『弁神論』の素材をなした経緯も周知のとおりである。第二に、緊縮財政下にあるとはいえ、開催実績のあるハノーファーであれば確実に或る程度の援助金が得られたであろうにもかかわらず、ベルリンにせざるを得なかった「理由」、それは二〇〇〇年のハノーファー万博である。ハノーファー開催であれば、同市がその州都であるニーダーザクセン州から後援が得られる（ちなみに前回一九九四年のときは後援代表者として、会議のプログラムおよび発表原稿集の表紙に名前が出ていたのが、当時同州首相であったゲルハルト・シュレーダー現連邦首相である）。しかし昨年二〇〇〇年万博が開催されたばかりの州には二〇〇一年にライプニッツ会議を支援するだけの財政的余力は残されてはいない。そこで主催者側は同地での開催を断念せざるを得ず、かわりにベルリン市とベルリン－ブランデンブルク州に、ベルリンとライプニッツとの深い関わりを精力的に説き、後援を依頼する手紙を出したところ、後援が得られたため、ベルリンでの開催が決まったそうである。そういう訳で、ハノーファーでは常であった、地元のライプニッツ文書室やライプニッツ協会が人員その他でフルに機能するということも、今大会では期待できなかったのである。そのため組織と準備のほぼ一切を、ポーザー教授が先頭に立ち、U・ゴルデンバウム博士、W・リー講師らとともに切り盛りされた。筆者が、渡航前に細々した問い合わせのメールをやりとりしたときも、ポーザー教授が御自身で対応された。

さて、筆者は二〇〇一年九月九日成田を発ち、フランクフルトで乗り換えて、現地時間の九日夕刻ベルリン・テーゲル空港に到着した。ベルリンは東京と打って変わって冷たい雨であった。タクシーに二五分ほど乗り、学会準備室の委託を受けた旅行社に予約してもらったイエナ街のホテルに直行する。車は市中心部へ南下し、途中、ライプニッツと王妃ゾフィー＝シャルロッテ縁の、そして私個人にも思い出の多いシャルロッテンブルク宮殿のすぐ横を通過した。ホテルのある地区は最初は土地勘がなかったのだが、すぐに、U9、U2を”Zoologischer Garten”で乗り換え、計一〇分ほどで会場の工科大学（TU）に行けることが判明した。事前の希望に「できるだけ静かで、会場に近い所を」と書いたのだが、正にその通りで納得した。

翌九月一〇日会議初日、私は朝早く起き、会議の受付が開設される予定の八時には会場のTU Hauptgebäudeに着いた。一階玄関のクローク前の広いスペースに受付が設営されたばかりと見え、人はまだまばらだった。まずは十分な余裕をもって、受付をしてもらう。自分の名前の入った名札を受け取り、参加費一〇〇マルクを払い、会議の分厚いプログラム（全発表の短い要約と全発表者の住所付で一三三頁）と、ずしりと重い発表原稿集（三分冊計一四三六頁：これは今年六月三〇日までに提出された原稿〔一人、八頁まで〕をそのまま縮小製版したもの。私の場合のように事前には間に合わなかった原稿は、通例通り、会議後にとりまとめられNachtragとして出版される）の入った、アカデミー出版社提供の、黒地に白で“Nihil sine ratione. VII. Internationaler Leibniz-Kongreß”という文字がプリントされた布製エコバックを受け取った。以後連日このプログラムと発表原稿集の入った重い袋を肩から下げて会議に通ったのである。すぐにポーザー教授がやってきたので、再会の挨拶をした。

受付の隣には、いくつかの書店や出版社がコーナーを設営した。とくに恒例のオルムス社は、世界のライプニッツ文献（テクスト、研究文献）、ならびにその他の哲学史書を展示・販売するかなり広いコーナーを設けていた（私が昨二〇〇〇年一一月にR・クリスティンとアルバー社から出した共編著 *Phänomenologie und Leibniz* も六冊平積にしてあり、ちょうど石黒ひで教授も手に取ってじっと見ておられた。なお同書は会期中に二冊に減っていた）。このコーナーは私にも有益であって、会期中、発表の合間をぬってこれはという書物を購入したり、雑誌購読の申し込みをしたり、新刊案内パンフを集めたりできた。

そうこうしている間にも旧知の顔ぶれが集まり始め、互いに再会を喜び合う。そしてすぐに一〇時の開会時刻になった。会場は、同じ一階にあって、音響にもすぐれた大教室Audimax-H105である。壇上の背景には“VII. Internationaler Leibniz-Kongreß. Nihil sine ratione. Mensch, Natur und Technik im Wirken von G. W. Leibniz”と書かれた特大のパネルと、これまた特大のライプニッツの肖像画パネルが吊り下げられている。

まずハンス・ポーザー教授と、ベルリン‐ブランデンブルク科学アカデミーのE・クノーブロッホ教授が並んで登壇した。司会はクノーブロッホ教授である。まずポーザー教授が簡潔に会議の開催を宣言した。次に工科大学学長H＝J・エーヴァース教授の、さらにベルリン州科学・文化大臣A・ゲーラー氏の歓迎挨拶があった。次に、「会議テーマ趣旨説明」として、ポーザー教授が、今回のベルリンでのライプニッツ会議開催はライプニッツのベルリンとの特別の関係という「十分な理由」をもつことを、しかし会議は Nihil sine labore、とくに四人の実働部隊の働きに負うこと（このことが披露されると、会場からは単に形式的でない大きな拍手が起きた）、さらに会議は Nihil sine pecunia（多少のユーモアも込めて）、様々な財政援助なくしては実現し得なかったことなどを、雄弁な教授にしては簡潔に、しかしメリハリを付けて述べた。続いて、ここで一息という意味であろうか、ライプニッツの鉱山技術改良活動を研究している老練のJ・ゴチャック教授が登壇して、チェンバロでバッハを一曲演奏し、一同ライプニッツとその時代を偲んだ。

開会式の後半は、ユルゲン・ミッテルシュトラース教授（コンスタンツ）と、ダニエル・ガルバー教授（シカゴ）による二つの講演があった。まず、「ライプニッツの複数世界――構築と解釈との解釈学におけるライプニッツ」（*Leibniz' Welten. Leibniz zur Hermeneutik von Konstruktion und Deutung*）と題して、銀髪のよく似合うミッテルシュトラース教授がオープニングに相応しく、ゆったりと、わかりやすく、格調高い講演をした（しかし内容は一九八八年大会の際の教授の公開講演 "*Philosophie in einer Leibniz-Welt*" の延長線上にあるものだった）。ライプニッツは一方で現実世界の唯一性を信じ、彼の物理学など自然科学との取り組みはその信念に立脚するわれわれ人間にとって解釈されうる世界の複数性を主張した（Deutung）。つまり、世界の唯一性と複数性とを（Konstruktion）。しかし他方同時に「パースペクティヴ」の概念の導入により、われわれ人間に対して開示され、同時に主張する立場に立つのが、ライプニッツの解釈学的ともいえるような立場の独自性である。それは現在の実証主義、プラグマティズム的な側からするアナーキズムや、あるいはポスト・モダンの相対主義に対しては、あくまでも一線を画している、と教授は力説して講演を結んだ。

続いてガルバー教授が肥満体を揺すぶりながら、ライプニッツからの引用文を種々OHPにして示しながら、「ライプニッツの観念論」と題した英語の講演をした。いささか長すぎたため、予定されていた両講演者への質疑が取りやめになる因を作り、会場の不興を買ったが、内容自体は、ライプニッツが物体的実体について述べた箇所をいくつか丁寧に辿り、堅実なものであった。ライプニッツは(よく解されるように)、物体は諸精神からなると言ったのではなく、物体(の一性)は物体的諸実体から成ると言っているだけである、とガルバー教授は何度も強調していた。

さて、この初日の午後から木曜日午後までは全五七の部会で、計二五〇本の部会発表が行なわれ、また水曜日夜と木曜日夜には公開講演が、そして金曜日は午前中に締めくくりの全体討議が行なわれた。

このうち二回の公開講演は、市中心部にある、美しく改装されたばかりのベルリン–ブランデンブルク科学アカデミーの会議ホールで行なわれた。初回はA・ロビネ教授が「充足理由律は充足的か?」という講演を、フランス人の教授には珍しくドイツ語で行なった。ただ音響が悪くてよく聞こえなかったのが残念だった。講演後はベルリン–ブランデンブルク科学アカデミー院長主催の歓迎レセプションがあった。このときH・シェーパース教授が私に話しかけてこられ、その日の午前中にあった私の発表によせてライプニッツの個体に関する話をしてくださったのは良い思い出となった。二回目の公開講演ではR・アダムズ教授(エール)が、彼の近著*Leibniz, Deist Theist Idealist*で展開した解釈枠を、細かく概念分析的に差異化してさらに繰り広げる話をしたそうだが、私は疲労が出たため、聴講を断念しホテルで休んだ。

最終日九月一五日は、あいにくの雨まじりの天気だったが、ライプツィヒへの希望者バス遠足があった。車中では立命館大学講師の大西光弘氏と相席になった。現地に着くと、ライプツィヒ時代の若きライプニッツや、後年のライプニッツのライヴァルともいうべきプーフェンドルフを、当時のライプツィヒ市の歴史との関連で調べているD・デーリング博士が興味深い案内をしてくださった。ライプツィヒ大学のすぐそばにあるライプニッツの立像、少年ライプニッツが哲学的瞑想にふけったというローゼンタール庭園なども見学した。

ところで本大会の第二日目の九月一一日の午後、アメリカで起きた同時多発テロ、とくにニューヨーク貿易センタービルの惨劇が参加者一同にも伝えられた。ホテルに戻った私は、翌日に自分の発表および他の部会の司会を控えていたにもかかわらず、自室でTV映像と報道内容に釘付けになってしまった。

翌九月一二日には、早速ポーザー教授が起草し、イスラエル、イギリス、フランス、アメリカの参加者たちがこれに加わり、テロの非寛容をライプニッツの「寛容」(tolerantia)の概念を引用しながら非難する旨の決議文(英・仏・独語)を発表し、メディアに送付した。

しかしそれとは別に、アメリカ行きはもちろん、日本などへの飛行機も飛ばないなどという噂がまことしやかにささやかれ、工科大学の研究室におかれた大会オフィスは、アメリカとの連絡、飛行便の変更、宿泊の延長などに関する応対に深夜まで追われていた。

金曜日の結びの全体会議では、A・ロビネ教授の司会のもと、M・フィシャン、石黒ひで、M・ダスカル、H・シェーパースという重鎮四教授が順に講演した。二〇〇人くらいはいたであろう聴衆の石黒教授への注目は高かった。「ライプニッツにおける一の論理的概念と形而上学的概念との間に衝突はあるか」という興味深いテーマもさることながら、教授の英語のディスカッション能力の高さには敬服するばかりであった。私にとって一番刺激的だったのはテル・アヴィヴ大学のダスカル教授が「理由なしには何事もない→ソフトな理性」(*Nihil sine ratione* → *Blandior ratio*）と題して、ライプニッツの合理主義といわれるものは決して演繹的モデルだけに終始せず、それは推論の非結論的形式、すなわち「弱い」形式もまた合理主義的世界観にとって本質的であると認めるものである、と明らかにしたことであった。

ところで、この全体会議の冒頭にポーザー教授があらためて、この度の同時多発テロへの非難決議を紹介し、次いで犠牲者への黙祷を提案し、一同これに従った。私は最前列付近にいたので気付かなかったのだが、雛壇席から会場全体を見ておられた石黒教授によれば、主にアラブ圏からと思しき参加達は不満顔で、これに抗議していたとのことであった。

さて、月曜から木曜までの五七の部会と二五〇を超える部会発表についてであるが、会期中常に八つの部会が同時並行しているため、全部の発表に出席することは元々不可能であるうえに、とくに今回はとにかく発表数が非常に多く、ある意味でカオスであった。またニューヨークの同時多発テロのニュースが参加者に与えた衝撃は大きく、これまでの大会では日を追うにつれ醸成されてくるはずのライプニッツへの関心の高揚感や、そして出席者どうしの交流の雰囲気もなかなか育つような気配がなく、終始落ち着かないザワザワした進行になってしまったのは残念であった。

部会において発表した日本人は、松田毅氏（神戸大学）、林知宏氏（学習院高等科）、大西光弘氏（立命館大学）、来栖哲明氏（ミュンヘン大学留学中）、田中真紀子氏（マールブルク大学留学中）、それに酒井潔であった。

私は九月一二日午前中の第三一部会「モナドロジーⅢ」（司会：M・フィシャン教授）において、五名の発表者の三番目、「ライプニッツと西田――歴史的モナドロジーへの途上で」（*Leibniz und Nishida. Unterwegs zu einer*

Monadologie der geschichtlichen Welt）と題してドイツ語で発表した。現象的な時間を超越したという意味で無時間的で形而上学的なライプニッツのモナドロジーを、（絶対矛盾の自己同一としての）歴史的世界における「弁証法的モナドロジー」へ読み替える後期西田哲学の試みについて報告した。

質疑の終盤になって、会場の後ろで聞いていたH・シューパース教授が突然例の早口で話し始めた。すなわち、西田は個は他の個があって初めて個となると言うが、共存する可能のなかにあらかじめ個への何らかの決定がなければ、西田のいうような単なる押し合いへし合いだけでは個にはならないのではないか、つまりどの可能が現実化するかは既に決まっているのではないのか、という趣旨だった。私は、それぞれの可能が含む「実在性の量」ということを言ったがシューパース教授は納得せず、平行線に終った。

質疑が終った後、ポーザー教授は私に「あなたの発表は気に入ったよ」と言ってくれた。

また、私は同日午後の第三九部会「受容V」では司会を務めた。発表者五名のうち印象に残ったのは、四人目に「知識学における予定調和のテーマ――J・G・フィヒテにおけるライプニッツ受容の研究」というドイツ語の発表をした学究肌のフィヒテ研究者のイヴァルド教授（ローマ）であった。一九九〇年秋ハノーファーで開催された第一回スピノザ学会大会で、教授の発表を私は聞いていたこともあって懐かしく、そのことを教授に話したところ、友好的な反応であった。反対に尊大だったのが五人目最後に発表したドレスデンのS・ヴォルガスト教授だった。発表自体は「F・クラウゼ（一七八一―一八三二年）におけるG・W・ライプニッツ」という歴史研究だった。私にとってヴォルガストという名は、一〇〇〇頁を超える労大著*Philosophie in Deutschland zwischen Reformation und Aufklärung1550-1650*, Berlin 1988の著者として知られていたので期待をもって氏の発表と質疑応答を見守ったが、老齢のためか、すでに受容能力に乏しく、頑なな態度が目につき、がっかりした。

ポーザー教授は最終日の金曜日の夜、郊外ダーレムにある閑静な自宅に私を含め三〇名ほどの出席者を招いてくれた。一階の居間と書斎とテラスの全部がわれわれに開放された。教授の書架にならぶライプニッツ関連書籍が興味深かったし、いろいろなことを教わった。

さて大会後にポーザー教授から本大会を総括した文書が参加者に送られてきた。これは彼が今回の国際ライプニッツ会議においてどのような研究動向に注目したかを示していて興味深い。そこで本報告の最後に、ポーザー教授によるこの大会総括の部分を和訳し引用しておこう。

「1　周知のように、十九世紀の観念論的形而上学的諸解釈に代わって、二〇世紀には論理学的解釈（クーテュラー、カッシーラー、ラッセル）が優勢となっているが、つぶさに見ればさらに新しい潮流が認められる。今大会では、ガルバー（シカゴ）、アダムズ（エール）、シェーパース（ミュンスター）が、観念論的解釈と論理学的解釈の両者を統一し、同時に、現代の心身問題を背景として、ライプニッツの「物体的実体」の概念に焦点を当てる新しい解釈線を形成する。そこで重要なのは、モナドとしての自我と、物体性とのまったく新しい関わり合いである。

2　数年前、クノーブロッホ教授は、年金・保険の草案としてのライプニッツの原稿群を調査し出版することに成功した。ライプニッツの目標は、生存を脅かす損害の保障によって共通の快を増大することにあった。この点に多くの発表が、数学史的観点とともに社会史的観点から関わった（とくにデ・モーラ（マドリッド）、ローアバッサー（パリ））。ライプニッツは、実際、正しい年金形式を発見し、これに影響するパラメーターを認識した最初の人である。同時にはっきりしたのは、ライプニッツの数学・自然科学関係の草稿には、専門学科に内在する価値を超えてもさらに有意義であるに違いない新しい発見が見込まれるということである。

3　すべての有機体の意味と結合した普遍的調和というライプニッツの思想からは、直接に現代に重要な経済的で技術的な考え方の諸条件が展開される（パンディット（デリー）、ロス（リーズ）、ラネア（ブエノスアイレス））。

4「ライプニッツと中国」と「ライプニッツとヨーロッパ」という両部会で地理学的に書き換えられているものは、じつは体系的な問題関心である。すなわち、中国においては、二進法体系と易経と、ライプニッツの調和概念とを媒介しようという関心が示され、ヨーロッパにおいては、政治、学問の組織化、信仰の均衡に関する諸要素と、そして結合する法的基礎を規定する諸要素との相互影響を調べるという関心が示される。双方とも、新しいものではないが、しかし深化された設問は大きな現代的意義を有する。

5「ライプニッツと医学」、これは従来ぞんざいに扱われてきた領域であるが、今回メディアに取り上げられた。ライプニッツが医学史に関して刊行した著作や原稿等を出版しようという提案がなされた。数列の研究から医療制度改革、さらには世界中の診療方法や薬の収集に至るまでの実践的な熟慮のライプニッツ的総合には、単に医学史や啓蒙史以上の意義がある。

6　ライプニッツ思想の影響史の諸研究のほかに、間哲学的な比較、たとえば仏教（ヴェンチャオ・リー（ベルリン））、デッィ・ドゥアン（武漢））、儒教（プラサッド（デリー））、そして日本の伝統との比較（酒井）が登場した。これらの発想は、世界の諸文化のあいだを架橋することについてのライプニッツの思惟の問題の開放性をたぐりよせるという興味を示している。

7　とくに興味をひいたのは、ハノーファー（ブレーガー）、ミュンスター（シュナイダー）、ポツダム（ルドルフ）、ベルリン（クノーブロッホ）の全集編纂室の報告である。とくに研究の新しい方法と、世界中のライプニッツ研究者によるデータバンク――とくに編纂済みのライプニッツのテクスト――に関するインターネット利用の可能性に関係する。四箇所の編纂室、中でも哲学著作および書簡担当編纂室（ミュンスター）を再び以前の人員数に増やすことと、すべての編纂所に EDV の援助室を必要な範囲で整備すること、そのことによってアカデミー版における編集が、新しい諸可能性とさらなる課題に直面しながら、より迅速に前進できるようにとの要望が表明され、これは陳情としてアカデミーの責任委員会へ伝達された。

以上の1から7までの点は国際的なライプニッツ研究の範囲と強さを示すさらなる点によってもっと補完されうるだろう。この連関で、現在の USA やイタリアでのライプニッツ研究の活発さは顕著なものとなった。それと並んで、武漢におけるライプニッツ研究所や、最初のアラビア語への翻訳のおかげで、少なくともチュニジアにおけるライプニッツとの取り組みの始まりが注目される。

以上のように国際ライプニッツ会議は全世界のライプニッツとの取り組みの状態と多様性を証拠づけただけではない。それはまた、多くの参加者に刺激となった。それゆえ、既刊の発表原稿集三巻と補遺巻から、さらなる持続的な影響が生じることが期待される」。

4　第八回国際ライプニッツ会議（二〇〇六年）報告

ライプニッツ協会（Gottfried-Wilhelm-Leibniz-Gesellschaft）主催の第八回国際ライプニッツ会議は、二〇〇六年七月二四日から二九日まで、おりしも猛暑のドイツ・ハノーファーで開催された。会場は、三週間前、地元の偉人ライプニッツの誕生日七月一日に「ライプニッツ大学」と改称されたばかりのハノーファー大学である。ライプニッツ歿後二五〇年にあたる一九六六年にライプニッツ協会が設立され、同年に第一回の国際ライプニッツ会議が開催された。以来、一九七二、一九七七、一九八三、一九八八、一九九四、二〇〇一年に、ライプニッツが後半生の四〇年間を過ごし、現在はライプニッツ協会とライプニッツ文書室が設置されているハノーファーで開催され（二〇〇一年のみベルリン工科大学）、その規模・内容ともにライプニッツ研究のワールドカップともいうべき実績をあげてきた。今回も参加者は欧米諸国をはじめ、ロシア、中国、イラン、アルゼンチンなど三二か国から四〇〇名を数え、地元紙ハノーファーシェ・アルゲマイネも「モナドとモデルネ」と題して特別記事を組んだ。共催者はゲッティンゲン科学アカデミーの他、北米、スペイン、イスラエルの各ライプニッツ協会であり、後援はドイツ学術振興会、ニーダーザクセン州、イタリア哲学研究所、在独フランス大使館等による。準備の総指揮をとるのはライプニッツ文書室長H・ブレーガー教授である。私は一九八八年の第五回から毎回出席し、発表と司会を行なっているが、今回も新しい展開を示し始めた世界のライプニッツ研究に直接に触れ、きわめて刺激に富んだ一週間であった。以下のその概要について簡潔に報告してみたい。

初日の午前中は開会式で、ニーダーザクセン州科学大臣らの式辞に続いて、H・ポーザー教授（ベルリン）が今大会の統一テーマ「多における一」を説明した後、H・P・シュナイダー（ハノーファー）、M・フィシャン（パリ）両教授による講演があった。シュナイダーは「普遍国家――ライプニッツにおける法と国家」と題し、ライプニッツにとって法律学は彼の少年期、大学での勉学、そして宮廷勤務を通じ一生の仕事であって、そのアイディアは当時のヨーロッパに普及し、少なくとも後にプロイセン民法やアメリカ合衆国憲法に反映された、またライプニッツは慎重ながら、法律は慣用よりは理性に基づくものだと考えていた、と述べた。

フィシャンはベラヴァルやロビネ以後の現在フランスを代表するライプニッツ研究者であり、二〇〇〇年には、『形而上学叙説』から『モナドロジー』に至る思想変化についての重要な論文を著した。本講演「ライプニッツの最終哲学における物体の実在性の度合」では、ライプニッツは物体の概念を最後まで維持したが、同時に『モナドロジー』などにおいてプラトン的イデア論的な要素が残存し、これが物体的実体の概念と衝突している、と述べた。monade は force とは言い換えられうるが、âme と同じではないこと、だから物体の実体性を知覚の単なる内容に無差別に還元しようとする観念論をライプニッツは採らないことが指摘された。

さて七月二四日午後から二八日午前までは、毎日九時から一八時まで、同時に五つの部会にわかれて発表と質疑が行なわれた。部会の数は計三九。発表総数二一三本。その全部を聴くことは不可能であり、聴きたい部会が重なってしまうことも少なくない。部会の数は、「形而上学」が六で最も多く、次いで「実体」、「自然学及び自然哲学」、「数学」、「論理学及び記号法」、「認識論」、「個別問題」が各二。その他は「政治哲学」、「調和・神学」、「ライプニッツと中国」など二一部会が各一であり、三〇年ぶりという「計算機械」の部会もあった。発表言語は独・仏・英語である。異色の部会としては「学校におけるライプニッツ」があり、ギムナジウムの哲学の授業で『モナドロジー』の抜粋を生徒達に配布し、自然や心身問題について考え議論させる試みなどが現場の教員によって報告されたが、私は他の部会に出たため残念ながら聴けなかった。

そこで、私が実際に出席できた部会の中で、今日の研究動向を反映していると思われた発表にしぼって記しておこう。まず部会「自然学及び自然哲学Ⅰ」におけるH・ヘヒト博士の発表「アインシュタインの相対性理論から見たライプニッツ」について。ヘヒトは四箇所にわかれたアカデミー版ライプニッツ全集編纂所のうち、第八系列「自然科学・医学・技術関係著作」を担当するベルリンの主席所員であり、ライプニッツの自然学について現在最も活躍中の研究者である。発表の視点は、ライプニッツが単に空間・時間の概念に関して相対性理論の先駆であるか否かにではなく、「計測科学」という考え方そのものに向けられる。ライプニッツの考え方は、秩序づけと量が経験的判断においてどのように相互に関係づけられるのかを示すことによって、アインシュタインとライヘンバッハの対立を取り除くと言える。そのためのライプニッツの形而上学的基礎は、①最善世界、②最善化の性格、③最高度に決定されたもの、④以上の秩序づけによって経験的法則は妥当性をもつ、という点にある。

次は部会「弁神論」におけるM・ドゥ＝ゴードゥマール教授（エクス・アン・プロヴァンス）の「倫理の自然的諸基礎とライプニッツ的遠近法主義（perspectivisme）」。今日の道徳的完全性は、相対的でも状況依存的でもなく、しかし、それでいて多様性を旨とするような「形而上学的遠近法主義」によるべきだと熱弁をふるった。質問者の一人は、ライプニッツの形而上学を実践の問題に関係づけるそのような試みに感謝したいと発言した。

部会「美学」も刺激に富んでいた。若手のU・ゼーベルク博士（ベルリン）の「合理性の統一——ライプニッツ、バウムガルテン、カント」は、美の合理性や美的諸領域の統一について三者は共通しているとする。超越論哲学のカントは形而上学のライプニッツから、美の中味についてはじつは多くのものを負っている。美は混雑した表象に基づくが、しかし「多における一」を表現している、とライプニッツは見ているからである。

部会「実践哲学」では、スペインを代表するC・ロルダン教授（マドリッド）が「倫理学的普遍主義と言語学的多元主義」と題してドイツ語で発表した。諸文化の真の補足・完成とは、強者が弱者に対する消極的寛容ではなく、他者を受容し尊敬するような積極的寛容でなければならない。積極的寛容を理解するための根拠は、他言語に自己移入することで偏見を終らせることであろう。ライプニッツは自然言語の差異は欠陥ではなく、豊富さや美であると見る。だが諸言語は単に相互に置換されるだけでなく、修正機能をもつのであって、発表者はそこに、相互理解の複数性を一に収束しうるような多元主義の可能性を取り出そうとする。

同じ部会で私は「ライプニッツの社会福祉思想」についてドイツ語で発表した。伝統的な「慈善」（caritas）概念、あるいは全集第四系列（政治著作）第一巻に収録されているマインツ期の提案書や覚書に見られるライプニッツの社会政策などは従来から知られ、P・ライリーなどの先行研究もそれらを素材としていた。しかしどの個体も神と宇宙を表出している限り、神の国の一員であり、神と交流するという『形而上学叙説』の議論は、位相をずらせば、民主主義国家における「人権」としての福祉という理念を先取りしているとも考えられる。さらに、これからの福祉の主導理念である「共生」についても、既に『人間知性新論』第三巻第三章に、驚くほど革新的な「ノーマライゼーション」の思想が提示されているのである。

私が司会をつとめた部会「二〇世紀におけるライプニッツの受容」でも、六人の発表者（ドイツ三、ウクライナ、イスラエル、ルーマニア各一）の顔ぶれ、そしてテーマもきわめて多彩で（V・v・ヴァイツゼッカー、V・カリンスキー、ハイデッガー、N・ハルトマン、フッサール、アドルノ）、それらの視点の斬新さや柔軟さには大いに裨益されるものがあった。しかし紙幅の制限のため、残念ながらそれらの内容については割愛する。

なお日本人では私の他に、部会「認識論Ⅱ」で松田毅氏（神戸大）が「夢についてのライプニッツの議論と物体の実在性への問い」と題して、また部会「十八世紀とドイツ古典主義における受容」において大河内泰樹氏（ボッフム大）が「実体と力——多義性章におけるカントのモナドロジー批判と、実体と物質についてのライプニッツの力学的構想」と題してそれぞれ発表された。

七月二八日の午後は結びの全体会議がもたれ、E・クノーブロッホ（ベルリン工科大学）、F・デュシェノー（モントリオール）、D・ガルバー（プリンストン）、H・シェーパース（ミュンスター）、M・ダスカル（テル・アヴィヴ）、ポーザーという著名教授六人が順に計五時間に及び講演した。比較的新味の少なかった二番目と四番目を除く各講演について記しておこう。

まずクノーブロッホの「ライプニッツ数学における普遍性」は、ライプニッツの数学のラテン語論文をスクリーンに映しフランス語で説明しながら、ライプニッツの数学は哲学的神学的基礎（神による宇宙の一般的調和）を有し、その「普遍性」（généralité）は調和、美、単純性、表記法、有用性などの性格をもつことを叙述した。

ガルバーの「機械論と敬虔を統一する」は、ライプニッツは最初機械論を採ったが、まもなく作用原因たる神の意志を導入して機械論と敬虔を和解させるが、これに平行してマインツ期の力学論文ではまだ幾何学的であった「力」概念もまもなく$m \cdot v^2$という動力学の概念に変更される、と指摘する。そしていずれの場合もその転機は、一六七六年一一月にライプニッツがハーグでスピノザに会い、『エチカ』の内容を知り、その決定論に深い印象を受けながらも、まもなくその反目的論を攻撃するようになる一六七八年頃のことであるという主旨で、種々の文献を引用した哲学史研究である。

かわって、近年ライプニッツの道徳的論争術（一九九四年）や、合理性の見直し（二〇〇三—〇四年）など独自の論点を提示し、注目を集めてきたダスカルは「しなやかさへの新たな方法」(Nova blandiora) と題し、彼の「ソフトな合理性」という所論を英語で披露した。ダスカルは、必然論理を完璧には認識できない〈神ならぬ〉人間においては、数学や論理学における演繹・還元に基づく「ハード・ロジック」と現実的具体的なロジックとが分裂していると見、両者を架橋するものとしての「ソフト・ロジック」を標榜する。それは状況、妥協、進歩などを考慮した「弁証法的全体的なルール」によって説得を進め、解を発見するルールであり、諸概念のハイブリッド化の試みであるといえよう。ダスカルが講演の冒頭レバノン紛争に言及したのが印象に残った。

最後にポーザーが「本能と理性のはざまで——『新論』における意志の自由についてのライプニッツの構想」と題して歯切れのよい発表を三〇分でまとめた。デカルトやスピノザら十七世紀の哲学者たちがそうしたように、ライプニッツも感情論に取り組んだ。本能は、〈知覚+力→感情〈傾向〉→〈対象への〉行動〉という構造をもち、感情から行動への移行は無意識で瞬間的な検討の結果である。意志は、〈知覚+理性・統覚→意志→意欲〈幸福への〉行動〉〉という構造をもつ。つまり本能と意志とはパラレルな構造をもつのだ。とかく合理主義者と称されるライプニッツであるが、理性による判定において完全な自由が存するわけではなく、本能という内的な力学がそこにつねに重ね合わされていると彼自身は考えていた。ベルリン工科大学で科学哲学や技術史などを担当し、合理主義哲学を論じてきたポーザーが、理性と協同する不可欠の要素として無意識の本能という面を主題化したことは示唆的だった。

さて翌最終日はバス遠足で、ブレーガー文書室長の案内のもと、①ライプニッツが埋葬されているノイシュタット宮廷及び都市聖ヨハネス教会、②新旧教会再合同に関してライプニッツの盟友であったモラヌスが院長をしていたロックム僧院〈一一六三年創立旧シトー派修道院〉、③ライプニッツが選帝侯妃ゾフィーらと哲学談論をかわしたヘレンハウゼン城館・庭園を訪ねた。

さて最後に、世界のライプニッツ研究の新しい動向として重要と思われる点を三つ挙げておく。

（1）まず、一九九四年の前々大会から顕著になった、数学や論理学に代表される狭義の合理主義には属さないライプニッツの多様な側面についての研究が今大会でも旺盛だったことが挙げられる。先に挙げたダスカルの言う「ソフトな合理性」もその一例である。しかし今回とくに活発だったのは、実践哲学、倫理学、政治哲学などの研究である。こうした研究傾向は二〇一〇年に『弁神論』が出版三百年を迎えることもあって、ここ当分は続くだろう。

また形而上学も堅調で、今大会では部会数が六つもあって群を抜いて多かったことも特筆される。さらにフィシャンの哲学史的研究は、『形而上学叙説』や『モナドロジー』のように知られつくしたかに見えるテクストにもまだまだ研究の余地が無限にあることを示した。

（2）以前は全面に出ていた数学や論理学などの研究もそれ自体停滞しているわけではない。ハノーファー所轄の全集第七系列数学著作の編纂が近年急ピッチで進められ、パリ期の膨大な数学草稿が次第に明らかになってきている。数学部会ではその編纂作業の成果の一部としてS・プローブスト博士が、ライプニッツの円級数の発見の日付は一六七三年秋と確定できること、U・マイアー博士が、一六七五年一〇月のチルンハウスとの出会い、そして主に代数学上の意見交換が、ライプニッツが微積分研究を再開するための大きな刺激剤であったことなどを明らかにした。

（3）各国のライプニッツ研究を瞥見すれば、文書室を有し全集編纂にもあたるドイツが今後も世界の研究センターであることはいうまでもない。だが今回目立ったのはアメリカ勢の多数の参加である。英語文献に偏る傾向が拭えぬとはいえ、今後学会開催など彼の地のライプニッツ研究は活況を呈するだろう。しかしスペインやイタリアも負けてはいない。スペインではロルダンらが中心となって今後記念学会を次々と計画している。またイタリアは、今大会中に中堅のE・バジーニ（トリノ）とF・ピロ（サレルノ）が中心となって準備会をもち、来年にはイタリア・ライプニッツ協会を設立する予定であるときく。これとは対照的に今回のフランスはフィシャン一人が目立つだけで、フランス語の発表総数も一割に満たず、ライプニッツ協会もいまだに存在しないのは、ライプニッツゆかりの国としては寂しい。このほかイスラエルや中国もそれぞれライプニッツ協会を有し、活発に活動している。各国のライプニッツ研究はそれぞれ一定の個性をもっていることが多い。ドイツは体系的・文献学的研究、スペインは政治哲学、イタリアは華麗な受容史研究、フランスは哲学史研究、中国はライプニッツの中国学などというように。

次回の第九回国際ライプニッツ会議は二〇一一年にハノーファーで開催される予定である。

5　第九回国際ライプニッツ会議（二〇一一年）報告

ドイツ・ハノーファー市に事務局を置くG・W・ライプニッツ協会が主催する「第九回国際ライプニッツ会議」Internationaler Leibniz-Kongress は、二〇一一年九月二六日から一〇月一日まで、ハノーファー大学（G・W・ライプニッツ大学）で開催された。国際ライプニッツ会議は同協会の主催で、ライプニッツ没後二五〇年の一九六六年に第一回が開催され、以降、一九七二、一九七七、一九八三、一九八八、一九九四、二〇〇一、二〇〇六年と同地で開催されてきた（二〇〇一年のみベルリン）。プログラムの表紙には、関連機関として、北米、スペイン、イタリア、イスラエル、の各ライプニッツ協会と並んで、「日本ライプニッツ協会」（Societas Leibnitiana Japonica）の名も印刷されている。また、従来と同様、ドイツ学術振興会（DFG）、ニーダーザクセン州政府、民間保険会社等から資金援助を受けているが、今回はそれに加えて、二〇〇九年ハノーファー大学に設置されたハノーファー市立ライプニッツ基金講座とも連携している。さらに、大会名誉総裁としてドイツ連邦共和国クリスティアン・ヴルフ大統領の名を冠している点も話題を呼んだ。

ハノーファーは北独に位置するが、冷夏の末にやっと本来の夏が来たといわれるほど尻上がりの陽気であった。会場はヘレンハウゼン地区にある建築学部で、対面には、ライプニッツが宮廷人たちと哲学談義を交した逸話で有名なドイツ最大のバロック庭園が広がる。

会議に先立つ九月二二日には地元メディアをハノーファー大学に招いて、ライプニッツ協会のロルフ・ヴェルンシュテット会長、ライプニッツ文書室のヘルベルト・ブレーガー所長、ならびに上記ライプニッツ基金講座のヴェンチャオ・リー教授による記者会見が行なわれ、私も偶然陪席した。会見の一部は翌二三日付の地元紙「ハノーファーシェ・アルゲマイネ」に「台風の目──国際ライプニッツ会議始まる」という見出しで報じられた。

I

今大回は、ドイツ、フランス、イタリア、スペイン、アメリカをはじめ、イラン、インド、ブラジル、そして中国、韓国、日本など二七か国から一八〇名の研究発表者が参加した。発表予稿集は全三巻、計一二〇〇頁に及ぶ。今回は二〇〇九年四月に「日本ライプニッツ協会」が創立されて最初の大会である。それまでの大会では日本からの参加者は毎回数名であったが、今大回では発表者一一名、聴講者四名の計一五名を数え、またその全員が日本ライプニッツ協会の会員であり、協会設立の目標の一つが早くも実現された形となった。

今大回の全体テーマ「自然と主観（主体）」（Natur und Subjekt）について、ブレーガー氏は、上記の記者会見で次のように説明した。

「それは生物学の哲学、生きたものの哲学、自然学（物理学）の哲学を含みます。十七世紀では自然は機械的なものと見られ、動物と機械の同一視が自然科学の趨勢でした。しかしそもそも動物は精巧な機械と同じであるとともに、違ってもいます。そういう意味でライプニッツの自然哲学はアクチュアルな意味を有しています。そしてこれは、実際今大会では自然哲学の発表が多い、という点にも現れています」。

ところで、前回（二〇〇六年）以降、ライプニッツ全集（アカデミー版）は新たに四巻を上梓した〔これで二〇一一年一一月現在、計五二巻を刊行したことになる。全一〇八巻の予定〕。それらは一巻あたり八〇〇頁に及び、それに伴う調査研究は形而上学、計算機械、ハルツ鉱山技術等に及んでおり、その研究成果の一部も今大回で発表される。例えばハルツ鉱山技術に関して、ライプニッツが失敗した原因として、従来は、現地の官吏や技術者との軋轢、風力や摩擦の大きさ等の経験知の欠如などが挙げられてきたが、J・ゴチャック氏とFr - W・ヴェルマー氏は気候史を探査し、当時は五〇〇年来の寒冷期で、そのため冬場に水が凍結したことが失敗の原因である、との新説を提示する。またライプニッツのクラーク宛書簡は、「空間・時間」問題の必須文献であるが、今大回でM・パルムボ氏は、当時ローマの異端書審問官がライプニッツの議論に「関心」を有していたことを、史料に拠り明らかにする。

Ⅱ

初日九月二六日は、午前中、大学大講義室で開会式が行なわれた。まずライプニッツ協会のヴェルンシュテット会長が、前回大会と今回の間にイタリアと日本にライプニッツ協会が出来たこと、そして遠来の日本のライプニッツ研究者を歓迎すると挨拶した。次は、大会名誉総裁ヴルフ大統領の挨拶が予定されていたが、折しもドイツを公式訪問中のローマ法王ベネディクトゥス一六世接待のため大統領は出席を断念との説明があり、挨拶の原稿をヴェルンシュテット会長が代読した。続いて、ハノーファーのシュテファン・ヴァイル市長、ハノーファー大学のG・ディーヴァルト副学長が挨拶した。この後は記念講演で、ライプニッツ基金講座教授兼ポツダム・ライプニッツ編纂室室長のリー氏、そして（病気で欠席したミシェル・フィシャン教授の代役として）最近までトロント大学教授であったフランソワ・デュシェノー氏が、それぞれ「神の名誉と人類の幸福のための学問」、「生命的有機化――ライプニッツとシュタールの論争の争点」と題し、ドイツ語、フランス語で魅力的な講演をした。

初日午後からは、各部会に分かれて研究発表が行なわれ、九月三〇日まで毎日午前九―一二時と午後二―五時、合計二七の部会がもたれた。常時三、四の部会が並行して行なわれるため、全ての部会に参加することは不可能であるが、しかし限られた範囲でも大会全体の傾向や雰囲気はそれなりに伝わるものだ。私は、大会五日間を通じ、「自由」、「ライプニッツと日本」、「ライプニッツ全集編纂の問題」、「神学と教会政策」、「『法学の学習と教授の新方法』」、「宗教、神学」などの部会にとくに重点を置いて参加した。

二日目の午前には、今大会初めて設けられ、注目を集めた部会「ライプニッツと日本」があった。この部会で発表したのは次の五氏であり、順に全員がドイツ語で発表した。

来栖哲明氏「間文化性からみたライプニッツ――西田と仏教」、山口カリン氏「大西祝におけるライプニッツ受容」、長綱啓典氏「道徳的必然性の問題――日本の『弁神論』理解を考慮して」、酒井潔「ライプニッツの政治哲学のポテンシャル――リベラル対コミュニタリアン論争によせて」、大西光弘氏「ライプニッツと西田」。司会は、ライプニッツの中国学の研究では第一人者であるリタ・ヴィドマイアー氏（元ライプニッツ文書室研究員）。ポーザー、ブレーガー、ケーラー、リー、ブシェ、パジーニ氏ら著名なライプニッツ学者をはじめ、中堅、若手も含み、会場の座席数を上回る約四〇名が熱心に耳を傾け、議論した。

その他、私が司会を務めた部会「自由」では、可能的個体の個体性の解釈をめぐるシェーパース氏とケーラー氏の激しい論争が聴衆を釘付けにした。三日目の部会「ライプニッツ編纂」では、アカデミー版の編纂・刊行を担当しているハノーファー、ポツダム、ミュンスター、ベルリンの各編纂所の責任者から、進捗状況や課題などについて報告がなされた。さらにグラナダ大学のJ・ニクラス教授が、自らが主宰するスペイン語版ライプニッツ著作集全一九巻とライプニッツ研究叢書（Nova Leibniz）の進行について披露した。四日目の部会「『法学の学習と教授の新方法』」は、小人数ながら刺激的な部会であった。二一歳のライプニッツがフランクフルトで書き上げたこの著書は、ゲルハルト版哲学著作集にも収載されず、英仏独語の全訳もいまだない。しかしライプニッツ自身終生改訂を試み続けた同書は、法学と神学を一貫する議論として、また学問改革の基本理念を示すものとして近年注目され始めている。発表者の一人R・E・ペレス氏（サンパウロ・カトリック教皇大学）が最近ポルトガル語訳を完成したもようである。

研究発表の他には、初日夜、ハノーファー市長による歓迎レセプションがあり、参加者一同ハノーファー市庁舎に招かれた。木曜日の夕には、スポンサーの保険会社による歓迎レセプションが大学であり、続いてベルリン工科大学名誉教授ハンス・ポーザー氏による公開講演「科学としての発見／発明」が行なわれた。パワーポイントで図版や鍵語等を示しながら、近世ではドイツ語のErfindungは「発見」と「発明」の双方を含意していたが、それは技術の発明は自然の発見に他ならないとの理解なのであり、ライプニッツにとって科学は何よりも「人間の幸福、社会の利益」に奉仕するものであった、という主旨であった。

最終日の午後は、閉会式に代わる全体講演会であり、デュシェノー氏の司会のもと、パルムボ、ニコラス、M・B・ボルトン（ペンシルヴァニア大学教授）、パジーニ（トリノ大学教授）の四氏が講演した。パルムボ氏の趣旨は既に述べた通りである。ニクラス氏は現象学的な関心からモナドを「機能」（Funktion）として解読しようという哲学史・体系的研究。ボルトン氏は、個体の完足的概念の認識論的・存在論的身分にかんする分析哲学的研究である。そしてパジーニ氏が、パワーポイントを駆使し、ユーモアたっぷりにモナド世界の特徴づけを披露し、最後に、来月定年退職を迎えるライプニッツ文書室ブレーガー所長に対し、四〇年間研究員として、二〇年間所長として、世界のライプニッツ研究者を援助されたことへの謝辞が述べられ、一同も拍手でこれに続いた。そしてライプニッツ没後三百年の二〇一六年に開催予定の次回第一〇回大会での再会を期し、閉会した。

Ⅲ

今大会で特筆すべきは、何といっても日本からの参加者が一五名にのぼったことである。部会で発表された方の題目と、発表言語は、以下の通りである（発表順）。

部会「ライプニッツと日本」――前節に挙げた五氏、部会「教養、学問、言語」――池田真治氏「ライプニッツにおける制限とその様相」（フランス語）、部会「数学Ⅰ」――稲岡大志氏「数学的推論における図形と直観知についてのライプニッツの構想」（英語）、部会「芸術、文学、音楽」――森尚也氏「サミュエル・ベケットの自然の劇場と芸術」（英語）、部会「ライプニッツとロック」――クレール・フォヴェルグ氏「『人間知性新論』における自然と不安」（フランス語）、部会「モナド」――松田毅氏「幾何学的存在者、物体、モナドに関するライプニッツのメレオロジー的考察」（英語）、部会「形而上学Ⅱ」――枝村祥平氏「機械論は最終的に回避され、私は数学を採用した――一六六三―一六六四年におけるライプニッツの物体論」（英語）（池田氏と枝村氏は、それぞれ留学先のエクス－アン－プロヴァンス、ヒューストンから参加された）。

このほか、山田弘明氏、中野裕考氏、そして前週に当地で開催された「博士論文執筆予定者のため国際研究集会」で発表した今野諒子氏、根無一信氏が聴講しておられた。

以上の方々の関心領域は、使用言語がそうであるように、様々であり、形而上学、数学、倫理学、政治哲学、生命論、文学など多岐にわたる。研究スタイルにも、体系的研究もあれば歴史的研究もある。またライプニッツの発想を現代思想の諸問題に関係づけようとする試み、東洋思想（仏教や西田哲学など）と比較する研究、さらには後代の哲学や文学などにおける受容史研究にも及んでいるのである。

一般に各国のライプニッツ研究は、一定の個性・傾向をもっている（むろん例外はあるが）。ドイツは体系的研究か哲学史的研究、英米は分析哲学、フランスは哲学史的研究、イタリアは華麗な受容史研究、スペインは形而上学や政治哲学が優勢であり、中国ではやはり中国学の研究が多い。これに対して、日本のライプニッツ研究の特色は、概してテクストに忠実である点は別として、まさにこの研究領域や方法の多様性に求められるのではないだろうか。

Ⅳ

最後に、今大会においてとくに気づいた点として、三点だけ挙げておこう。

第一に、連邦と州の事業として、ドイツの四編纂所で進められているアカデミー版が一層重要視され、その刊行の進行に伴って、世界のライプニッツ研究もその時々の傾向・流行を示す、という点である。例えば、一九九九年に三冊＋索引となって出たミュンスター担当の「哲学著作」第六系列第四巻（一六七二―一六九〇年）によって、パリ期及びそれに続く前期ライプニッツの論理学や形而上学の詳細な哲学史的研究がそれ以来多く出るようになったのは周知の通りである。また政治哲学、倫理学、教会政策などの研究が前回あたりから活況を呈しているのは、ポツダム担当の第四系列「政治著作」が第六巻（一六九五―一六九七年）まで刊行され、第七巻（一六九七―一六九九年初頭）も校了というところまで進んでいることが大きい。さらに今回は、一時減少気味だった数学・数学史の発表が盛り返したが、これは、ハノーファー担当の第七系列「数学著作」において、パリ時代のおびただしい遺稿が続々と公刊され、現在第五巻（一六七四―一六七六年）まで進んでいることと連動している。微積分発見へ至るライプニッツの複雑な思考過程が解読されつつある。また準備の出来た巻はウェブ上に掲載され、閲覧や検索が自由に出来るようになっている。それに伴い、研究は、全体の傾向として、時期やテクストを一層細かく区別しながら、益々精緻をきわめたものになってきている。

第二に、戦後の研究は、ライプニッツ没後二五〇年の一九六六年にライプニッツ協会とライプニッツ会議が創設され、その確固たる礎を築いたが、以来四〇年にわたってライプニッツ研究を引っ張ってきた人たち、一九九一年に急逝されたハイネカムプ氏を別としても、トトク、シェーパース、ポーザー、ロビネ、フィシャン、ダスカルの諸氏も退職され、学会欠席も生じている、という点である。そんななか、八六歳の元ミュンスター・ライプニッツ研究所所長シェーパース氏が、介護を要しながらも、連日諸部会に出席し、自身も発表されたのは、嬉しいことであった。

第三に、ライプニッツ会議はドイツ語、フランス語、英語（一九九四年大会まではイタリア語も）を公用語に認定し、かつライプニッツの各テクストの使用言語を重視するという方針である。しかし今回はとくに英語の発表が多かったように感じられた、という点である。一般に英語圏の研究者はライプニッツの（例えばラテン語の）テクストを英訳だけを見て解釈しようとしがちであると言われる。また、とくにアメリカの研究者によく見られるのは、ドイツ語やフランス語などにまったくと言ってよいほど無関心であることである。昨今のグローバル化は世界中の経済や文化を変えたとされるが、ライプニッツ研究も例外ではないのだろうか。だが個別や特殊を肯定するライプニッツの「普遍学」はそれとは別のものである。

しかし希望がない訳ではない。今大会に先立ち九月二一日—二五日に、ハノーファー大学で、同ライプニッツ基金講座の主催により「博士論文執筆予定者ための国際研究会」Internationaler Doktorandenkurs が初めて行なわれた。ベルギー、ポーランド、フランス、ブラジル、日本、中国、スペイン、カナダ、アメリカの九か国から、それぞれ選抜された一六名が参加した。アトランタ大学教授のウルズラ・ゴルデンバウム氏の指導のもと、全員が互いの発表に一生懸命耳を傾け、たとえ専攻外のテーマであっても、自分で納得し、皆と共通の理解に至ろうと努める姿勢が胸を打った。同講座では、今回参加した学生たちを今後も息長く支援し、再招待も考慮中とのことである。今後の日本のライプニッツ研究は、世界のライプニッツ研究との交流・連携のなかでこそより豊かな実りをもたらすであろう。改めて若い世代に期待しつつ擱筆する。

6　ハノーファー・ライプニッツ文書室（Leibniz-Archiv）について

ライプニッツ文書室はドイツ連邦共和国ハノーファーにある。同市はニーダーザクセン州の州都で人口五二万。シュレーダー現首相は以前この州の首相であり、一九九四年に当地で開かれた第六回国際ライプニッツ会議には祝辞を送っている。また一七一四年に当地のゲオルク＝ルートヴィヒ王が渡英し、ジョージ一世としてイギリス王位についたことも有名である。私は今年、当文書室の客員研究員として六か月間滞在する機会を与えられた。我国にはまだ必ずしも周知されていない当文書室の活動について以下に簡単に紹介してみたい。

一六七六年秋ライプニッツは四年半のパリ滞在を終え、ハノーファーのブラウンシュバイク＝リューネブルク家（一六九三年から選帝侯）に宮廷顧問官として仕える。以後、ベルリンやウィーン等に頻繁に逗留するも、結局一七一六年に亡くなるまで公的にはハノーファーの一官吏として四〇年間を過ごした。彼の死後延べ二〇万枚に及ぶ手稿はその蔵書と共に選帝侯（王立）図書館を経て、戦後はその後身ニーダーザクセン州立図書館に保存されている。十九世紀にはこの遺稿を用いた選集がフシェ＝ド＝カレイユ、エルトマン、ゲルハルトらによって編まれた。一九〇〇年にはプロイセン諸学アカデミーにより『ライプニッツ全著作及び書簡』（Gottfried Wilhelm Leibniz. Sämtliche Schriften und Briefe）（以下アカデミー版）の編纂が国家的事業としてベルリンで開始され、一九二三年に最初の巻（第一系列第一巻）を刊行した。

現在その編纂・刊行作業は、ベルリン–ブランデンブルクとゲッティンゲンの両諸学アカデミーの統率のもと、ハノーファー（第一系列――一般的政治・歴史往復書簡、第三系列―数学・自然科学・技術往復書簡、第七系列―数学著作）、ミュンスター（第二系列―哲学往復書簡、第六系列―哲学著作）、ポツダム（第四系列―政治著作）、ベルリン（第五系列―歴史・言語学著作、第八系列―自然科学・医学的著作）の四か所で進められ、手稿の執筆年代順にこれまでに（二〇〇四年五月の時点で）計三九巻を出した。全一〇八巻となる見通しである（ところで一九九六年以降ハンブルクやロンドンの競売場で、上記のフシェ＝ドゥ＝カレイュが持ち出したまま返却しなかった多数の手稿の一部や、第二次大戦中紛失したと報告されたり、盗難にあった手稿、書簡の一部が現れ、当文書室に買い戻された。一九九八年にも歴史関係の手稿が発見された）。最初に第一巻が刊行され第一七巻までを出している第一系列に対し、第五系列と、三年前に独立した第八系列はまだ一巻も出していない。人件費を含めた全経費は連邦政府と各州政府が半額ずつ負担している。

なかでもハノーファーの当文書室は最大の規模を有し、アカデミー版編纂刊行にとどまらず、古今のライプニッツ関係テクスト、研究文献、雑誌などを備え、同じ階に事務所を置く「G・W・ライプニッツ協会」とも協力して「国際ライプニッツ会議」などの諸事業を行なうなど、世界のライプニッツ研究のセンターの役割を果たしている。各国からの研究者の訪問が絶えることがない。当文書室は、一九六一年に出来たベルリンの壁により、当時東側にあったアカデミー版編纂所に行けなくなった所員たちが、ライプニッツの遺稿のあるハノーファーに移ったことが機縁でその翌年設立された（初代所長K・ミュラー）。一九七六年には現在のニーダーザクセン州立図書館が竣工し、その四階が当文書室に充てられ、各所員室、事務室、図書室などが設けられたのである。

現在は、一九九一年秋急逝した第二代所長A・ハイネカムプ教授の後を継いだH・ブレーガー教授以下一〇人の専任所員、二人の実務担当者を擁する（ちなみに、ミュンスター（Leibniz Forschungsstelle）には四人、ポツダム

（Leibniz Editionsstelle）には三人、ベルリンには二人の所員が配置されている）。文書室（Archiv）としての主要任務は、ライプニッツの全遺稿の保管とその編纂・刊行である。第一系列には五名の、第三系列には二名、第七系列には二名の所員が専属であたり、ライプニッツの数学史を専門とするブレーガー所長が総指揮をとる。所員は博士号を有し、哲学史、十七世紀史、科学史、数学史などを専攻し、公募に応じて選考・採用される。歴代の所員のなかにはF・シュップやR・ヴィドマイアーをはじめ著名なライプニッツ研究者も多い。

編集作業の一端を第七系列の数学著作に見てみよう。この系列だけでも三〇巻にもなろうという膨大なもので、ライプニッツが一六七二—七六年に書いたパリ期著作全八巻の刊行から着手されている。これまで幾何学、数論、代数学等を含む第一巻から第三巻までを出し、現在第四巻、第五巻を準備中である。手稿は、空調装置などにより保管され、多少黄ばみはあるが紙やインクの状態は良好である。近視でもあったライプニッツの文字は小さく、判読にはしばしばルーペを用いねばならない。また同時に全体の文意からも語を推定するという二重の方法でテクストを確定し、原稿を鉛筆書きで作成してゆく。既にゲルハルト版数学著作集等に印刷されているものについては、それらと手稿との異同も一々チェックし、必要な説明を付す。さらにライプニッツが後から削除したり、書き換えた部分も併記して、彼の思考の発展を示し、「歴史的批判的全集」として完璧遺漏なきを目指すのである。清書された原稿は実務担当者によって組版にされ、出版社に送られる。平均七〇〇頁にもなる一巻を完成するには二人がかりで四年を要する。各巻初版五〇〇部のうち三〇部は日本に輸出されるそうである。長く定本として認められてきたゲルハルト版哲学著作集と数学著作集は、当時としては画期的業績であるものの、収録点数が限られているうえに、語句、年代推定、解説の記述等に誤りも含まれ、その役割を終える日もそう遠くはないとも言われている。

ハノーファーの当文書室では現在、担当する三系列のいずれかで毎年一冊を刊行している勘定になる。ちなみに、二〇〇一年ベルリンで開催された第七回国際ライプニッツ会議で、アカデミー版の刊行ペースが遅いのではという一部の声に対して、ブレーガー所長らが実績に基づいて反論したのは記憶に新しい。ライプニッツ研究はもちろん、他の諸科学の基礎を提供しうるような「精神科学的基礎研究」としてのアカデミー版としては、最大限の速度で進められ、刊行のピッチも上昇中であるという。ミュンスターの第二系列とポツダムの第四系列は二〇二〇年、ハノーファーの第一系列と第三系列は二〇三〇年に完結の見込みと聞く。また広く情報を提供できるようにと、数年前から、編纂中のアカデミー版各巻の内容、および関連研究成果の一部がインターネット上に公開されている。

当文書室は、前述のとおり、狭義の「アルヒーフ」を超えたライプニッツ研究センターでもあって、ブレーガー所長自ら客員研究員の受け入れにあたる。私の場合も、手稿、文献、雑誌の利用等をはじめ研究上の便宜はもとより、宿舎等生活上のことも親身にお世話いただいた。文書室の置かれているニーダーザクセン州立図書館は、古書、貴重本、事典類その他の蔵書が充実している。館内にはライプニッツの胸像や彼の発明した計算機械（レプリカ）などが飾られ、「ライプニッツ室」という名の読書室では基本テクストが開架で閲覧できる。またハノーファー旧市街にはライプニッツが一六九八年から亡くなるまで一八年間を過ごした家が存在したが、一九四三年空襲で焼失した。しかしそれが少し場所を移して一九八三年に当時の美しいファサードを模して再建され、会議場や大学・研究機関の宿泊施設等として利用され、「ライプニッツ・ハウス」という名で親しまれ、市内観光コースにも入っている。

さて、文書室と二人三脚で世界のライプニッツ研究を支えている「G・W・ライプニッツ協会」（Gottfried-

Wilhelm-Leibniz-Gesellschaft）にも触れておかねばならない。ライプニッツ没後二五〇年にあたる一九六六年にハノーファーで設立され、現在会員数は四〇〇で全世界に及ぶ。文書室の一角に事務室があり専従の局員一名がつめている。副会長にＨ・ポーザー教授とＡ・ロビネ教授の名が見える。財政のほとんどは州政府の援助による。主な活動としては、第一に雑誌『ライプニッツ研究』（Studia Leibnitiana）の編集・刊行であり、これには年二回の通常号、年一回の『特別号』（Sonderheft）と『補遺』（Supplementa）とが含まれる。掲載論文は、主にライプニッツ研究への新しい寄与でありうるかという観点から編集委員の査読を経て選定される。編集指針として原典重視を貫こうとしているが、近年は、原典を指示または引用せずに、英訳で済ませようとする、英語圏からの論文が目立つとのことである。

協会の活動の第二は「国際ライプニッツ会議」（Internationaler Leibniz-Kongress）の主催である。これは一九六六年第一回がハノーファーで開催され、以後一九七二、一九七七、一九八三、一九八八、一九九四、二〇〇一年に開催されている（いずれもハノーファー、前回のみベルリン）。このほど次回の第八回国際ライプニッツ会議が、二〇〇六年九月一一日から一六日までハノーファーで開催されることが決まり〔その後、会場等の都合で七月二四日〜二九日に変更〕、開催費の見積りを作成し、州政府、学術振興会、企業等に資金援助の申請を行なう等の準備が開始される。私は一九八八年から毎回出席して発表を行なっているが、今日の世界のライプニッツ研究に顕著な傾向として気付くのは、一九九〇年代から、それまでの数学、論理学、あるいは分析哲学の研究にとどまらず、むしろそれ以外の分野、とくに倫理学、神学、政治・社会哲学、歴史学、技術史、言語学などの分野で活発に研究が展開されていることである。またフランス、イタリア、スペイン、アメリカ等では各国のライプニッツ協会もしくは研究者グループがその存在をアピールし、ハノーファーの当文書室や当協会と活発に交流していることも注目される。また「ライプニッツと中国」という領域を主に活動してきた中国の研究者も最近「中国ライプニッツ協会」に相当する組織を設立し、国際学会の開催等を計画している模様である。

さらに活動の第三として、当協会は各国のライプニッツ協会等と共同して各種ライプニッツ研究の特別学会を開催している。昨年二〇〇三年は「若きライプニッツ」（八月ヒューストン）、「ライプニッツと英語圏」（九月リヴァプール）という特別学会を共催し、今年三月には共同討議「ユダヤ文化へのライプニッツの態度」（ポツダム）を共催した。また九月末には、『人間知性新論』三〇〇年を機縁とした記念学会（モントリオール）を共催する予定である。この他、当協会は毎年八回程度の公開講演（ライプニッツ及びその周辺に関わるテーマが多い）を当州立図書館ホールで開催し、広く一般市民にも門戸を開いている。

このようにハノーファーのライプニッツ文書室そしてライプニッツ協会の任務・活動はきわめて多岐に渡っているが、いずれにおいても担当者たちの堅い心意気を見る思いがするのである。

7　ライプニッツ研究の現在――ライプニッツ研究マップ

ライプニッツといえば，以前はきまって，論理学，普遍学，合理主義あるいはデカルト哲学といった語によって特色づけられていたが，それはいまや過去の現象となった。「汎論理主義」を標榜し，一世を風靡したラッセル（Bertrand Russell），クーテュラ（Louis Couturat），カッシーラー（Ernst Cassirer）などの著書が出てから，すでに一世紀が経過している。また現象学からのライプニッツ研究として画期的なマーンケ（Dietrich Mahnke）の研究からでも八〇年，フランスのベラヴァル（Yvon Belaval）らの活躍からでも四〇年が経った。

その間，ライプニッツ研究の諸条件は根本から整備・改善され，研究の量，質はともに飛躍的に増大した。アカデミー版『ライプニッツ全著作・書簡集』（Gottfried Wilhelm Leibniz. Sämtliche Schriften und Briefe〔一九〇〇年発足，一九二三年第一系列第一巻〕）の刊行，「ライプニッツ・アルヒーフ」（Leibniz-Archiv）の設置〔一九六六年〕，『ライプニッツ研究』（Studia Leibnitiana）の創刊，「国際ライプニッツ会議」（Internationaler Leibniz-Kongreß）の開催〔一九六六年以降〕などである。それに伴い，研究も一層多様化しかつ専門化している。

以下においては，二〇〇五年現在の世界のライプニッツ研究の現況について，いくつかの状況，そしてそれぞれの内容的特徴を概観する。そのうえで主だった国々のライプニッツ研究者について，一定の評価を得ている人々を中心に紹介し，ささやかなライプニッツ研究マップとでもいうべき見取り図の描出を試みる。業績は最近一〇年間のもの，また研究者も現在活動中の方々を主としたが，もとより全員を網羅できたものではないことをお断りしておかねばならない。ただいずれにせよ、わが国のライプニッツ研究も、活況を呈する海外の研究成果とその動向とに無関心であることは、もはや不可能な状況にあると思われる。

一

今日、世界のライプニッツ研究全体を見渡したとき、顕著な特徴として、まず以下の諸点にふれておかねばならないであろう、すなわち――

1　一九九〇年代に入って、数学や論理学などの領域以外の、これまでは顧みられなかったライプニッツの側面について、研究がきわめて活発旺盛になってきている。しかも、研究の視点も「合理主義者ライプニッツ」一辺倒を改め、「人間」、「有限な認識」、「記号」、「歴史家」などの視点からの考察が試みられている。主なジャンルは、神学、倫理学、社会哲学、政治哲学である。それらの領域の研究は一九九〇年代から盛況であり、とくに前々回（一九九四年）の第六回国際ライプニッツ会議（統一テーマは「ライプニッツとヨーロッパ」）ではおおいに注目を集めた。この傾向は、今後一層顕著になるであろう。それらの領域にくわえ、歴史理論、歴史記述、歴史哲学の分野にも研究の発展が期待される。じっさい二〇〇一年、ベルリンでの第七回国際ライプニッツ会議（統一テーマは「理由なしには何事もなく」）に続き、二〇〇六年七月二四日から二九日までハノーファーで開催された第八回国際ライプニッツ会議（統一テーマは「多における一」）の案内状にも、そのような新しいジャンルの研究やライプニッツ像の見直しが提示されている。

2　アカデミー版の順調な進捗と連動して、文献学的研究が一層精緻にすすめられているだけでなく、各分野の研究にも飛躍的進展がみられる。一例を挙げると、第一系列（一般的政治・歴史往復書簡）は、二〇〇四年末で第一八巻（一七〇〇年八月まで）を出す所まで進捗した。これによりライプニッツに関する新事実が多く明らかになり、伝記的研究は新段階に入った。第六系列では懸案だった第四巻（一六七七年から一六九〇年六月までの哲学著作を収載）が、三巻＋索引一巻からなる大冊として、一九九九年に刊行された。また第八系列の準備段階でも、ライプニッツの自然科学について新事実が種々明らかになってきている。要するに、アカデミー版の進捗にともない、伝記、数学、政治、哲学および（実験や経験的要素を重視した）自然科学などにおけるライプニッツの、（合理主義者という従来の枠には収まらない）多様な姿が明らかになってきたのであり、研究史上、アカデミー版の比重は一段と増している。

３　一九八〇年代に、羅独対訳の*Specimen dynamicum*（『動力学試論』）や*Generales inquisitiones de analysi notionum et veritatum*（『概念と真理の解析についての一般的研究』）が刊行されたのに刺激されてか、今まで出版のなかった分野を主に、ラテン語原典からの各国語訳（主に対訳）がテクスト、あるいは著作集として編集され、詳細な解説と注とを付して盛んに刊行されている（特にフランス、ドイツにおいて）。最近一〇年間に出たものから数例を挙げる。

Michel Fichant : *G. W. Leibniz. La réforme de la dynamique. De corporum concursu (1678) et autres texts inédits*, Paris, Vrin, 1994.〔動力学関係、仏語訳〕

Marc Parmentiers : *G. W. Leibniz, Naissance de calcul differential. 26 articles des Acta eruditorum*, introd., trad., et notes (Préfaces : Michel Serres) , Paris, Vrin, 1995.〔微分計算関係、仏語訳〕

Jean-Baptiste Rauzy: *G. W. L. Recherches générals sur l'analyse des notions et des vérités. 24 thèses métaphysiques et autres texts logiques et métaphysiques*, Paris, PUF, 1998.〔論理学、形而上学関係、羅仏対訳〕

Franz Schupp: *G. W. Leibniz. Die Grundlagen des logischen Kalküls*, Hamburg, Phil. Bibl., 2000.〔論理計算関係、羅独対訳〕

Pol Boucher: *G. W. Leibniz. Des Conditions*, Paris, Vrin, 2002.〔法学関係、羅仏対訳〕

Hubertus Busche: *G. W. Leibniz. Frühe Schriften zum Naturrecht*, Hamburg, Phil. Bibl., 2003.〔自然法関係、羅独対訳〕

これらテクストのその対訳版が刊行されたことは、当該分野（力学、論理学、法学、倫理学等々）に関係するライプニッツ研究に対して大きな寄与をすることであろう。

二

（1）ドイツ——アカデミー版編纂事業と連動した新しい成果が各分野で次々に

いうまでもなく、ドイツはライプニッツの祖国であり、彼が後半生を過ごしたハノーファーには、ライプニッツの全遺稿を収めた「ライプニッツ・アルヒーフ」が存在する。このアルヒーフは単に狭義の文書室《アルヒーフ》および全集編纂所のひとつであるにとどまらず、研究図書館をも設け、世界のライプニッツ研究センターの役割をはたしつつある。ちなみに、アルヒーフを収容する「ニーダーザクセン州立図書館」は、二〇〇五年より「G・W・ライプニッツ図書館」(G. W. Leibniz Bibliothek)と改称された。超緊縮財政下、十七世紀の万能人の名を冠することに生き残りを賭けたとの由である。

全集の編集に関しては、既に十九世紀の中盤から、ハノーファーに所蔵の遺稿を用いて、フシェ＝ドゥ＝カレイユ、エルトマン、ゲルハルトらが、哲学、数学の著作集を編集し出版していたが、現在はドイツの国家的事業として全集編纂が、ハノーファー、ミュンスター、ポツダム、ベルリンの四か所でそれぞれ分担して進められている。担当の系列は、ハノーファーが第一系列(一般的政治・歴史往復書簡)、第三系列(数学・自然科学・技術関係往復書簡)、第七系列(数学著作)、ミュンスターが第二系列(哲学往復書簡)、第六系列(哲学著作)、ポツダムが第四系列(政治著作)、ベルリンが第五系列(歴史・言語学著作)、第八系列(自然科学・医学・技術関係著作)であって、これまでに、手稿や書簡の年代順に合計四一巻が刊行されている。全部で一〇八巻になる見通しであるが、今後の発見や編集方針のいかんでは、さらに巻数が増える可能性もある。この全集版が、全ての分野にわたり遺漏のない完璧な「歴史的批判的全集」として、これまで底本として認められてきたゲルハルト版にとってかわる日もそう遠くないと言われている。そして、現在、ドイツの有力なライプニッツ研究者の多くは、上記四か所の全集編纂所のいずれかに所属するか、あるいは何らかの関係を維持しつつ、研究を進めている、というのが実情である。

ここで、ライプニッツ・アルヒーフのその設立以後を現在まで概観すると、初代の室長は文献学のミュラー氏(Kurt Müller)であったが、しかし二代目室長ハイネカムプ氏(Albert Heinekamp)こそ、今日のライプニッツ研究の生みの親である、と言っても過言ではない。同教授は、ボンのマルティン教授(Gottfried Martin)のもとで哲学・倫理学を修めたのち、ハノーファーに赴任され、以来ライプニッツ研究の高度専門化と国際化とに尽力され、外国人研究者との交流に貢献された。ライプニッツを敬愛し、ライプニッツ一筋であるとともに、世界のライプニッツ研究にも通暁し、ハノーファーを訪れる研究者が閉館時間を越えてまで研究を続けるのを歓迎し、進んで鍵の開閉までしてくださったことは懐かしい思い出である。一九九一年秋、心臓病のため五五歳の若さで急逝されたことは、まことに痛恨の痛みである。

他方、ライプニッツ文書室を収容するニーダーザクセン州立図書館の館長およびライプニッツ協会の書記長を長年つとめたトトク氏（Wilhelm Totok）――文献学者で『哲学史案内』（*Handbuch der Geschichte der Philosophie*）の編者でもある――は引退してハノーファーを去った。また、文書室で第一系列の編纂に従事し、伝記研究に通暁したウターメーレン女史（Gerda Utermöhlen）は八年前（一九九七年）急逝された。

さて、ハイネカムプ氏の後任で第三代の現文書室長は、数学史・科学史・哲学史が専門のブレーガー氏（Herbert Breger）である。同氏は、ハノーファーが担当する全集三系列〔前記〕の編纂・刊行のその総指揮をとるとともに、連邦・州の財政難からの皺寄せにも怯むことなく文書室の維持に奔走されており、三系列の研究は各々活発に進められている。一方、諸外国研究者の受け入れにも同室長は積極的であり、かくしてハノーファーの研究者ネットワークの機能は依然健在である。著名な研究者としては、ブレーガー氏をはじめヴィドマイアー氏（Widmaier）〔中国学〕、ファン＝デン＝ホイフェル氏（Van den Heufel）〔歴史学〕、ゲデケ氏（Nora Gädeke）〔伝記研究〕、プローブスト氏（Sigmund Probst）〔数学史〕、そして二〇〇四年秋に定年を迎えるまで長い間存在感《プレゼンス》を示し続けていたヘス氏（Hans Jürgen Hess）〔科学史、哲学史〕、等々を挙げることができよう、シュップ氏（Franz Schupp）〔論理学関係〕も、かつてはハノーファーで編纂に参加していたひとりである。

ミュンスターでは、長年編纂を指揮していたシェーパース氏（Heinrich Schepers）〔論理学〕が引退後も健在で依然活動を継続中である。他に、シュナイダース氏（Werner Schneiders）〔哲学史〕、シュナイダー氏（Martin Schneider）〔哲学史〕、フランケ氏（Ursula Franke）〔哲学〕の諸氏が著名である。

ポツダムでは、ルドルフ氏（Hartmut Rudolph）〔政治哲学、教会再合同論〕の活動が注目される。同氏は第四系列（政治著作）の編集に連繋させて、主に教会再合同論や政治哲学関連の国際シンポジウムを開催するなど、積極的に活動している。

ベルリンの編纂所は、市内のフランス街にある「科学アカデミー」の中にひっそり設けられている。新しく独立した第八系列（自然科学・医学・技術関係著作）の編集をヘヒト氏（Hartmut Hecht）がほぼ一人で担当している。同氏はライプニッツの自然科学・自然哲学における新しい側面（実験や経験の重視など）についてユニークな研究を活発に発表し続けている。

ベルリンといえば、二人のベルリン工科大学教授――いずれもアカデミー版全集の編纂所には直接所属していないが、たえずこれと連絡をとり、またライプニッツ協会の首脳でもある――が、すなわちポーザー氏（Hans Poser）〔哲学史〕とクノーブロッホ氏（Eberhard Knobloch）〔数学史〕のこの両氏の存在が大きい。このほど定年を迎えたポーザー氏は、大学では、科学史、技術史、哲学史の講座を担当していたが、合理主義以外の領域にも、李文潮氏（Wenchao Li）〔自然神学史、ヴォルフ研究〕と共同して、中国学や自然神学の方面に活動を拡大しており、とくに一九九七年十月に同工科大学で、特別シンポジウム「『中国最新事情』（一六九七年）」を開催されたことは、同氏の大きな功績である。同氏を今日最大のライプニッツ学者である、と言っても過言ではないであろう。数学史のクノーブロッホ氏は全集の第三、第七、第八系列などの編纂で、鋭意、監修や統率に当たっている。ライプニッツ全集編纂所と工科大学とを擁するベルリンは、かくして現在では、ハノーファーに次いでドイツ第二のライプニッツ研究の拠点になっている。

以上のほか、ドイツ哲学界の大御所格のミッテルシュトラース氏（Jürgen Mittelstraß）〔哲学、哲学史〕、ケーラー氏（Klaus Erich Kaehler）〔現象学、形而上学〕、三巻本『若きライプニッツ』（*Der jünge Leibniz*, Stuttgart-Bad Cannstatt, 1978, 1982, 1996）の著者として知られるモル氏（Konrad Moll）、レンツェン氏（Wolfgang Lenzen）〔論理学〕の諸氏が、国際ライプニッツ会議に毎回出席のいわば常連である。

また心身問題の研究から出発した哲学史家ブシェ氏（Hubertus Busche）は、一昨年（二〇〇三年）には羅独対訳の『ライプニッツ自然法初期著作集』を編集、翻訳して刊行するなど活動がめざましい。現在はアトランタ大学で教鞭を取っており、スピノザ研究をも含む十七世紀哲学の歴史家で快活なゴルデンバウム女史（Ursula Goldenbaum）も研究者には馴染みの名前である。かつて唯物論的立場に立ってシェリングとライプニッツに関する論文を発表したホルツ氏（H. H. Holz）の名も忘れてはならない。同氏は六〇年代の中葉にドイツ語版の『ライプニッツ政治著作集』（二巻本）を出版した他、インゼル社から刊行された対訳版の『ライプニッツ著作集』全五巻の編者でもある。

他方、最近の刊行物の中では、若手のロレンツ氏（Stefan Lorenz）などによる『弁神論』の発展史的研究も一読の価値がある（Stud. Leibn. Suppl. 35, 2002）。しかし、その一方、近年、ライプニッツ生誕三五〇年記念学会のほか、各種の学会の講演や発表を収めた論文集の刊行があいついでおり、その中には優れた貴重な貢献も少なくない。最近のものでは、例えば、次の研究が挙げられる。

Wissenschaft und Weltgestaltung; hrsg. von Kurt Nowak/ Hans Poser, Hildesheim. 1999.

Das Neueste über China. G. W. Leibnizens Novissima sinica von 1697, hrsg. von Wenchao Li/ Hans Poser. (Stud.

Leibn. Suppl. 33, 2000).

その他、単著のライプニッツ研究で近年刊行されたものとしては、神学者ヒルシュ氏（Eike Christian Hirsch）の『著名人ライプニッツ氏』（*Der berühmte Herr Leibniz. Eine Biographie*, München. 2000. 2. Aufl. 2001）、そしてライプニッツ思想における「可視性」および「造形性」の意義を訴えた美術史家ブレーデカムプ氏（Horst Bredekamp）の『モナドの窓』（*Die Fenster der Monade*; Berlin. 2004）がそれぞれ資料に基づきながらも新しく且つユニークな視点を提示しており、話題を集めている。

（2）フランス――堅実な文献学的研究および哲学史的研究

一世紀前には、クーテュラによる汎論理主義的解釈が風靡したが、その残像は別として、フランスではもともと厳格にテクストに依拠した哲学史的研究が特色であった。例えば戦前にボエム氏（A. Boehm）が著した『ライプニッツにおける実体的紐帯――その歴史的諸起源』（*Le vinculum substantiale chez Leibniz. Ses origines historiques* , Paris, 1938）がそうである。

しかし、フランスのライプニッツ研究において現在最も注目される動きは、といえば、それは、かのベラヴァル氏以後長く斯界の泰斗とされてきたロビネ氏（André Robinet）から、幾多の経緯を経て、主導権が次第に中堅のフィシャン氏（Michel Fichant）〔一九四一年生、パリ第四大学教授〕に移りつつある、という状況であろう。両氏とも、みずからをライプニッツのテクスト編纂者でもある哲学史家として位置づけ、いずれもハノーファーと連携し、国際ライプニッツ会議ではまさに中心的存在である。

ロビネ氏は依然健在で、フィシャン氏と競いあうように業績を出し続けており、高齢を感じさせない。同氏が一九五四年にフランス大学出版（PUF）から刊行した『理性に基づく自然と恩寵の原理』と『モナドロジー』との批判的校訂版は、かのハイデッガーもおおいに推奨したといわれる。

ロビネ氏はその後、『ライプニッツのイタリア紀行』（*G. W. Leibniz. Item italicum*, 1988）を発表したのをはじめ、九〇年代からは社会哲学や政治哲学の方面にも向かい、一九九四年に『G・W・ライプニッツ――ヨーロッパの均衡による最善世界』（*G. W. Leibniz. Le meilleur des mondes par la balance d'Europe*, PUF. 1994）を出版した。氏は同著において、「ブラウンシュヴァイク」、「帝国」、「ヨーロッパ」という三つの領域概念を提示したうえで、領邦国家の「君主権」（souveraineté）と「帝王権」（majesté）という概念を際立たせ、この両者のバランスのうえにヨーロッパの統一と平和とが成り立つ、とライプニッツは見ていたのだ、と指摘している。

一方、フィシャン氏は未刊であったラテン語の物体論を編纂し、フランス語訳として『G・W・ライプニッツ「動力学の改革――物体の衝突について（一六七八年）」およびその他の未公刊テクスト』（*G. W. Leibniz, La réforme de la dynamique. De corporum concursu (1678) et autres texts inédits*, Vrin 1994）を出版した。氏はそこで、ライプニッツはデカルトへの批判によって力学の改良を導入した、という従来の通説に対し、じつはこの両哲学者は相補的であって、既にこの一六七八年の論文に、力の尺度としての《m・v^2》という概念が登場しているのだ、と指摘している。さらに二〇〇〇年には、フィシャン氏は論文「個体的実体からモナドへ」（*De la substance individuelle à la monade.*）を発表、反響を呼んだ。従来は、『形而上学叙説』から『モナドロジー』までのあいだには大きな変化はなく、両作品は同列に論じうる、と見なされてきたが、同氏はこの両作品の間には大きな変化が認められる、と同論文で主張し、その趣旨は次に掲げる最新のテクストの序論にも述べられている。

G. W. Leibniz, *Discours de métaphysique suivi de Monadologie et autres textes*, édition établie, présenté et annotée, par Michel Fichant, Gallimard 2004.

またテクストの編集として話題になっているのは、

G. W. Leibniz; *L' estime des apparences*, éd. par Marc Parmentiers, Vrin 1995.

である。これは、蓋然性、賭け理論、生の希望、偶然などに関する二一篇の手稿をフランス語に訳して出版したものである。

他方、パリ以外の都市でもライプニッツ研究は活発に進められており、数年に一度はシンポジウムや学会がハノーファーのライプニッツ協会と連絡をとりつつ開催されている。二〇〇四年一〇月には、モンペリエのゴードマール氏（Martine de Gaudemar）が中心となり、パリで『人間知性新論』を基軸とするシンポジウム「ライプニッツとロック」が開催された。レンヌでは、ロビネ氏に近いネフ氏（Frédéric Nef）やベルリオズ氏（Dominique Berlioz）らが、シンポジウムを各地で開催するなど、その活動が目立つ存在である。

フランス語圏のカナダで積極的に活動しているのは、ライプニッツの自然学および自然学の方法についての研究者デュシェノー氏（François Duchesneau）である。二〇〇四年九月には、同氏が在職のモントリオール大学で、『人間知性新論』執筆三〇〇年の記念学会が開催されたが、この学会で発表された諸研究のその傾向一般として、管見に入って来た事柄を列挙するならば、

一、ライプニッツの「言語」（ないし「論理学」）に関する研究が発表されなかったこと、

一、ダスカル氏（Marcelo Dascal）の発表——ライプニッツの思想における（単なる独語《モノローグ》でも論争的な議論《ディスピュート》でもない）調和的討論《ディスクール》の性格についての研究——が注目を集めたこと、

一、ライプニッツにおけるロック理解の特徴や論争の実際などについても、それぞれ発表があったこと、等々

である。

なお他に、カナダのトロントでは、ライプニッツ研究者として、マックレー氏（R. McRae）が統覚や知覚の問題を論ずるなど活動を続けている。

（3）イタリア――華麗な受容史研究

イタリアの哲学界は、一般に体系的考察よりもむしろ哲学史的研究のほうにすぐれた業績があり、特に受容史の研究が活発である。ライプニッツについても、彼の哲学がとりわけカント、ドイツ観念論、現象学等々の中にどのように受容されているか、という問題として好んで取り上げられ、また古代哲学との比較に基づいた詳細な概念史研究も多い。

もともとイタリアでは、カント、ドイツ観念論、ドイツ現象学などの領域の研究は盛んであり、ドイツ語に堪能な研究者も多い。その理由として、イタリアにおける哲学史教育の普及、ヴィーコの歴史哲学の影響、あるいは一九二〇年代から三〇年代にかけてドイツ寄りの文化政策が取られていたこと、などを挙げる向きもある。

そういう背景もあってか、故ハイネカムプ教授がライプニッツ文書室長であった一九八〇年代から一九九一年までの時期、ライプニッツ研究においてイタリア人学者は非常に存在感を示していたし、ハノーファーもイタリア人の研究者や留学生で賑わっていた。最近の減少傾向は、むしろイタリアの財政・通貨事情とも関係があるらしい、と言われる。しかしいずれにせよ（あるいは、それにもかかわらず）、国際ライプニッツ会議には、イタリアからは毎回、ドイツに次ぎ、フランスや、アメリカとともに二番目か三番目に多い研究者が送り出されてくる、そしてそのほとんどがドイツ語かフランス語での発表を希望するなど、イタリア人学者の往来には活気が満ちている。

一方、ドイツは地理的に近い、というイタリア人にとっての利点は、ドイツ人にとってもイタリアは出かけやすい国である、ということでもあり、また、ライプニッツ自身が主家（ハノーファー公）の歴史編纂のため一六八九年三月から一年あまり滞在した、という縁もあって、イタリアでも、ライプニッツ・シンポジウムや学会が頻繁に開催されている。その講演集やイタリア語による単独の研究書の出版も少くない。その中で最も新しく刊行されたもののひとつに、*Individuals, Minds and Bodies. Themes from Leibniz.*（Stud. Leibn., Sonderheft Bd.32. 2004）がある。パドゥア大学のM・カラーラ氏（Carrara）、A・M・ヌンツィアンテ氏（Nunziante）、G・トマージ氏（Tomasi）の編集により、この地で開催された国際会議での諸発表が掲載されている。招待者の中には、ベルリンのポーザー氏、オスナブリュックのレンツェン氏の名が見える。さらに二〇〇四年六月には、サレルノ大学哲学科が学会「モナドとモナドロジー――近世思想の主題としての個体（Monadi e Monadologie. L' individuale comme tema del pensiero moderno）」を主催し、イタリア人以外にもフィシャン氏およびショルツ氏（ボッフム）が参加している。

イタリアのライプニッツ学者としては、かつてはマテュー氏（Vittorio Matieu）やヴィッティエロ氏（Vinzenzo Vittiello）が大御所的存在であったが、現在四〇代から五〇代の現役中堅のライプニッツ研究者としては、

ムニャイ氏（Massimo Mugnai）〔フィレンツェ大学。言語哲学、形而上学〕

クリスティン氏（Renato Cristin）〔トリエステ大学。現象学におけるライプニッツのモナド論の受容〕

パジーニ氏（Enrico Pasini）〔トリノ大学。数学、数学史〕

ディ＝ベラ氏（Stefano di Bella）〔ピサ大学。哲学史〕

G・ヴァラーニ（Giovanna Varani）〔アリストテレスおよび新プラトン主義の研究〕
A・ラマラ氏（Antonio Lammara）〔現在はフランスで活動〕
の諸氏を挙げることができる。

（4）アメリカ――研究分野の多様性

アメリカのライプニッツ研究にとって、先年逝去されたレムカー氏（Leroy E. Loemker）の英語訳（G. W. Leibniz : Philosophical Papers and Letters. A Selection, Chicago 1956, 2nd ed. Dordrecht 1976）は大きな貢献であった。ライプニッツと取り組み始めてからの歴史はまだ日も浅いが、近年は――二〇〇〇年前後から――研究活動が非常に活発で、国際ライプニッツ会議へのアメリカ人の参加者も毎回増えてきている。

アメリカにおけるライプニッツ研究は、非常に多様であって、（例えばフランスでは文献学的研究が、イタリアでは受容史研究が、というように）どれか一つの研究方向が優勢であるとか支配的であるとか、一口でその特色を概括してしまうことはできない。ライプニッツ研究に関しては、分析哲学者と同様、オーソドックスな哲学史研究者もまた（例えばカルスタッド氏のように）、存在感を示しているのが実情である。現に全米の各地には、以下のような、いずれも国際的にも著名な研究者が、ハノーファーとも連絡をとりあいながら、それぞれ拠点を持って活動している。

アダムス氏（R. Adams）〔エール大学。形而上学、哲学史〕
カルスタッド氏（Mark A. Kulstad）〔ヒューストン・ライス大学（特に前期ライプニッツの）哲学史的研究〕
グロスホルツ氏（Emily Grosholz）〔ペンシルヴァニア大学。分析哲学、形而上学〕

ガルバー氏（Daniel Garber）〔シカゴ大学。形而上学、物体論〕
レシャー氏（Nicolas Rescher）〔ピッツバーグ大学。分析哲学〕
メイツ氏（Benson Mates）〔カリフォルニア大学バークレイ校。言語哲学、論理学〕
ジョリー氏（Nicolas Jolly）〔サンディエゴ大学。マルブランシュやロックとも関連した哲学史的研究〕

このうち、ガルバー氏やアダムス氏は、ラッセル風の論理主義的理解と十九世紀の観念論的解釈との調停を目指しつつ、物体的実体の問題に注目して、物体性とモナドとしての自我性との係わり合いを論じている。

またライプニッツ哲学の各個別領域においてそれぞれ専門的に研究を進めている研究者としては、

①　中国学のマンジェロ氏（David Mungello; *Curious Land. Jesuit Accomodation and the Origins of Sinology*, Stud. Leibn. Suppl. 25, 1985）

②　政治哲学・倫理学のライリー氏（Patrick Riley: Leibniz' Political Writing, ed. & trsl., Cambridge Univ. Press 1972, 2nd ed. 1988. / *Leibniz' Universal Jurisprudence. Justice as the Charity of the Wise*, Harvard Univ. Press 1996）の名前を挙げることができる。その他、言語哲学・分析哲学の立場に立つモンダドーリ氏（Fabrizzio Mondadori）や一九九九年に研究書『実体的紐帯』を公けにしたルック氏（Brandon Look）もいずれも特色のある研究者である。

ライプニッツ哲学への関心が全米各地でこのように高まってきている状況を背景に、一九九一年、研究誌“The Leibniz-Review”が北米ライプニッツ協会がスポンサーとなって創刊された。この研究誌は年刊で、現在の編集者はG・ハーツ氏（Glen Hartz）〔オハイオ大学〕である。収載されている論文や書評には活気ある論争を呼び起こしているものも少くない。例えば、二〇〇三年号では、ダスカル氏〔テル＝アヴィヴ大学〕が、必然的真理について、有限な人間的認識にとっては必然的真理なるものは本来存在しないのだ、という見解を表明したが、これに対し、ちょうどアカデミー版ライプニッツ全集の第六系列第四巻を指揮し編纂したばかりのH・シェーパース氏が、必然的真理を擁護する立場から、黙過することなく抗議している。

（5）中国――ライプニッツの中国学を中心に急成長

中国でのライプニッツ研究はおよそ七五年ほどの歴史を持つが、最近は「ライプニッツの中国学」という領域を中核《コア》にして次第に研究が活発化してきており、十数篇のテクスト、八点の研究書、また海外論文の中国語訳も一〇〇点あまりが出版されている。一方、国際ライプニッツ会議には毎回、中国から数名が参加し発表を行なっている。一九八九年に北京で予定されていた国際ライプニッツ・シンポジウムは天安門事件のため中止になったが、一九九七年十月にはベルリン工科大学において、H・ポーザー氏が主宰して、ライプニッツ『中国最新事情』（一六九七年）の三百年記念学会が開催された。中国からは一〇名内外の参加者があり、マンジェロ、ヴィドマイアー、ホルツ、ライリーの諸氏が（そして不肖筆者もまた）招待されて出席し、会議は成功をおさめた。取り上げられたテーマは、「*Novissima sinica*（中国最新事情）の課題」、「イエズス会士たちの中国布教」、「『易経』と普遍記号法」、「ライプニッツの儒教理解」、「*Novissima sinica* の影響」、「ライプニッツの普遍主義」等々である。この会議の発表原稿は、“*Das Neueste über China. G. W. Leibnizens ‘Novissima Sinica’ von 1697*”（Studia Leibn. Suppl. 33, 2000）として公刊され、その内容は極めて充実している。

さらにこの会議の開催を機に、中国ではライプニッツ研究の機運が一段と高まった。ベルリンのシンポジウムに出席した殷登祥氏（Yin Dengxiang）らの尽力により、翌年の一九九八年には武漢大学にライプニッツ研究センターが正式に——非公式な研究施設は一九七〇年から置かれていたが——設けられ、爾来、組織として国際交流を進めつつある。現会長は段徳智氏である。ついで二〇〇三年には、中国社会科学院に、ベルリン工科大学の李文潮氏（Wenchao Li）を事務長とするライプニッツ研究委員会が設置された。そして二〇〇五年には、北京外国語大学のチームが中心となり、*Novissima sinica* の中国語訳が、詳細な解説と周到な注を付して、初めて刊行され、またこれを記念して特別シンポジウム「ライプニッツの政治哲学と *Novissima sinica*」が北京外国語大学において開催された。このシンポジウムの実現の中心は、李文潮、H・ポーザー（ライプニッツ協会副会長）、H・ルドルフ（ポツダム・ライプニッツ編纂室長）の諸氏であり、筆者にも研究発表の機会が与えられた。

なお、この会議では、中国におけるライプニッツ研究の今後の課題として、中国語訳のライプニッツ著作集（二〇巻程度）の刊行、海外のライプニッツ研究所との交流、「ライプニッツと東西文化交流」という主題を特に中国側の視点から追うような研究、そして「ライプニッツ研究通信」の発刊などが提唱されている。

（6）その他の国々

イスラエル　テル＝アヴィヴ大学のダスカル氏（Marcelo Dascal）の名は是非とも挙げておきたい名前である。もっとも同氏はその著『ライプニッツの記号論』（*La sémiologie de Leibniz*, 1978）によって、ライプニッツ研究者のあいだではつとに知られた存在ではあるが、同氏はハノーファーとも連携を保ち、各種のライプニッツ国際学会でも常連であるばかりでなく、自らも積極的に種々なライプニッツ学会の開催に乗り出している。例えば一九九一年末には、「ライプニッツとアダム」というユニークな表題のもとで、大規模なライプニッツ学会をテル＝アヴィヴにおいて開催している。なお、この学会の文書録は、同氏とヤキラ氏（Elhanan Yakira）との共編として一九九三年に出版されている（Dascal & Yakira(ed.), *Leibniz and Adam*, Tel Aviv 1993）。

一方、ダスカル氏は、自身の研究活動としては、記号論、意味論、修辞学、倫理学等の広汎な分野にわたり、ライプニッツのテクストの新たな読み直しとそれに基づく斬新なライプニッツ像の描出とを次々に発表している。その内容はアイディアに富み、そのつど大きな話題となっている。以下、二、三を摘記する。

すなわち、前記の「ライプニッツとアダム」と題する学会の文書録に収められた論文のなかで、ダスカル氏は次のように述べている。「ライプニッツは、普遍主義と個別主義との調停者である点をしばしば繰り返し非難されるけれども、しかし彼の理性主義的行き方のその中身は普遍即個別主義ともいうべき立場であって、そこでは前記のふたつの主義は対立関係にはない」と。

また同氏は一九九四年の第六回国際ライプニッツ会議では、「論争家としてのライプニッツ」と題して発表し、話題をさらった。その中で同氏は、論争する場合のライプニッツのその言葉には、合理主義的な、いわば事柄の真理のような要素だけでなく、修辞的な要素も含まれている、と論じている。同氏が修辞的要素として特に取り上げたのは、ライプニッツにおける（1）他人の立場への理解、（2）論争において過誤を犯す可能性の原理――いずれも、もともとは聖書から採られた思想である――という二つの要素であった。

さらに同氏は、ごく最近（二〇〇三年）、研究誌"The Leibniz Review"の誌上などで、前述のように（同誌一四四頁）、人間的認識においては「必然的真理」（すなわち、主語の有限回の分析により述語を発見できるような命題）なるものは実は有り得ない、それはただ神においてのみ存在しうる、と主張している。

他方、ダスカル氏は、二〇〇五年七月に北京で開催された前掲の国際会議「ライプニッツの政治哲学と『中国最新事情』」にも招かれて出席していたが、その席上、現実の問題に対するライプニッツの姿勢について発言し、ライプニッツのスタンスは単なる復古主義的なものではなく、現実的状況のその変化に対応して柔軟に方向を選択しようとする弾力に富んだものではなかったか、彼がイエズス会士たちの適応策を支持していたのはその一例である、と指摘していた。ライプニッツのそういう考え方からすれば、現在の社会現象についても、若者たちのジーンズ、コーラ文化を一概に廃棄して往昔に帰れ、ということにはならないはずだ、と同氏は敷衍していた。

なおダスカル氏は個人的には、大変気さくで親しみやすい人柄の学者であり、事実、彼が講壇に立つテル＝アヴィヴ大学にヨーロッパから留学する若手研究者も現れてきている。

イギリス　かつてラッセルのライプニッツ書が上梓されたそのイギリスで、今日ライプニッツ研究者として挙げられるのは、パーキンソン（G. H. R. Parkinson）、ブラウン（Stuart Brown）、ロス（George McDonald Ross）の諸氏であり、優れたライプニッツ伝〔邦訳がある〕を著した科学史家の故エイトン氏（Aiton）の名も逸することはできない。その他、ライプニッツの神学方面と取り組んでいるスレイ氏（Sleigh）らの研究成果や現在新たな伝記を執筆中と伝えられるアントニャッツァ氏（Maria Rosa Antognazza）の計画の実現も期待される所である。しかし総じてイギリスではライプニッツ研究者の数は、他の諸国に比べて極端に少ない。微積分法の創出に際しての、ニュートンとの優先権争いの記憶が今もしこりになっていると見る人もいる。

スペイン　スペインはもともとライプニッツ研究がそれなりに盛んな国柄であって、「ライプニッツ協会」も以前から存在しており、二〇〇一年九月にベルリンで開催された国際ライプニッツ会議では、北米ライプニッツ協会とともに後援団体となった。

代表的なライプニッツ学者としては、差し当たり、サラス氏（Jaime de Salas）、ロルダン氏（Concha Roldán）〔政治哲学、とくにヨーロッパの政治、宗教、文化における多様と統一の問題への取り組み〕、ラキオネーロ氏

（Quintin Raccionero：二〇一二年一〇月に逝去された）〔形而上学〕、の三氏を挙げておきたい。

ヨーロッパ各地　スイスでは、チューリヒ大学のホルツァイ氏（Helmuth Holzey）が、十八世紀哲学の研究という見地から、ライプニッツの「通俗哲学」を「啓蒙的理性」との関連で重視し、その方向の研究を進めている。また、ライプニッツの論理学について名著『ライプニッツ論理学について』（*Über die Leibnizsche Logik*, 1960）を公けにし、先年逝去されたカウピ氏（Raili Kauppi）は、フィンランドを活躍の場所とされていた。他方、旧東欧圏、とくにロシアでは、まだこれといったライプニッツ研究者は現れていないようである。

ちなみに二〇〇四年春には、第一回の国際ヴォルフ学会がハレで開催されるなど、ここ五年から一〇年ほどのあいだに、ドイツでもヴォルフへの関心がようやく現れ始めてきている。しかしヴォルフ研究者の側からライプニッツに積極的関心を示すような動向は、残念ながらまだほとんど現れていない。ただ、ヴォルフとライプニッツとの関連について最近発言している中堅の学者としては、前記の李文潮氏、そしてブッシュマン氏（Cornelia Buschmann）らの名前が挙げられる。

（7）日本——新しい研究が胎動することへの期待

ライプニッツについては、すでに大西祝《はじめ》氏がその『西洋哲学史』で（大西の病没後、弟子綱島栄一郎等により、明治三五年（一九〇二年）に公刊された）五〇頁にもわたり論述している。本格的な研究書としては、下村寅太郎氏が昭和一三年（一九三八年）に、山本信氏が昭和二五年（一九五〇年）に、それぞれ公けにされており、この頃までをわが国におけるライプニッツ研究の草創期とすることができる。以来、今日まで既に半世紀以上を経ているが、その間に日本のライプニッツ研究は、下村、山本両氏の研究を継承し、永井博、清水富雄、池田善昭の諸氏によってさらに発展してきたのである。そして現在は、また新しい段階に入りつつある、といえよう。
まず昭和六三年（一九八八年）に始まり、平成一一年（一九九九年）に完結した『ライプニッツ著作集』（工作舎）全一〇巻の刊行が挙げられる。この著作集には、数学、自然学、形而上学、中国学など広く諸領域の作品が収められ、同一言語で読むことのできるライプニッツ著作集として当時海外でも話題となった、つまり原典によって研究する場合、通常はラテン語、フランス語、ドイツ語の習熟を必要とするのに、という意味である。とくに海外の研究者はその点を挙げて評価する。

一方、その後の研究者としては、石黒ひで〔英語圏のライプニッツ解釈の方向を、分析哲学の手法で展開する立場〕、佐々木能章〔社会哲学の領域への取り組み〕、谷川多佳子〔フランス語圏のライプニッツ解釈の線での、認識論の問題との取り組み〕、松田毅〔懐疑論克服という視点からの、ライプニッツの認識論についての研究〕の諸氏および筆者〔形而上学、現象学、哲学史の諸領域での取り組み〕を挙げることができる。研究者の数はけっして多くはないが、各研究者の間には相互によき「調和」の関係が保持されている。

さらに、哲学以外のライプニッツについても、これまでは（前記『著作集』に収載の訳業以外には）ほとんど発表された業績がなかったのであるが、最近（二〇〇三年）、林知宏氏が三〇〇頁近い力作『ライプニッツ　普遍数学の夢』（東京大学出版会）を公けにされた。これは、ライプニッツの数学の全体像を発展史的に一巻にまとめた研究書であって、この領域ではこれが本邦最初の著作なのではないだろうか。また、『思想』（岩波書店刊）の二〇〇一年一〇月号は「ライプニッツ特集号」として編集されているが、執筆者を国内に限定せず、ひろく世界に求めている。かくして、クノーブロッホ、フィシャン、デュシェノー、ヴィドマイアーの諸氏――いずれも、現在欧米でライプニッツ研究の各分野において、存在感を現示しつつ活躍している著名の研究者である――の論文が一堂に会する壮観となっている。これは斯界では、従来（他の〝カント特集〟や〝デカルト特集〟には）見られなかった目新しい点ではないだろうか。このように、わが国のライプニッツ研究には、何か新しい発展への胎動が始まりつつあるように見受けられる。

最後に、わが国におけるライプニッツ研究の今後の課題は、といえば、以下のような問題が挙げられよう。

一、従来はほとんど手つかずであった領域（歴史理論、神学、法律学、言語学、音楽論など）の研究の着手、

一、ラテン語原典からのテクスト翻訳、

一、海外のライプニッツ研究（研究自体、研究機関、研究団体および研究者）との連携、

一、国内のライプニッツ研究者間の連絡網の整備、とくにネットワーク化の促進、

一、後進（若手研究者）の育成、等々。

〔附記〕その後、酒井潔と佐々木能章が発起人となり、二〇〇九年四月に「日本ライプニッツ協会」が設立され、以来、年次大会、講演会、研究会等の主共催や、会誌『ライプニッツ研究』Studia Leibnitiana Japonica の編集・刊行等が鋭意進められている。

以上、世界のライプニッツ研究者の現況をごく簡単にスケッチしたが、いずれの国や地域でも、「G・W・ライプニッツ協会」や「ライプニッツ・アルヒーフ」と連携し、各種学会の開催、研究者の往来に努めながら、各々研究を推進しているのが実情である。わが国の場合も、こうした趨勢の中で例外であってよいはずはないであろう。——総じて、一国主義ではなく、かといって単色のグローバリズムでもなく、積極的に多様性を包容し

ようとする「普遍主義」あるいは「調和」、これが世界のライプニッツ研究の今後の方向であるように思われる。

あとがき

本書には、博士論文である前著『世界と自我——ライプニッツ形而上学論攷』（創文社一九八七年二月）の刊行以後、現在まで国内外の学会誌、雑誌、紀要において私が発表してきたライプニッツに関わる論文のなかから、本書の主題に直接属する一一篇を選び、適宜修正と加筆を施したうえで収載している。

前著において私は、ライプニッツ形而上学のテクストの精緻な読解により、その根本モティーフとして、第一に、単純かつ個性的な実体たる「モナド」の本質を「力」（一において多を表出する自発性）として剔出し、第二に、モナドは「無窓」と規定され、それには内も外もないこと、したがって個は世界に曝しだされ、世界も個の内へ集中し表現されるという意味で、モナドは「脱自的」と性格づけられることを明らかにした。

こうした前著の内在的で体系的な解釈を礎としながら、私は次なる課題として、〈個と世界〉の独特な捉え方であるライプニッツのモナド論が、十七世紀のライヴァルたちの哲学とどう対決したか、さらに近現代の哲学に対して、いかに多彩で刺激的な論点を提供し、それによりユニークなしかたで受容されたかを哲学的に考察したいと思うようになった。『モナドロジー』第五七節に言うように、同時代や後代のどのライプニッツ像も、ライプニッツ自身の思想が「異なった視点」から現出した一つの「パースペクティブ」として、実在的で有意味なのである。またライプニッツは過去の哲学史を常に意識し、伝統に対する彼のモナド論の立ち位置を測り、自説の特徴と寄与を主張しようとした。その点、過去の哲学史を全否定するかのようなデカルトやフィヒテとは対照的である、といわれる。このように、ライプニッツの形而上学を哲学史のコンテクストに置いて考察することは、ライプニッツのようなタイプの哲学を考える場合には、一層積極的な意義を有し得ると思われた。前著を私のライプニッツ研究のいわば縦軸とすれば、中世、十七世紀から現代への哲学史的文脈においてライプニッツを考察する本書収載の諸論文は、その横軸をなす仕事と言えるかもしれない。

第一、二章は、まずライプニッツが中世の哲学（アウグスティヌス、トマス、そしてクザーヌス）とどう関わろうとし、これをどう活かし、また超えようとしたかを考察した論文である。第三、四、および九章は、ライプニッツが、彼の生きた十七世紀にはもはや無視しえないほど強力となった唯名論と経験論にどう向き合い、これを彼のモナド論に拠り克服せんとしたかを焦点とした論文といえる。また第一〇章は、モナド論の自然神学思想は、異文化・異宗教との緊張と調和を自らに課すものでもあり、ライプニッツが同時代の宣教師たちを通じて中国人の神観に注目し続けるその方法は比較思想学の先駆と考えうるとした論文である。そして、第五、六、七、八章は、モナド論的形而上学が、続くカントの個体論において、そして現代哲学の潮流に属するフッサールの超越論的現象学、ハイデッガーの現存在解釈、デューイのプラグマティズム・生命論において、それぞれ独特の変容ないし解釈転換を施されたうえで、どのように受容されたかを解明しようとした論文である。またこれと同様の考察が、西洋とは異質な思想的伝統にある故郷詩人宮澤賢治の詩作に対して試みられたのが、第一一章の論文である。

本書の表題は、「ライプニッツのモナド論とその射程」と称する。「モナド」がライプニッツ形而上学の主題であることは間違いないが、その実質とポテンシャルは単にライプニッツ自身が意図していた論点で尽きてしまうのではなく（「書かれたものでのみ私を知る者は私を知らない」）、彼に対峙し、また或る意味では反発する同時代およびび現代の哲学者たちによって、さらに別の可能性を内蔵することが、注意深く、あるいは大胆に顕かにされてゆく。そしてそれらもライプニッツ哲学のたしかに相貌の一つである。ちょうど町を望むどの眺望も同一の町のそれとして共属するように。われわれは、モナド論の発想と共にどこまで行けるだろうか。それは今日どのような哲学的問題に示唆を与え得るのだろうか。「モナド」概念の射程はどこへ、どこまでわれわれを導くのであろうか。本書の一一篇の論文は、いずれもそのような問いに導かれ、一種熱をもって書き上げられた論文である。

なお、本書の第五部には、補遺として、「世界のライプニッツ研究」と題し、私が一九八八年以来毎回発表と司会を行っているハノーファーの「国際ライプニッツ会議」Internationaler Leibniz-Kongress、そして「ライプニッツ文書室」の任務と活動、そして世界のライプニッツ研究の現況について私なりに報告を試みた記事を収録した。私の未熟な足取りを記したものに過ぎないが、過去四半世紀の世界のライプニッツ研究の概史にも資すればと願い収載した。これからライプニッツ研究を目指す方々に参考にしていただければ幸いである。

こうしていわば無我夢中で歩いて来た私であるが、ふと気が付けば、前著、すなわち博士論文の刊行から二六年が経っていた。かつての恩師も、論文審査に加わってくださった先生方も皆鬼籍に入られた。この拙き第二著の上梓をもはや御報告できないのは寂しい。

本書の出版は本来ならもっと早く着手すべきだったかもしれない。そうならなかったのは、毎日の繁忙・負担に加え、私自身たえずいろいろなテーマが面白くなり（現象学、比較思想、歴史・伝記研究等々）、その度に時間を費やしたことも関係している（この点では生前のライプニッツに少し似ていなくもない）。もちろん、その間も私の研究の主軸はライプッツ形而上学であるとは思い続けてきたが。それはともかく、いろいろなテーマを追いかけ、そのつど研究に追われてきた私だったが、八年前に不慮の病にたおれて以来三度の入院を余儀なくされた。幸い回復はしたが、このことは、私に前著出版以後のモナド論研究を一書にまとめて世に問い、批評をあおぎたいと強く思わせるようになったのである。

思えば、もともと頑丈な身体でもなく、また器用でもない私が、今日まで研究を続けてこられたのは多くの師友のおかげである。また本書をなす諸論文は、とくにデューイ論や賢治論に顕著なように、別の視点からライプニッツに挑む試みでもあり、多くの方々に、それまで自分の気付かなかった新しい視点を教えていただいた。哲学の研究も、単なる独学やモノローグではなく、他者との邂逅、他者との対話、そして他者からの促しのなかでこそ育まれるのではないか、と改めて思う。

いまこの「あとがき」を書いている私の脳裏には、私のライプニッツ研究を長年導き励まして下さった師友の顔が次々と浮かび、全てのお名前を記すこともできないほどである。この場では、国境を越えて私の研究を有形無形に支援して下さっている方々に限らせていただくことをお許し願いたい。まず私のライプニッツ研究全般の良き相談相手である前ハノーファー・ライプニッツ文書室長ヘルベルト・ブレーガー氏と、前ポツダム・ライプニッツ編纂室長ハルトムート・ルドルフ氏に深甚の謝意を表したい。また私の〈ハイデッガーとライプニッツ〉研究をあたたかなご理解と共に二〇年以上も見守ってくださっているフライブルク大学名誉教授Fr・-W・フォン=ヘルマン先生、ヴッパータール大学名誉教授クラウス・ヘルト先生に深甚の謝意を表する。そして旧友にして私の研究及び個人生活の変わらぬ理解者であるハンス・ライナー・ゼップ氏（プラハ・カール大学教授）とレナート・クリスティン氏（トリエステ大学教授）にも深甚の謝意を表したい。

そしてもうひとつどうしても触れておかねばならないのは、二〇〇九年四月に創立された「日本ライプニッツ協会」とそこに集う同志の方々のことである。日本では、ライプニッツの哲学やその他の多岐にわたる業績については、たしかにかなり興味はもたれるものの、しかしそれを専門に研究しようとする人は少なく、このままでは日本のライプニッツ研究の将来が危ぶまれたのである。そこで東京女子大学教授の佐々木能章氏と私が発起人となり、わが国のライプニッツ研究の一層の興隆、海外学会も含めたネットワーク作り、そして後継世代の育成・支援等を趣旨として、「日本ライプニッツ協会」が設立された。幸い、多くの熱心な方々の賛同・協力を得、協会は順調に発展し、現在では会員一四〇名を数え、研究雑誌『ライプニッツ研究』Studia Leibnitiana Japonicaも第二号まで出した。ライプニッツを心行くまで語りあえる同学の士の集いは私にも毎度元気と勇気を与えてくれる。一緒に会を支えてきた佐々木氏と帝京大学専任講師の長綱啓典氏はじめ、設立賛同人の方々、そして会員のお一人お一人にこの場を借りてあつく御礼申し上げる。

最後になったが、そもそも本書の出版が実現した最も直接の「理由」ratioはといえば、それは知泉書館の小山光夫社長のあたたかく力強い御理解とサポートである。前著『世界と自我』を創文社から出したとき、編集者として的確な御教示と御助言とともにお世話いただいて以来である。あれから早四半世紀が経過し、その間小山氏は知泉書館を設立され、私は岡山から東京に転勤したが、時と所は変われども、しかし変わらぬ激励をいただいていることは本当に有難い。心よりあつく御礼申し上げる。また実務上のことでは、小山光夫氏と共に、同書館の高野文子氏、斎藤裕之氏にもお世話いただいた。あつく御礼申し上げる。

二〇一三年四月二六日

西東京、東伏見の寓居にて

著　者

初出一覧

第Ⅰ部　伝統とライプニッツ

第一章「中世哲学の総合者としてのライプニッツ——ratio と signum をめぐって」（『理想』第六八三号、二〇〇九・九、一二二—一三五頁。その前年に御逝去された山田晶先生への追悼論文である。）

第二章「クザーヌスとライプニッツ——機能主義・関係・世界」（日本クザーヌス協会編『クザーヌス研究』第三号、一九九六・三、四七—六九頁）

第Ⅱ部　ライプニッツの個体論

第三章「個体と超越」（原題「再考—個体と超越」、関西哲学会編『アルケー』第一二号、二〇〇四・六、一一一—一二六頁）

第四章「自我と自己——G・W・ライプニッツの形而上学／心理学」（「自己カテゴリー」研究会編『「自己カテゴリー化」における心理的過程を巡って』学習院大学人文科学研究所人文叢書四、二〇〇七、九、一一—二四頁）

第五章「『モナドロジー』から『判断力批判』へ——ドイツ啓蒙思想における個体の形而上学」（滋賀大学経済学会編『彦根論叢』第二八七・二八八号（水地宗明教授退官記念論集）、一九九四・一、七九—九四頁）

第Ⅲ部　ライプニッツと現代哲学

第六章「モナド的主観の〈無窓性〉」（『現象学年報』第一六号、二〇〇〇・一〇、一―二一頁）

第七章「ハイデッガーの思惟におけるライプニッツ受容の展開」（本論文の原型はドイツ語で書いた論稿 *Zum Wandel der Leibniz-Rezeption im Denken Heideggers*, in: Heidegger Studies, vol.9, Berlin 1993,S.97-124 である。その後、故永井博教授古稀記念論集『哲学的思索と現実の世界』（工藤喜作、齋藤博、澤口昭聿、米澤克夫編、創文社、一九九四・三）に、（紙幅の制約上、Ⅰ、Ⅱ、Ⅶを除き）日本語版を作成し寄稿した（三〇三―三三四頁）。今回、ドイツ語原文全文を日本語訳し、その後に刊行されたハイデッガー全集各巻の内容等も踏まえ、訂正と加筆を行なった。）

第八章「若きデューイのライプニッツ研究」（学習院大学文学部編『研究年報』第五一輯、二〇〇五・三、一―二二頁、および第五三輯二〇〇七・三、一―二三頁に連載された。本書では一本の論文にまとめるために必要な訂正と加筆を行なった。）

第九章「ライプニッツの自然言語論」（『水声通信』第一七号「特集　甦るライプニッツ」、水声社、二〇〇七・五、七〇―七九頁。）

第Ⅳ部　比較思想とライプニッツ

第一〇章「アナロギアの論理と現代世界――多様性と調和の学的創造に向けて」（比較思想学会編『比較思想研究』

第二〇号、一九九四・三、二〇—二六頁）

第一一章「宮澤賢治のモナドロジー」（比較思想学会編『比較思想研究』第二一号、一九九五・三、四七—五八頁。比較思想学会第五回研究奨励賞受賞論文（一九九六・六））

第Ⅴ部　補遺　世界のライプニッツ研究

一「第五回国際ライプニッツ会議（一九八八）」（原題「ライプニッツ研究の最前線—第五回国際ライプニッツ会議に参加して」『創文』第二九八号、創文社、一九八九・四、一八—二三頁）

二「第六回国際ライプニッツ会議（一九九四）」（原題「新しいライプニッツ研究」、日本シェリング協会編『シェリング年報』第四号、一九九六・七、六〇—七二頁）

三「第七回国際ライプニッツ会議（二〇〇一）」（当時の自筆ノートと資料に基づき、今回書き下ろしたもの）

四「第八回国際ライプニッツ会議（二〇〇六）」（原題「第八回国際ライプニッツ会議に出席して—Novissima Leibnitiana」『創文』第四九三号、創文社、二〇〇六・一二、一六—二〇頁）

五「第九回国際ライプニッツ会議（二〇一一）」（『理想』第六八八号、二〇一二・三、一四三—一四七頁）

六「ライプニッツ文書室（Leibniz-Archiv）について」（『理想』第六七三号、二〇〇四・八、一七四—一七七頁）

七「ライプニッツ研究の現在——ライプニッツ研究マップ」（京都へーゲル読書會編『へーゲル學報』第六号、二〇〇八・九、一三五—一四九頁）

酒井 潔（さかい・きよし）

1950年京都市に生まれ，東京都で育つ。1974年京都大学文学部哲学科（哲学専攻）卒業。1978～1981 年フライブルク大学留学。1982年京都大学大学院文学研究科哲学専攻博士課程修了。文学博士（京大）。日本学術振興会奨励研究員，京都女子大学専任講師，岡山大学文学部哲学科助教授を経て，1995年より学習院大学文学部哲学科教授。現在，日本ライプニッツ協会会長，実存思想協会編集委員長，日本哲学会評議員，比較思想学会評議員等。

〔著書〕『世界と自我―ライプニッツ形而上学論攷』（創文社 1987 年），*Phänomenologie und Leibniz*〔共編著〕(Alber, 2000),『自我の哲学史』（講談社 2005年），『ライプニッツ』（清水書院 2008年），『ライプニッツを学ぶ人のために』〔共編著〕（世界思想社 2009 年），『考える福祉』〔共編著〕（東洋館出版社 2010 年），『ライプニッツ読本』〔共編著〕（法政大学出版局 2012 年）他

〔訳書〕『ライプニッツ著作集』〔分担訳〕第 8 巻（工作舎 1990年），ハインリッヒ・ロムバッハ『実体・体系・構造』（ミネルヴァ書房 1999年），マルティン・ハイデッガー全集第 26 巻『論理学の形而上学的な始元諸根拠』（創文社 2002 年）他

〔編著〕京都哲学撰書第 23 巻『三宅剛一　人間存在論の哲学』（燈影舎 2002 年）他

〔論文〕「ライプニッツの政治哲学―社会福祉論を手引きとして」（『理想』第 680号，2008年），「西田幾多郎と三宅剛一―「歴史」ということをめぐって」（『西田哲学年報』第 5 号, 2008 年），「ライプニッツ『弁神論』にみる政治哲学的ポテンシャル」（『フランス哲学・思想研究』第15号,2010年），*Sozialpolitische Leitbilder, Leibniz' Grundsätze einer gerechten Sozialpolitik* (Stud.Leibn.XL,Heft2 , 2011)　他

〔ライプニッツのモナド論とその射程〕　ISBN978-4-86285-155-0

2013 年 5 月 25 日　第 1 刷印刷
2013 年 5 月 30 日　第 1 刷発行

著　者　酒　井　潔
発行者　小　山　光　夫
製　版　ジ　ャ　ッ　ト

発行所　〒113-0033 東京都文京区本郷1-13-2
電話03(3814)6161 振替00120-6-117170
http://www.chisen.co.jp
株式会社 知泉書館

Printed in Japan　印刷・製本／藤原印刷

Leibniz' Monadologie und ihre philosophische Tragweite

Kiyoshi Sakai

Chisenshokan
2013

Inhaltsverzeichnis

人名索引

（「ライプニッツ」は略）

アウグスティヌス（Augustinus, A.）　6, 8, 9, 12, 17, 22, 55
アナクサゴラス（Anaxagoras）　98
アリストテレス（Aristoteles）　5, 6, 8, 9, 20, 23, 27, 30, 42, 51–4, 70, 97, 152–3, 159, 280, 352
アルノー（Arnauld, A.）　11–2, 20, 60, 70, 77, 98, 108, 121
石黒ひで　310–1
ヴィットゲンシュタイン（Wittgenstein, L.）　44, 237
上原専禄　252
ヴォルテール（Voltaire, F.M.A.dit）　138
ヴォルフ（Wolff, Chr.）　44–5, 88, 94–5, 100–1, 195, 208, 279, 282, 292, 298, 345, 358
エイトン（Aiton, E.J.）　357
エックハルト（Meister Eckhart）　30
エーベルハルト（Eberhard, J.A.）　200
エルトマン（Erdmann, J.E.）　145, 187, 190, 202–4, 207, 220, 258, 294, 333, 343
大西祝　258, 271, 327, 358
オッカム（Occam, William of）　43, 46, 99, 206, 281

カッシーラー（Cassirer, E.）　18, 94, 107, 121, 144, 173–6, 179, 205–7, 215, 224, 282, 313, 339
カムパネラ（Campanella,T.）　260–1
ガルバー（Garber, D.）　309, 320
カルスタッド（Kulstad, M.）　89, 352
川田順造　233, 238
カント（Kant, I.）　5, 22, 24, 26–7, 42, 44–5, 47, 54, 56–7, 60, 63–4, 68–9, 71, 75, 79, 89, 93–5, 97, 100–10, 121, 135, 146, 152–3, 158–9, 161, 166, 170–1, 178–9, 183, 187, 196, 198, 200–2, 206, 209, 214–7, 246, 252, 266, 286, 295–6, 298–9, 318, 320, 350, 360
キケロ（Cicero, M.T.）　51
キルケゴール（Kierkegaard S.A.）　54, 56, 64, 68, 74
キルヒャー（Kircher, A.）　253
九鬼周造　36, 46, 88
クーテュラ（Couturat, L.）　6, 121, 144, 156, 179, 207, 222–3, 293, 313, 339, 347
クザーヌス（Nicolaus Cusanus）　25–47, 53, 137, 248
クノーブロッホ（Knobloch, E.）　320, 345
クラーク（Clarke,S.）　195, 206
クリスティン（Cristin, R.）　270, 307, 351
クレーガー（Kroeger, A.E.）　202, 220
ゲーテ（Goethe, J.W.v.）　30, 107, 198
ケプラー（Kepler, J.）　288
ケーラー（Kaehler, K.E.）　18, 44, 278, 327, 346
ゲルハルト（Gerhardt, C.）　145, 163–4, 202–3, 207, 220–1, 305, 328, 333, 335, 343
五來欣造　243
コンディヤック（Conndillac, E.B.d.）　232

サルトル（Sartre, J.–P.）　74, 282
シャールシュミット（Schaarschmidt, C.）　173, 204–6
シュナイダー（Schneider, H–P.）　277, 314, 317, 345
シューレンブルク（Schulenburg, S.v.d.）　238
ジェイムズ（James, W.）　267
シェーパース（Schepers, H.）　222, 281, 309–10, 312–3, 320, 327, 331, 344, 354
シェリング（Schelling, F.W.J.）　5, 30, 45, 54, 57, 158, 185, 284, 294–301, 346
ショーペンハウアー（Schopenhauer, A.）

42, 57, 209
スアレス（Suarez, F.） 10, 54, 59, 60, 70, 169
スコトゥス（Duns Scotus） 10, 53, 59, 70, 99
ストローソン（Strawson, P.F.） 217
スピノザ（Spinoza, B.de） 20, 34, 38, 40, 97, 100, 104, 183, 193, 202, 208, 217, 244, 281, 294–7, 299, 312, 320–1, 346
ソクラテス（Sokrates） 39, 98
ソシュール（Saussure, F.） 229, 233–4

ダスカル（Dascal, M.） 222, 224–5, 287, 292–3, 310, 320–2, 331, 349, 353, 355–7
ダステュール（Dastur, F.） 136
谷川多佳子 90
ダンカン（Duncun, G.M.） 203, 206
辻村公一 180–1
ディルタイ（Dilthey, W.） 44, 165, 299
デカルト（Descartes, R.） 5, 7, 20, 22, 24, 38, 54, 75–9, 81–2, 84, 90, 106–7, 113–4, 123, 125–6, 135–6, 147, 149, 152–4, 158–61, 166, 192, 205, 266, 269, 272, 285, 288, 292, 321, 339, 348, 360
デ＝フォルダー（De Volder, B.） 145
デ＝ボス（Des Bosses, B.） 145
デモクリトス（Demokritos） 51, 257
デュタン（Dutens, L.） 44, 101, 301
トマジウス（Thomasius, J.） 20, 54, 70, 89
トマス（Thomas Aquinas） 6–9, 15–7, 22–3, 43, 52–4, 56, 69, 70, 99, 146, 169, 252
デューイ（Dewey, J.） 183–90, 192–220, 222
テレサ（St.Teresa de Avila） 108
朝永三十郎 271
トトク（Totok, W.） 280, 286, 344
トーリー（Torrey, H.A.P.） 217, 220

ナエール（Naert, E.） 90, 293
中村 元 252, 271
夏目漱石 71
西田幾多郎 40, 65, 81, 90, 267, 311–2
ニーチェ（Nietzsche, Fr.） 42, 47, 56–7, 64, 66, 142, 158–61, 163, 168, 170, 180, 251, 280–1, 298
ニュートン（Newton, I.） 102, 107, 193, 206, 288, 292, 298–9, 357

ハイデッガー（Heidegger, Martin） 5, 14–5, 21, 23–4, 27, 28, 30, 42, 52, 55–8, 64, 68–9, 96, 98, 117, 125–8, 130, 132–3, 135–6, 139–82, 210, 217, 251, 319, 348
ハイネカムプ（Heinekamp, A.） 20, 222, 224, 283, 331, 334, 343–4, 350
バウムガルテン（Baumgarten, A.G.） 95, 100–1, 298, 318
パーキンソン（Parkinson, G.H.R.） 207, 276, 357
バークリ（Berkley, G.） 196
ハリス（Harris, W.T.） 185–6, 188, 202–3
ハルトスケル（Hartsoeker, N.） 110
ヒューム（Hume, D.） 106, 198
ファン＝ブレダ（Van Breda, H.L.） 143, 179
ファン＝ヘルモント（Van Helmont, F.M.） 257
フィシャン（Fichant, M.） 292, 317, 323, 348
フィヒテ（Fichte, J.G.） 5, 54, 64, 185, 295, 312
フィンク（Fink, E.） 28, 117, 128–9, 131, 133–4, 137, 148
フェノロサ（Fenollosa, E.F.） 186
フォン＝ヘルマン（Von Herrmann, Fr.-W.） 143, 179–80
フシェ＝ドゥ＝カレイユ（Foucher de Careil, A.） 333–4
フッサール（Husserl, E.） 22, 27, 41, 44, 46, 57, 89, 115, 117, 123–5, 128, 130, 132–3, 137, 142–6, 148–50, 152, 156, 169, 173, 177, 179, 182, 210, 233–4, 266, 278, 319
ブーフハイム（Buchhheim, Th.） 299
プラトン（Platon） 5, 39, 55, 94, 97, 118,

136, 161, 174, 177, 182, 195, 229, 234, 257, 317, 352
ブルクハルト（Burkhardt, H.） 70
ブルーノ（Bruno, G.） 30, 257, 260–1, 294–5
ブレーガー（Breger, H.） 325, 329, 334–6, 344
フレーゲ（Frege, G.） 123, 179
ブロークマイアー（Brokmeyer, H.C.） 185
プロティノス（Plotinus） 55, 56, 94
ベケット（Beckett, S.） 117, 131–4, 138, 329
ヘーゲル（Hegel, G.W.F.） 5, 30, 42, 44–5, 54, 64–5, 158, 161, 183–9, 198, 201, 206, 208, 210–18, 277, 283, 295, 297–8
ベーダー（Boeder, H.） 43–4, 47
ヘッジ（Hedge, F.H.） 189, 202, 206, 217, 220
ヘヒト（Hecht, H.） 291, 318
ベーメ（Boehme, J.） 229
ヘルダー（Herder, J.G.） 198, 234
ポーザー（Poser, H.） 276, 282, 285, 303, 307, 312–13, 321, 328
ボスュエ（Bossuet, J–B.） 249
ホッブズ（Hobbes, Th.） 15, 99, 226
ボネ（Bonnet, Ch.） 110
ホルツ（Holz, H.H.） 295–6, 348
ホルツァイ（Holzhey, H.） 277, 358
ボルツァーノ（Bolzano, B.） 123, 179
ポルピュリオス（Porphyrios） 51
ボンジーペン（Bonsiepen, W.） 298

マククルーフ（McCullough, L.B.） 89
マソン＝ウルセル（Masson=Oursel, P.） 247
マルヴァニ（Mulvaney, R.J.） 217, 219–20
マルピーギ（Malpighi, M.） 110
峰島旭雄 244, 252
三宅剛一 65, 71
宮澤賢治 255, 270–3
マルブランシュ（Malebranche, N.） 20, 293, 353
ミッテルシュトラース（Mittelstraß, J.） 279, 283, 308
村上俊江 243, 252, 285
メイツ（Mates, B.） 276, 353
メルロ＝ポンティ（Merleau–Ponty, M.） 134
モーデル（Model, A.） 47, 94, 97, 108, 281
モリス（Morris, G.S.） 183, 186–9, 203, 219
森尚也 132, 138, 329
モントゴメリー（Montgomery, G.） 221

ヤコブソン（Jakobson, R.） 233–4
ヤコーブス（Jacobs, W.G.） 299
ヤスパース（Jaspers, K.） 42, 151
山口一郎 137
山田晶 8, 21–2, 69
ユクスキュル（Uexküll, J.v.） 297–8

ライリー（Riley, P.） 319
ラスペ（Raspe, R.E.） 44, 101
ラッセル（Russell, B.） 6, 24, 75, 96, 109, 117, 121–4, 136, 179, 183–4, 207–8, 212–6, 223, 271, 313, 339, 353, 357
ラングターラー（Langthaler, R.） 297
ラングレイ（Langrey, A.G.） 189–90, 203–5
リー（Li, W..） 325, 327, 355
ルター（Luther, M.） 42, 94, 286
レイトナー（Ratner, S.） 217, 220
レーウェンフック（Leeuwenhoek, A.v.） 110
レシャー（Rescher, N.） 207
レッシング（Lessing, G.E.） 198
ロス（Ross, G.M.） 206, 216, 225, 229, 314, 357
ロルダン（Roldán, C.） 319, 323
ロック（Locke, J.） 15–6, 20, 80, 84–5, 89, 90, 118–20, 122–3, 133, 136, 150, 173–4, 177, 182, 188–94, 196–7, 200–1,

事項索引

（ただし，細目次に既に示されている通りの項目は，原則として省略した。なお，ライプニッツ以外の哲学者にとくに固有な術語の場合，該当する哲学者を，必要に応じて以下の通りの〔略記号〕，または〔人名〕により明示した：カント＝〔K〕，クザーヌス＝〔C〕，デカルト＝〔D〕，西田幾多郎＝〔Nis〕，ニーチェ＝〔N〕，ハイデッガー＝〔H〕フッサール＝〔Hu〕，ロムバッハ＝〔R〕）

ア　行

アダム言語　223, 229, 230, 293
アトム（atome, ἄτομον）　195, 257–8, 271, 299
イエズス会宣教師　243, 251
一における多（une multitude dansl'unité）　63–4, 76–8, 88, 95–6, 102, 116, 119–20, 194, 246, 251, 261, 269
印象，印銘（impressio）　118–20, 147, 163, 266, 278, 312, 320–1
ウーシア（οὐσία）　7, 51–2, 57
宇宙の生ける鏡（miroir vivant de l'univers）　31, 94–5, 102, 140, 151
遠近法（perpective）　47, 280–1, 318
遠近法主義（Perspektivismus）〔N〕　47, 280–1, 318
エンテレケイア（entelechie, ἐντελέχεια）　96, 98, 103, 298

カ　行

懐疑（dubitatio）〔D〕　81–2
蓋然性（probabilitas）　246, 349
外的規定（denominatio extrinseca）　9, 12, 16, 23, 59, 77, 121
鏡（miroir）　31, 63, 66, 94–6, 99, 100, 102, 108, 110, 121–2, 125, 135, 137, 140, 151, 162, 164, 169, 194, 198, 208, 257, 259, 261–3, 267, 269
可感的形象（species sensibilis）　13, 113, 115, 118
学者の共和国（Gelehrtenrepublik）　286
確実性　43, 147, 160, 166–7, 170, 264, 280
可能，無矛盾（possibilis）　13, 61, 97, 99, 109, 162–3, 246, 248, 265–6
可能的世界（mundus possibilis）　9, 263–4, 279, 293
感覚的知覚（sensation）〔Locke〕　61, 119–20
関心（Sorge）〔H〕　150　→配慮

完全性（perfectio, Perfektion）　47, 96–8, 100–1, 167, 171
完足的概念（la notion complète）　12, 54, 60, 77, 85, 328
キアスム（chiasme）〔Merleau-Ponty——〕　134
記憶（memoria）　79, 84–6, 90, 137, 176, 225, 265, 336, 357
基体（ὑποκείμενον）　52, 84, 114, 162, 196, 269
鏡映　63, 94, 96, 125, 137, 169, 194, 198, 208, 267, 269
近代技術　162, 165, 167, 169
近代の敬虔（devotiomoderna）　42
偶然，偶然真理（contingens）　60, 77, 97, 98–9, 109, 194, 236, 263
偶然性（Zufälligkeit）〔K〕　103–4, 110
計算性（Rechenschaft）〔H〕　166
形相（forma）　7, 42, 52–4, 98–9, 103, 106, 113, 119, 245, 246, 297
華厳経　243, 262
言語ゲーム〔Wittgenstein〕　237
原子論　51, 208, 216
原始的単純項（名辞）（terminus simiplicis）

232
現存在（Dasein）〔H〕　27, 52, 55, 57–8, 69, 125–7, 129, 130, 140, 150–55, 157, 158, 160–1, 168, 181, 210
恒久的法則的関係（rapport constant et réglé）　34, 245
公教性（Exoterik）　277
構造（Struktur）〔R〕　18, 27, 44, 46, 63, 129–30, 133
合目的性（Zweckmässigkeit）〔K〕　71, 103–5, 110, 252, 298
合理主義（Rationalismus）62, 139, 166, 192, 215, 222, 224, 229, 243, 270, 285, 311, 321–2, 339–41, 345, 356
コギト（Cogito）　75, 81, 120, 154, 159, 269
個体（individuum）　7, 9–12, 16, 22–3, 32, 38, 49, 51–71, 73, 75, 77, 78, 82, 86, 88–90, 93–7, 99, 102, 104–8, 110, 121, 137, 192, 196–8, 210–1, 234, 244, 252, 261–2, 279–81, 292, 298, 300–1, 309, 319, 327–8, 348, 351
個体概念（notion individuelle）　11–2, 23, 58, 60, 67, 77, 86, 99, 121, 292
個体化の原理（principium individuationis） 7, 10, 53–4, 59, 77, 90, 99, 196
「個体性は無限を含む」（L'individu enveloppe l'infini）　60
構造存在論（Strukturontologie）〔R〕　27
このもの性（haecceitas）　10, 53, 59, 70

サ　行

最低種（species infima）　54
作用因（causa efficiens）　96–8, 103, 105
思惟実体（res cogitans）　20, 82, 113
自我（Ego, Ich, moi）　23, 47, 53–5, 57–9, 63–7, 69, 70, 73–89, 120, 123–5, 132, 135, 154, 196, 221, 252, 260–1, 267–9, 272–3, 278, 280, 313, 353
自己（Selbst）　40, 43, 47, 54–8, 64–5, 68–9, 73–88, 98–9, 113–8, 120, 123–4, 127–8, 130–4, 136, 138, 141, 155, 159, 163–4, 171, 174, 176–7, 192, 195–7, 210, 212, 247–8, 250–1, 257, 261, 266, 268–9, 277, 279–80, 288, 298, 312, 319
自己原因（causa sui）　268–9
自己充足（αὐτάρκεια）　98, 155
時間性（Zeitlichkeit）〔H〕　52, 125–7, 140, 150, 154, 158–60, 175, 177, 277
時熟（Zeitigung）〔H〕　127, 155, 158–9, 170, 175
志向性（Intentionalität）〔Hu〕　57, 79, 125, 127, 132, 134
事実真理（verité de fait）　36, 60, 96, 99, 123, 150, 153, 246, 248
事事無礙　261–3
自然の力（impetus naturalis）　235–6
実在的現象（phaenomenon reale） 264–5
実在的定義（definitio realis）　15, 59
実在論的意味論　237
実体形相（forma substantialis）　42, 52, 98, 103, 106
視点（point de vue, perspective）　47, 76, 96, 120, 248
自発性（spontaneité）　113–7, 131, 133–5, 138, 194, 287, 301
種（species）　7, 9, 12, 15–7, 24, 33–5, 39, 46, 51–2, 54, 56, 58–61, 66, 70, 74, 78, 82, 89–90, 96, 138, 164, 170, 224, 231–2, 245, 249, 251, 260, 279–81, 291, 295, 309, 320, 338, 341, 346, 355, 360
集中された世界（mundus concentratus）〔C〕 151, 162
主観（Subjekt）　14, 16, 46–7, 57, 71, 73–4, 76–7, 79, 85, 93, 102–3, 113–20, 122–4, 126–9, 131, 133–5, 138, 140, 145, 151, 162, 164, 166, 168–70, 174, 209–10, 244, 248, 266–7, 269, 272, 278, 280, 297, 299, 325
縮限（contractio）〔C〕　29–31, 33–4, 37–40, 43, 53
朱子学　243
「述語は主語に内在する」（Praedicatum inest subjecto.）　227

純粋意識（das reine Bewusstsein）〔Hu〕 152
純粋経験（reine Erfahrung）〔K〕 267
衝動（Drang）〔H〕 83, 88, 126, 127, 149–50, 155, 158–60, 170, 191, 194, 259, 269, 277
心象 259, 263–6, 268–9, 272
心理主義（Psychologismus）〔Hu〕 18, 123, 149–50
真理値保存則（salva veritate） 225
真理の本性（natura veritatis） 60, 166, 264
性起（Ereignis）〔H〕 140, 157–60, 168
生得観念（idea innata, idée inné） 5, 85, 118–9, 176, 177, 194
世界関係性 113, 115–7, 131, 133, 135, 138
世界－内－存在（In-der-Welt-sein）〔H〕 151
絶対矛盾的自己同一〔Nis〕 40, 65
前成説（praeformatio） 110
全体性（Ganzheit）〔Fink〕 128–9
セント＝ルイス学派 183
想起（ἀνάμνησις, anamnesis） 5, 12, 69, 85–6, 94, 100, 103, 118, 136, 174, 176–7, 226, 229, 264
綜合統一（synthetische Einheit）〔K〕 196
想像的現象（phaenomenon imaginarius） 264
相互主観性（Intersubjektivität）〔Hu〕 145, 278
ソッツィーニ派（Sozinianismus） 42

タ行

対応（correspondentia, proportio, analogia） 10, 33–5, 120, 243–4, 246–7, 249, 251, 265, 281
対自（pour soi）〔Sartre〕 55, 74
対比（proportio） 33–5, 80, 120, 245, 248, 252, 299
第一次思考対象（protonoemata） 233
脱自的（extatisch）〔H〕 120, 126–7, 131, 135, 140, 151–3, 155, 158–9, 168–70, 173, 175, 259, 261
単純実体（substance simple） 41, 76, 86, 89, 94, 113
力（vis, force, Kraft） 8, 10, 13, 15, 32, 43, 47, 53, 57, 76, 80–1, 86, 88, 93–5, 97–108, 110, 114–5, 120, 122, 124, 126, 136, 138, 144, 150, 157–63, 165, 167–9, 171, 174–5, 180, 183, 188, 192, 197, 211, 215, 227, 230, 232, 234–6, 247, 249–52, 259, 269–70, 276–7, 280–2, 286, 288, 291–2, 295–300, 304–6, 308, 310, 312, 320–1, 326–7, 334, 341–3, 348, 354, 357, 359
「力への意志」（Wille zur Macht）〔N〕 159–61, 280–1
地平（Horizont） 6, 41, 46, 129, 140, 157, 168–9, 173, 175
超越（Transzendenz） 7, 37, 51, 55–9, 61–9, 79, 89, 103, 117, 123–4, 126–7, 130, 133, 136, 140, 147, 151, 154–5, 157–9, 168–9, 173, 176–7, 212, 259, 278, 312, 318
超越範疇（transcendentalia） 7
超越論的主観〔Hu〕（das transzendentale Subjekt） 124
適合的認識（cognitio adaequata） 153
天使（angelus） 54, 59, 89
「ドイツ哲学古典叢書」 187–8, 218–9
「同一都市の比喩」 46, 76, 248, 272
同一律（principium identitatis） 264
同一命題（Satz der Identität） 60
独我論（Solipsismus） 122, 124, 131, 136, 296
動物機械 106

ナ行

内的規定（denominatio intrinseca） 9, 12, 23, 59, 77, 116, 121
名前（ὄνομα） 14–6, 229, 234–5, 305–6, 346, 353, 355, 358
ノエシス（νοησις） 7, 22, 71, 79, 116,

125, 134, 210
ノエマ（νόημα）　7, 14, 18, 22, 24, 71, 79, 116, 125, 134, 210
ノミナリズム（Nominalismus）　15–8, 20, 22, 24, 28, 30, 35, 40–2, 53–4, 59, 63, 70, 84, 99, 206, 234, 237, 245, 281

ハ　行

配慮（Sorge）〔H〕　125–6, 130, 136, 150–1, 160, 170, 210
パースペクティヴ（perspective）　12, 41, 47, 76, 96, 120, 135, 139, 151, 171, 209, 248, 253, 272, 308
発見術（ars inveniendi）　226–7, 246
反省（reflection, réflexion, ）　63, 78–80, 83, 89, 93–5, 102, 104, 106, 133, 168, 200, 226, 236, 244, 251–2, 266, 296
反省概念の多義性〔K〕（Amphibolie der Reflexionsbegriff）　93, 200
反対の一致（coincidentia oppositorum）〔C〕　31, 42–3
汎論理主義（Panlogismus）　6, 206–7, 214–5, 223, 339, 347
比較解剖学（anatomie comparative）　246
秘教性（Esoterik）　136, 277
被造物（res creata）　6, 8, 28, 38, 58, 100–1, 288, 301
表現（Repräsentation）　25, 152, 269
表出（expressio, exprimere）　5, 10–3, 17, 34–5, 46–7, 53, 56, 76–8, 86, 88, 109, 119–22, 134, 162, 193, 194, 244–6, 248, 257, 259, 261, 266, 277, 319
百科事典　227
不可識別者同一の原理（principium identitatis indiscernabilium）　90
不完全性（imperfectio）　47, 252, 288
普遍学（scientia generalis）　62, 132, 144, 248, 281, 332, 339
普遍記号法（characteristica universalis）　11, 19, 227–8, 235, 277, 285, 354
普遍的和合（coincidentia catholica）〔C〕　31, 43
普遍論争（Universalienstreit）　9, 22, 42, 99
フライブルクの現象学（Freiburger Phänomenologie）　128
分析判断（analytsches Urteil）〔K〕　60

マ　行

ミクロコスモス（microcosmos）　96, 99, 153, 197, 248, 264
矛盾律（principium contradictionis）
無知（ignorantia）〔C〕　26, 28–32, 35, 37, 41, 43, 45, 104, 109, 214
明晰判明知〔D〕　266
名目的定義（definitio nominalis）　15, 24, 233
メンタル・スケッチ　259
盲目的認識，記号的認識（cognition caeca, cognitio symbolica）　226
目的因（causa finalis）　95–101, 105, 281
モナド（monade）　1, 5, 12, 17, 18, 22, 35, 37–8, 41, 44, 46–7, 54, 59, 63, 70, 75–8, 81, 85–6, 89, 93–101, 104–5, 108–10, 113–38, 140–2, 144, 146–7, 149–65, 168–9, 171, 173–5, 179, 189–90, 192–6, 198, 200, 202–3, 206, 208–14, 243–4, 246, 248, 251–2, 255–63, 265–7, 269, 271, 278–9, 281, 285, 293–4, 296–9, 311–3, 316–8, 320, 322, 328–9, 347–8, 351, 353
モリナ主義（Molinismus）　287

ヤ　行

唯名論　→ノミナリズム
唯名論的意味論　237
有機的（organic）　27, 97, 102, 106, 109, 184, 193, 208, 212, 250, 256, 297
有窓性　117, 122, 124, 131, 133–4
欲求（appétition）　14, 63, 76, 80, 96, 113–6, 123, 127, 138, 154, 159–60, 162–3, 167, 169, 194, 228–9, 234, 269

予定調和（harmonie préétablie）　40, 98, 100, 105, 117, 122, 127, 131, 137, 193, 200, 243, 259–60, 278, 281–2, 312
ヨーロッパ（Europa）　284–5, 251

ラ　行

ライプニッツ－ヴォルフ学派（Leibniz–Wolff–Schule）　101
力能（puissance）　80–1
理性（ratio, Vernunft）　7, 11–3, 15, 17–8, 24, 26, 36, 43, 56, 62, 64, 71, 75, 85, 89, 93, 96, 99, 102–6, 108, 110, 114, 123, 135–6, 150, 153, 166, 168, 170, 186, 190, 195–7, 200, 223, 226–7, 232, 235–6, 246, 252, 280, 283, 286, 293, 300, 317–8, 320–2, 356, 358
理性真理（verité de raison）　96, 99, 123, 150, 153
理性文法（grammatica rationalis）　227
理由（ratio）　13–5, 21, 86, 88, 96, 98–100, 108, 139–41, 152–3, 165–70, 181, 189, 202–3, 205–7, 214, 228–9, 231, 233, 235–7, 248, 250, 264, 270, 286–7, 304–5, 308–10, 340, 350
（充足）理由律（principium rationis (sufficientis)）　13–4, 96, 98–9, 108, 139, 153, 165, 167, 181, 229, 235–6, 248, 287, 305, 309
類（genus）　7, 9–12, 16–7, 19, 29, 34–5, 37, 39, 46, 51–2, 54, 56, 58–61, 68, 70, 88, 108, 110, 207, 213, 228, 231–2, 235, 245, 247, 259, 271–2, 291, 296, 327, 336
類似（similitudo）　10–1, 19, 29, 34–5, 37, 59, 68, 110, 213, 235, 245, 247, 271–2
歴史（historia, Geschichte）　64–9, 71, 99, 187–9, 192, 211, 216, 228-30, 244–6, 248, 251–2, 277, 282–3, 289, 292, 300, 311–2, 340, 360
歴史学（historia）　62, 65, 246, 292, 337
レス（res）　5–6, 8–10, 20, 22–3, 27, 30, 42, 51–4, 59–60, 69–70, 97, 152–3, 159, 169, 280, 312, 314, 328, 352
連続性の原理（principium continuitatis）　246, 252
連続の法則（lex continui）　259